Knaur.

Knaur.

Über den Autor:

Timo Kortner, 1958 geboren, studierte Germanistik, Publizistik und Politikwissenschaften. Reisen durch alle Erdteile führten ihn auch nach Somalia und in den Jemen. Heute lebt er hauptsächlich in Mexiko. Timo Kortner schrieb bereits mehrere Tatsachenromane. »Mogadischu« ist sein erstes Filmbuch.

Timo Kortner

MOGADISCHU

Das Entführungsdrama der *Landshut*

Das Begleitbuch zum Film »Mogadischu«

Knaur Taschenbuch Verlag

Besuchen Sie uns im Internet:
www.knaur.de

Originalausgabe Januar 2009

Ein Unternehmen der Droemerschen Verlagsanstalt
Th. Knaur Nachf. GmbH & Co. KG, München.
Lizenz durch Degeto Film GmbH.

Umschlaggestaltung: ZERO Werbeagentur, München
Umschlagabbildung: ARD Degeto/teamWorx/Stephan Rabold
Artwork: Dinjank
Satz: Adobe InDesign im Verlag
Druck und Bindung: CPI – Clausen & Bosse, Leck
Printed in Germany
ISBN 978-3-426-78191-3

2 4 5 3 1

MOGADISCHU

1

Am frühen Abend des 5. September 1977 war es in Köln noch spätsommerlich warm. In der Vinzenz-Statz-Straße, einer ruhigen Wohnstraße im Villenvorort Braunsberg, zwitscherten die Vögel in den Bäumen. Sonnenlicht überzog die Nobelidylle mit einem goldenen Schimmer. Lärm und Hektik der City, ihre alltäglichen Unfälle, Verkehrsstaus und Raubüberfälle, schienen weit entfernt zu sein. Auch die wenigen Menschen, die sich um kurz vor halb sechs hier im Freien aufhielten, machten den Eindruck, als ob sie der Sonnenseite des Lebens angehörten. Am Anfang der Straße, dort, wo sie von der belebteren Friedrich-Schmidt-Straße abzweigt, stand linker hand ein Pärchen mit einem blauen Kinderwagen auf dem Bürgersteig – Sieglinde Hofmann und Willy Peter Stoll. Der junge Mann beugte sich über den Wagen, die Frau lachte leise auf. Beide wirkten sorglos und wohlsituiert. Ihnen gegenüber, auf der rechten Straßenseite, stand Stefan Wisniewski, sportlich gekleidet, mit einem Tennisschläger unter dem Arm. Allem Anschein nach war dieser junge Mann zum Sport verabredet und wartete auf seinen Trainingspartner. Hinter ihm in einer Einfahrt parkte ein gelber Mercedes 280 mit dem Heck zur Straße – am Steuer ein dritter junger Mann, der 26-jährige Peter-Jürgen Boock.*

* Es steht fest, dass dem Entführerquartett neben Peter-Jürgen Boock und Sieglinde Hofmann auch Stefan Wisniewski und Willy Peter Stoll angehörten. Ob Wisniewski oder Stoll der Mann mit dem »Tennisschläger« und welcher der beiden folglich der Mann beim »Kinderwagen« war, konnte jedoch nicht zweifelsfrei geklärt werden.

In einer Hecke nahebei kauerte der zehnjährige Anwaltssohn Andreas, auf der Suche nach seinem Ball, den er mit einem missglückten Schuss ins Buschwerk gekickt hatte. Doch den Ball hatte der Junge längst vergessen – angespannt spähte er auf die Straße, denn er meinte zu spüren, dass da draußen gleich etwas Unerhörtes passieren würde. Die beiden Männer dagegen, die sich um diese Zeit in einem Mercedes 450 dem so friedlich wirkenden Schauplatz näherten, rechneten für den Rest des Tages mit nichts Ärgerem mehr als einigen weiteren Arbeitsstunden. Der schwergewichtige Mann im Fond hatte bereits einen langen Tag hinter sich: Um sechs Uhr früh war er in Stuttgart von seinem dortigen Wohnsitz zum Flughafen chauffiert worden, um im zweistrahligen Falcon-Jet nach Köln zu fliegen. Denn Dr. Hanns Martin Schleyer war ein vielbeschäftigter Mann: Vorstandsmitglied des Daimler-Benz-Konzerns und zugleich Präsident der BDA, der mächtigen Bundesvereinigung der Arbeitgeberverbände. Entsprechend häufig pendelte er zwischen seinen beiden Wohnsitzen und Arbeitsplätzen in Stuttgart und Köln hin und her. Jetzt war er zwar auf dem Weg zu seiner Kölner Zweitwohnung; aber nach einem kurzen Zwischenstopp sollte ihn sein Chauffeur Heinz Marcicz gleich weiter nach Düsseldorf fahren, wo Schleyer noch einen Abendtermin zu absolvieren hatte.
Der bullige Mann mit dem robusten Auftreten und dem zernarbten Gesicht des ehemaligen Verbindungsstudenten war alles andere als eine ängstliche Natur. Keine sechs Wochen waren vergangen, seit Jürgen Ponto, der Vorstandsvorsitzende der Dresdner Bank, von den selbsternannten »Volksbefreiern« der Baader-Meinhof-Bande ermordet

worden war. Wenig später hatte das Bundeskriminalamt auch Schleyer offiziell der »Sicherheitsstufe 1« zugeordnet – dem Kreis der am stärksten durch terroristische Anschläge gefährdeten Personen Westdeutschlands.
Aber Schleyer weigerte sich, die Bedrohung allzu ernst zu nehmen – obwohl er natürlich wusste, dass er für die radikale Linke eine ideale Hassfigur darstellte. Im Nazireich SS-Untersturmführer; 1951 von Friedrich Flick, dem verurteilten Kriegsverbrecher, zu Daimler Benz geholt. Spätestens seit 1963 galt der mittlerweile 60-Jährige als Inbegriff des kaltherzigen Kapitalisten – damals hatte er die Aussperrung von 400000 streikenden Metallarbeitern in Baden-Württemberg organisiert.
Doch als Heinz Marcicz, sein 41-jähriger Fahrer, ihm an diesem Spätnachmittag von den Befürchtungen seiner Ehefrau erzählt, lachte Schleyer mit dem rheinischen Gemütsmenschen wie über einen Karnevalsscherz. »Such dir 'ne andere Arbeit«, habe seine Gattin ihn beschworen. »Ja, wieso denn«, habe Marcicz ihr geantwortet, »ob ich nun die Trepp' runterfall un' jeh kapott oder die knallen mich ab un' ich jeh kapott – is' doch ejal.«
Erst Mitte August hatten Spezialisten der Kölner Kriminalpolizei sowohl Schleyers Kölner Wohnung in der Raschdorffstraße als auch seinen Arbeitsplatz in der BDA-Zentrale am Oberländer Ufer besichtigt und anschließend Listen mit sicherheitsrelevanten Schwachstellen angefertigt. Widerwillig hatte sich der Unternehmer ihren Ratschlägen gefügt – seitdem hingen schwere Vorhänge vor seinen Bürofenstern und verdeckten ihm den Ausblick über den Rhein, und seitdem schloss er abends brav die Balkontür in seiner Wohnung, bevor er sich ins Bett legte.

Aber wirklich gefährdet fühlte er sich nicht. Wenn es tatsächlich mal ernst werden sollte, hatte er schließlich seine »Wachhunde«, die ihm auf Schritt und Tritt folgten – drei eigens für den Personenschutz ausgebildete Polizeibeamte, die auch an diesem 5. September in einer zweiten Mercedes-Limousine hinter ihnen herfuhren.

An dem Alfa Romeo, der auf dem Kölner Ring, keine tausend Meter vor ihrem Ziel, am Straßenrand parkte, fiel den Personenschützern im Mercedes 280 nichts Verdächtiges auf. Hinter dem Steuer saß eine junge Frau, die den kleinen Konvoi im Rückspiegel herannahen sah. Kaum waren die beiden Wagen vorbei, da griff Brigitte Mohnhaupt zum Walkie-Talkie und gab das vereinbarte Codewort durch: »Mendocino.«

Daraufhin setzte sich in der Vinzenz-Statz-Straße das Pärchen mit dem blauen Kinderwagen in Bewegung. Sieglinde Hofmann nickte Wisniewski, dem Mann mit dem Tennisschläger auf der anderen Straßenseite, zu. Der schlug mit der flachen Hand auf den Kofferraum des gelben Mercedes, der neben ihm in der Einfahrt parkte. Peter-Jürgen Boock, der ebenso wie die drei anderen für diesen Einsatz wochenlang in einem Ausbildungscamp im Südjemen trainiert hatte, ließ den Motor an.

Nur einen Wimpernschlag später bogen die beiden Mercedes-Limousinen von der Friedrich-Schmidt- in die Vinzenz-Statz-Straße ein. Schleyers Kölner Apartment befand sich in der Parallelstraße, doch die war von dieser Seite aus nicht befahrbar. Die drei Polizisten musterten mit routinierter Aufmerksamkeit die Passanten. Fiel ihnen die Anspannung in den Gesichtern des jungen Pärchens oder des vermeintlichen Tennisspielers auf? Spürten sie – so wie der kleine Junge im Gebüsch –, dass die ganze Szenerie mit explosiver Spannung aufgeladen war?

Dann stieß der gelbe Mercedes rückwärts auf die Straße. Heinz Marcicz fluchte laut und trat auf die Bremse. Der Fahrer hinter ihm konnte nicht mehr rechtzeitig reagieren – das Begleitfahrzeug mit den drei Personenschützern krachte Schleyers Wagen mit voller Wucht ins Heck.

Das junge Pärchen beugte sich über den Kinderwagen und riss zwei Schnellfeuergewehre der Marke Heckler & Koch heraus. Synchron eröffneten sie das Feuer auf die beiden ineinander verkeilten Wagen. Der junge Mann auf der anderen Straßenseite zerrte die Tennisschlägerhülle von seiner Maschinenpistole, einer PM 63, und feuerte von rechts auf das Fahrzeug der Polizisten.

Der älteste der drei Personenschützer, der 41-jährige Polizeihauptmeister Reinhold Brändle, brach tödlich getroffen über dem Lenkrad des Mercedes 280 zusammen. Seine beiden Untergebenen rissen die Türen auf und ließen sich auf die Straße fallen. Doch auch der 24-jährige Polizeimeister Helmut Ulmer und sein erst 20 Jahre junger Kollege Roland Pierer waren gegen die zu allem entschlossenen Terroristen ohne Chance. Ulmer war ein Hüne von 1,90 Metern und bald 200 Kilo Kampfgewicht, und Pierer galt als Meisterschütze. Auf ihre Aufgabe als Objekt- und Personenschützer aber waren sie lediglich durch einen siebentägigen Schnellkurs vorbereitet worden.

Hinter der Beifahrertür liegend, feuerte Ulmer mit seiner MP eine Garbe von acht Schuss. Sein Kollege Pierer, der sich aus der linken Fondtür geworfen hatte, gab drei Schüsse aus seiner Walther PKK ab. Boock ging hinter dem gelben Mercedes in Deckung. Stefan Wisniewski aber verlor anscheinend die Nerven: Er stürmte auf den Begleitwagen zu, sprang auf die Motorhaube und feuerte durch die Spalte zwischen Fahrzeug und offener Tür auf die beiden jungen Polizisten, was seine Maschinenpistole hergab. Selbst als das Magazin leer war, drückte er noch Dutzende Male ab.

Mehr als 100 Kugeln hatten die Terroristen abgefeuert – die drei erschossenen Polizisten schwammen in ihrem Blut. Umso unheimlicher wirkte die Stille nach dem Verhallen der letzten Salven. Boock tauchte hinter seinem Fahrzeug auf, war mit wenigen Schritten bei Schleyers Wagen und riss die Tür zum Fond auf. Zu zweit zerrten sie den schwergewichtigen Mann, der sich hinter die Vordersitze gekauert hatte, aus dem Autowrack und zu einem weißen VW-Bus, der wenige Schritte entfernt an der Straßenecke parkte. Boock bedrohte sein Opfer mit einer Pistole, während Stoll die Seitentür des Bullys aufriss. Gemeinsam hievten und stießen sie Schleyer, der keine Gegenwehr leistete, in den Bus hinein.

Zu diesem Zeitpunkt war Heinz Marcicz noch am Leben und bei Bewusstsein, wenngleich unter Schock. Er hatte lediglich einen Schuss in den Oberschenkel abbekommen. Während Stefan Wisniewski seinen Komplizen zum VW-Bus folgte, stieß Marcicz die Fahrertür auf und fiel seitlich aus dem Wagen. Durch den Blutverlust geschwächt, konnte er nicht mehr gehen – auf Händen und Knien kroch er auf Sieglinde Hofmann zu, die neben dem umgekippten Kinderwagen stand. Die junge Frau ließ ihr Schnellfeuergewehr in die Linke gleiten, zog mit rechts einen Colt, Kaliber 12 Millimeter, und schoss Heinz Marcicz ohne die leiseste Gefühlsregung in die Stirn. Dann fuhr sie herum,

rannte zum VW-Bus und sprang hinein. Mit quietschenden Reifen raste der weiße Bully davon.
Nur sieben Minuten nach dem Beginn der Entführungsaktion, um 17 Uhr 35, trafen die ersten Streifenwagen am Tatort ein. Der einzige Augenzeuge, der alles beobachtet hatte, war der zehnjährige Andreas. »Und ich hab die ganze Zeit gedacht«, gab der sichtlich verstörte Junge zu Protokoll, »die drehen hier einen Film.«

2

Am Abend desselben Tages hielt der Bundeskanzler im Fernsehen eine Rede. Seine Berater hatten ihm eine ausgewogene Erklärung aufgesetzt, die Helmut Schmidt kurz vor Aufzeichnungsbeginn noch um einen kämpferischen Absatz ergänzt hatte.
Im Studio setzte er sich an den vorgesehenen Tisch und blickte entschlossen in die Kamera. »Die Nachricht von dem Mordanschlag auf den Vorsitzenden der deutschen Arbeitgeberverbände, Hanns Martin Schleyer, und die ihn begleitenden Beamten und Mitarbeiter hat mich tief betroffen – nicht anders als die Nachricht, die erst wenige Wochen zurückliegt, vom Mord an Jürgen Ponto. Vier tote Bürger unseres Staates verlängern seit heute Abend die Reihe der Opfer von blindwütigen Terroristen, die – wir waren uns darüber stets im Klaren – noch nicht am Ende ihrer kriminellen Energie sind.«
Er legte eine kurze Pause ein und reckte sein Kinn vor.

»Uns alle«, fuhr der Kanzler fort, »erfüllt nicht bloß tiefe Betroffenheit angesichts der Toten, uns erfüllt auch tiefer Zorn über die Brutalität, mit der die Terroristen in ihrem verbrecherischen Wahn vorgehen. Sie wollen den demokratischen Staat und das Vertrauen der Bürger in unseren Staat aushöhlen. Die blutige Provokation in Köln richtet sich gegen uns alle. Wir alle sind aufgefordert, den staatlichen Organen beizustehen, wo immer das dem Einzelnen möglich ist.«

Nun folgte der Absatz, den Helmut Schmidt eigenhändig eingefügt hatte. »Während ich hier spreche«, sagte er, und seine Stimme wurde stählern, »hören irgendwo sicher auch die schuldigen Täter zu. Sie mögen in diesem Augenblick ein triumphierendes Machtgefühl empfinden, aber sie sollen sich nicht täuschen. Der Terrorismus hat auf die Dauer keine Chance, denn gegen den Terrorismus steht nicht nur der Wille der staatlichen Organe – gegen den Terrorismus steht der Wille des ganzen Volkes.«

Die Antwort ließ nicht lange auf sich warten. Am Nachmittag des folgenden Tages traf im Bundeskriminalamt ein umfangreiches Schreiben der Entführer ein.

> am montag, den 5. 9. 77, hat das kommando siegfried hausner den präsidenten des arbeitgeberverbandes und des bundesverbandes der deutschen industrie, hanns martin schleyer, gefangengenommen … sobald die fahndung gestoppt wird, läuft schleyers freilassung unter folgenden bedingungen:
>
> 1. die gefangenen aus der raf
>   andreas baader
>   gudrun ensslin

jan-carl raspe
verena becker
werner hoppe
karl-heinz dellwo
hanna krabbe
bernd rösner
ingrid schubert
irmgard möller

werden im austausch gegen schleyer freigelassen und reisen aus in ein land ihrer wahl. günter sonnenberg, der seit seiner festnahme wegen seiner schussverletzung haftunfähig ist, wird sofort freigelassen, sein haftbefehl wird aufgehoben, günter wird zusammen mit den 10 gefangenen, mit denen er sofort zusammengebracht wird und sprechen kann, ausreisen.

2. die gefangenen sind bis mittwoch, 8 uhr früh, auf dem flughafen frankfurt zusammenzubringen. sie haben bis zu ihrem abflug um 12 uhr mittags jederzeit uneingeschränkt die möglichkeit, miteinander zu sprechen. um 10 uhr vormittags wird einer der gefangenen das kommando in direktübertragung durch das deutsche fernsehen über den korrekten ablauf ihres abflugs informieren.

   … jedem der gefangenen werden 100 000 dm mitgegeben.

   die erklärung, die durch schleyers foto und seinen brief als authentisch identifizierbar ist, wird heute abend um 20.00 uhr in der tagesschau veröffentlicht, und zwar ungekürzt und unverfälscht.

   den konkreten ablauf von schleyers freilassung legen wir fest, sowie wir die bestätigung der freigelassenen

gefangenen haben, dass sie nicht ausgeliefert werden, und die erklärung der bundesregierung vorliegt, dass sie keine auslieferung betreiben wird.
wir gehen davon aus, dass schmidt ... sich bemühen wird, sein verhältnis zu diesem fetten magnaten der nationalen wirtschaftscreme schnell zu klären.

am 6. 9. 77

KOMMANDO SIEGFRIED HAUSNER
RAF

3

In den Tagen darauf verwandelte sich die bis dahin so beschauliche westdeutsche Hauptstadt in eine Festung. 60 Kilometer Stacheldraht wurden ausgespannt, um das Bonner Regierungsviertel zu sichern. Gepanzerte Spähwagen fuhren vor den Ministerien auf. Scharfschützen des Bundesgrenzschutzes erhielten Befehl, jeden einzelnen Spitzenpolitiker Tag und Nacht vor terroristischen Anschlägen zu beschützen.
Die Rote Armee Fraktion hatte das demokratische Nachkriegsdeutschland herausgefordert – und der Staatsapparat wehrte sich, indem er zur modernen Trutzburg mutierte. Bis an die Grenzen des Erlaubten oder auch, wie eine wachsende Zahl besorgter Kritiker klagte, über die Grenzen der Rechtsstaatlichkeit hinaus. Die Bundesanwaltschaft ordnete an, die prominenten Gefangenen im Hochsicherheitsgefängnis Stuttgart-Stammheim, die durch die

Schleyer-Entführung freigepresst werden sollten, in einem eigenen Trakt sowohl von der Außenwelt als auch untereinander zu isolieren. Selbst der Kontakt zu ihren Anwälten – ein Grundrecht jedes Inhaftierten im demokratischen Rechtsstaat – wurde ihnen untersagt. Tatsächlich waren in der jüngsten Vergangenheit einige Verteidiger von RAF-Tätern zu Komplizen ihrer Mandanten geworden, darunter der Frankfurter Jurist Klaus Croissant und der Berliner Anwalt Horst Mahler. Aber war es ein taugliches Mittel, den Rechtsstaat zu schützen, indem man ihn zumindest teilweise außer Kraft setzte? Keineswegs nur Querulanten aus der linksradikalen Szene, sondern auch liberale Kritiker protestierten gegen Maßnahmen wie Isolationshaft und Kontaktsperre.

Doch der sozialdemokratische Kanzler hatte bereits zweieinhalb Jahre vor der Entführung Hanns Martin Schleyers die Erfahrung gemacht, dass man den Terroristen keinen Zentimeter weit nachgeben durfte. Im Februar 1975 war der CDU-Politiker Peter Lorenz von Terroristen gekidnappt worden. Damals hatte Schmidt dem Drängen christdemokratischer Politiker nachgegeben und die Geisel gegen fünf verurteilte Terroristen ausgetauscht. Das jedoch war ein folgenreicher Fehler gewesen, wie er sich seitdem immer wieder sagte: Die Freigepressten waren in den Südjemen ausgeflogen worden. Dort hatten sie in Terrorcamps trainiert und waren wenig später in die Bundesrepublik zurückgekehrt. Seitdem hatten sie weitere schwere Straftaten begangen – vier Morde und neun Mordversuche. Und mit hoher Wahrscheinlichkeit waren einige von ihnen auch an dem jüngsten Entführungsfall beteiligt.

Bei seinen Verhandlungen mit den Schleyer-Kidnappern

spielte der Bonner Krisenstab unter Leitung von Helmut Schmidt daher von Anfang an auf Zeit. Insgeheim stand für den Kanzler fest, dass er sich nicht noch einmal auf einen derartigen Handel mit skrupellosen Massenmördern einlassen durfte. Über einen unabhängigen Vermittler, den Genfer Rechtsanwalt Denis Payot, führten die Kidnapper und das Bundeskriminalamt eine rege Korrespondenz. Im ganzen Land wurde währenddessen fieberhaft nach dem Versteck gefahndet, in dem die Terroristen ihre Geisel gefangen hielten. Die Entführer stellten Ultimaten, drängten die Regierung, endlich ihre Forderungen zu erfüllen – und die Strategen in der »Festung Bonn« konterten, indem sie von der Gegenseite ein ums andere Mal neue Lebenszeichen von Hanns Martin Schleyer verlangten.

Des Scheins halber ging man schließlich in Bonn auf die Forderung der Kidnapper ein und befragte die Gefangenen von Stammheim, in welches Land sie ausgeflogen werden wollten. Vertreter der Bundesanwaltschaft und BKA-Beamte führten Gespräche mit Baader, Ensslin und Genossen und ließen sie Fragebögen ausfüllen. Die Häftlinge nannten Wunschziele wie Libyen und Algerien, Vietnam, Jemen und Irak – die Mehrzahl dieser Länder hatte in der Vergangenheit »antiimperialistische« Gruppen unterstützt und war von der Sowjetunion mehr oder weniger abhängig.

Auf Drängen der Kidnapper, die in immer neuen Ultimaten mit der Hinrichtung ihrer Geisel drohten, begann die westdeutsche Regierung Mitte September mit der Befragung der ausersehenen Zielländer. Staatsminister Hans-Jürgen Wischnewski, wegen seiner vorzüglichen Kenntnis des arabischen Raums auch »Ben Wisch« genannt, flog am

14. September nach Algerien und Libyen, am 17. in den Irak und die Volksrepublik Jemen. Doch die Verhandlungen verliefen allesamt buchstäblich im Sand.
Auf einem Videoband, das dem Bundeskriminalamt am 14. September 1977 über die französische Nachrichtenagentur *agence france presse* zuging, erhob Hanns Martin Schleyer unterdessen schwere Vorwürfe gegen die deutsche Regierung. Am zehnten Tag seiner Geiselhaft schienen Geduld und Zuversicht des sichtlich abgemagerten, nervös und erschöpft wirkenden Arbeitgeberpräsidenten zur Neige zu gehen. »Schon die Umstände, die zu meiner Festnahme am 5. September führten«, erklärte er, »lassen klar erkennen, dass die Vorkehrungen des Bundeskriminalamtes mangelhaft waren, dass die Observierung völlig ungenügend war und dass viele Umstände dazukamen, die diesen Überfall den Entführern sehr leicht gemacht haben. Trotzdem habe ich wiederholt erklärt, dass ich mich den Entscheidungen der Bundesregierung – wie auch immer sie ausfallen mögen – voll unterwerfe. Nachdem aber die Bundesregierung und die politischen Parteien in Verhandlungen eingetreten sind und meiner Familie und auch mir gegenüber immer wieder bekundet haben, dass sie letztlich meine Befreiung wünschten, ist natürlich auch in mir der Wunsch weiterzuleben immer stärker geworden, und immer mehr verfolge ich die Maßnahmen des Bundeskriminalamtes, die nach meiner Beurteilung in Tricks bestehen, die es ihnen ermöglichen sollen, Zeit zu gewinnen, um meine Entführer zu finden.«
Diese Einschätzung war gewiss nicht ganz falsch – und Schleyer hatte allen Grund, sich wegen der Strategie der Bonner Entscheidungsträger Sorgen zu machen. Er frage

sich, so fuhr er fort, »ob es in den Überlegungen der politisch Verantwortlichen Gedanken gibt, die darauf hinzielen, zwar offiziell den Eindruck zu erwecken, als ob man die Forderungen erfüllen wolle, in Wirklichkeit aber ein stilles Ende, das als technische Panne ausgegeben werden könnte, bevorzugen würde. Ich bin in großer Sorge, dass man durch ein solches Vorgehen erreichen will, dass die Fehler, die begangen wurden, durch mein stilles Ende abgedeckt werden müssen.«

Ein derart unmenschliches Kalkül lag wohl Kanzler Schmidt ebenso fern wie Horst Herold, dem Chef des Bundeskriminalamts. Der Vorwurf, dass die Verantwortlichen durch Schleyers »stilles Ende« eigene Versäumnisse bemänteln wollten, war der Geisel vermutlich durch ihre Entführer souffliert worden. Tatsache war gleichwohl, dass sich die Bonner Macher mit ihrer Doppelstrategie – scheinbar verhandeln und verdeckt mit Hochdruck fahnden – in eine Sackgasse manövriert hatten.

Unaufhörlich wurden im ganzen Land verdächtige Wohnungen und Kellerräume gestürmt, Sympathisanten und Mitläufer der Terrorszene verhaftet und verhört – doch der erhoffte Erfolg blieb aus. Die Entführer und ihr Opfer schienen vom Erdboden verschluckt. Höchstwahrscheinlich war Schleyer längst außer Landes geschafft worden – ins europäische Ausland oder sogar in eines jener kommunistischen Länder in Nahost oder Asien, die mit dem »antiimperialistischen Widerstand« sympathisierten.

4

Gut zwei Wochen nach dem Blutbad von Braunsberg schwand auch bei den Kidnappern die Hoffnung, dass Helmut Schmidt ihren Forderungen nachkommen und ihre verurteilten Genossen im Tausch gegen den »fetten Magnaten der nationalen Wirtschaftscreme« freilassen werde. Daher reisten Brigitte Mohnhaupt und Stefan Wisniewski am 22. September 1977 nach Bagdad – mit falscher Identität und unbemerkt von den Fahndern des Bundeskriminalamts, die seit Wochen mit Hochdruck nach ihnen suchten.

Am Flughafen der irakischen Hauptstadt wurden sie bereits erwartet. Ein Kontaktmann, das Palästinensertuch um den Kopf geschlungen, brachte sie in einer grünen Limousine vom sowjetischen Typ Wolga GZ-21 ins ehemalige Diplomatenviertel der Millionenmetropole. Präsident Ahmad Hasan al-Bakr und sein Vize Saddam Hussein herrschten mit despotischer Allmacht über das Wüstenland, das durch seine Ölvorkommen reich und mächtig geworden war und dessen Ölfirmen die staatssozialistische Ba'th-Partei 1972 verstaatlicht hatte. Seitdem unterhielt das Regime keine diplomatischen Beziehungen mehr zu den USA. Dagegen waren Vertreter der kommunistischen Supermacht Sowjetunion in Bagdad wohlgelitten.

Das Haus, vor dem der Wolga stoppte, war ein schlichtes mehrstöckiges Bürogebäude. Mit Maschinenpistolen bewaffnete Palästinenser hielten vor dem Eingang und auf dem Flachdach Wache. Als Brigitte Mohnhaupt und Stefan Wisniewski aus dem Wagen ausstiegen, waren ihnen die

Strapazen der zurückliegenden Wochen deutlich anzusehen. Ihre Kleidung sah mitgenommen aus, ihre Bewegungen waren fahrig, die Gesichter müde und grau. Strähnig hingen Brigitte Mohnhaupt die blonden Haare über die Schultern. Der dunkelhaarige Wisniewski trug mittlerweile einen Vollbart, was ihm ein finsteres Aussehen verlieh. Sie folgten ihrem Mittelsmann ins Innere des Hauses. Durch Gänge und Vorzimmer führte er sie in ein Büro, dessen Einrichtung abweisend und düster wirkte. Ein klobiger Schreibtisch, ein überdimensionaler Besprechungstisch, umrahmt von zwei Sesseln und einer Couch mit durchgesessenen Kunstlederpolstern. An der Wand hinter dem Schreibtisch hing die Fahne Palästinas zwischen gerahmten Porträtdrucken von Gamal Abdel Nasser, dem ehemaligen sozialistischen Staatspräsidenten Ägyptens, und den kommunistischen Säulenheiligen Marx und Lenin.

Der Palästinenser nickte den beiden deutschen Besuchern zu und verließ den Raum. Mohnhaupt und Wisniewski beschlossen, im Stehen auf den Mann zu warten, der in diesem unscheinbaren Büro residierte – der mächtige Dr. Wadi Haddad, auch bekannt als Abu Hani; Strippenzieher des internationalen Linksterrorismus und Agent des sowjetischen Geheimdienstes KGB.

Schließlich ging eine Tür in der Seitenwand auf, und Wadi Haddad kam mit ausgebreiteten Armen auf sie zu. »Willkommen, Genossen«, begrüßte er sie, »willkommen in Bagdad.« Er fasste erst Brigitte Mohnhaupt, dann Wisniewski bei den Schultern und küsste sie à la Breschnew links und rechts auf die Wangen. »Setzt euch, Genossen!« Er winkte in Richtung der Couch, und die beiden Deut-

schen nahmen gehorsam auf dem staubig aussehenden Möbelstück Platz.
Abu Hani selbst setzte sich auf einen der Sessel und rief einen barschen Befehl durch die angelehnte Tür. Fast im selben Moment trat eine junge Araberin ein und reichte dem Palästinenser und seinen beiden Besuchern Schalen mit dampfendem Tee.
»Also, lasst hören, Genossen – wie hat sich die Situation bei euch entwickelt?« Der 50-jährige Terroristenboss mit dem buschigen Schnauzbart und dem nahezu kahlen Schädel strahlte eine düstere Entschlossenheit aus. Mohnhaupt und Wisniewski hatten ihn letztes Jahr kennengelernt – in einem Trainingscamp im Südjemen, wo sie mit einer Reihe deutscher RAF-Genossen im Handwerk des Terrorismus ausgebildet worden waren.
Brigitte Mohnhaupt stellte ihre Teeschale auf den Tisch. »Genosse Abu Hani«, sagte sie in ehrerbietigem Tonfall, »die Imperialisten spielen auf Zeit.«
Wisniewski ereiferte sich: »Mehr als zwei Wochen hält uns der faschistische Schweinestaat schon hin – mit ganz miesen Tricks!«
Mit einer knappen Handbewegung unterbrach ihn Haddad. Sein freundliches Lächeln wirkte maskenhaft. »Ich hoffe, Genossen, dass ihr uns Gelegenheit geben werdet, unsere praktische Solidarität unter Beweis zu stellen«, sagte der Palästinenser. »Wir haben zwei Möglichkeiten für euch vorbereitet – ihr habt die Wahl.«
»Genosse Abu Hani«, meldete sich die Mohnhaupt wieder zu Wort, aber Haddad unterbrach sie erneut.
»Erste Möglichkeit: Wir besetzen für euch die Botschaft der BRD in Kuwait. Wir nehmen den Botschafter und

seine Leute als Geiseln und verstärken so den Druck auf das westdeutsche faschistische Regime.« Fragend sah er seine Gäste an, doch deren Gesichter ließen wenig Zustimmung erkennen.

»Wir danken dir sehr, Genosse«, antwortete Stefan Wisniewski zögernd, »wir sind dir wirklich dankbar für dieses Angebot.«

»Aber das haben wir vor zwei Jahren schon mal versucht«, sekundierte Brigitte Mohnhaupt.

»In Stockholm, ich weiß.« Haddad strich sich über den Schnauzbart. Ende April 1975 hatten sechs deutsche Terroristen die westdeutsche Botschaft in Schweden gestürmt und den Botschafter mitsamt Personal als Geiseln genommen – der erste Versuch der Rote Armee Fraktion, die inhaftierten Genossen Baader und Meinhof, Ensslin und Raspe freizupressen. Aber die Aktion war gänzlich fehlgeschlagen: Ein von den Botschaftsbesetzern selbst gelegter Sprengsatz war in die Luft gegangen, und in dem folgenden Durcheinander konnten schwedische Spezialisten das Gebäude stürmen, die Geiseln befreien und die Terroristen unschädlich machen. Die Bilanz der Aktion: zwei tote Geiseln, zwei tote Terroristen – darunter Siegfried Hausner, nach dem nun das Kommando, das die Schleyer-Entführung durchzog, benannt worden war.

»Wir können einfach nicht riskieren«, sagte Wisniewski, »dass das noch mal schiefgeht.«

»Gut, damit habe ich gerechnet.« Wadi Haddad strahlte seine beiden Besucher an. »Deshalb haben wir einen besonderen Alternativvorschlag vorbereitet.«

Während der Palästinenser seinen Plan B erläuterte, begannen Mohnhaupt und Wisniewski sichtlich wieder Mut zu schöpfen – immerhin galt ihr Gegenüber speziell auf dem Gebiet der Flugzeugentführungen als erstrangige Kapazität. Als Führer der PFLP, des militärischen Flügels der Palästinensischen Befreiungsorganisation PLO, hatte sich Wadi Haddad vor allem mit antiisraelischen Attentaten einen Namen gemacht. Die Entführung eines Air-France-Flugzeugs war allerdings am 4. Juli 1976 für Abu Hani mit einem Desaster geendet: Das Hijacker-Kommando hatte die Landung der Maschine im ugandischen Entebbe erzwungen und die Freilassung von 53 inhaftierten Terroristen gefordert – hauptsächlich Palästinenser, aber auch Angehörige der deutschen RAF. Doch das Flugzeug war von israelischen Antiterrorspezialisten gestürmt, die Geiseln waren befreit, die Entführer überwältigt worden. Insgesamt hatte die »Operation Entebbe« 55 Menschenleben gefordert: Drei Geiseln kamen bei der insgesamt 90 Minuten dauernden Schießerei um, überdies wurden sieben Terroristen getötet – sowie 45 Soldaten der Armee Ugandas, dessen Diktator Idi Amin offen mit den palästinensischen Terroristen zusammenarbeitete.

»Ihr werdet schon sehen, Genossen«, versicherte ihnen Wadi Haddad zum Abschied. »Diesmal wird alles nach Plan laufen. Der faschistischen westdeutschen Regierung wird gar nichts anderes übrigbleiben, als eure Genossen freizulassen.«

Minuten später fuhren Mohnhaupt und Wisniewski in der grünen Wolga-Limousine bereits zum Airport zurück. Die Sonne stieg über den Dächern Bagdads auf, und von den Türmen der Minarette riefen die Muezzine zum Morgengebet.

5

Das Ausbildungscamp der palästinensischen Terrororganisation lag im Südjemen auf einer Anhöhe in der Geröllwüste – zweieinhalb Stunden nördlich von Aden. Das Gelände war mit Stacheldraht eingezäunt und bestand überwiegend aus Schießständen und einer Handvoll heruntergekommener Lehmhäuser. Den ganzen Tag über war die Luft erfüllt von den Explosionen kleiner und größerer Geschosse – Handfeuerwaffen, Maschinenpistolen, Granaten. Palästinensische Terroristen wurden hier sorgfältig auf ihre Einsätze vorbereitet – und seit geraumer Zeit nutzte Wadi Haddad seinen jemenitischen Stützpunkt auch dazu, ausländische Genossen zu trainieren.

Am Dienstag, dem 4. Oktober 1977, stattete der PFLP-Führer seinem Trainingscamp wieder einmal einen Kurzbesuch ab. Mit dem Helikopter landete er auf der Anhöhe und wurde vom Chef des Ausbildungslagers mit Bruderküssen begrüßt. Abu Hani war ebenso wie der Camp-Chef in einen olivenfarbenen Kampfanzug gewandet. Während das Rotorengetöse langsam verebbte, gingen die beiden Männer mit raschen Schritten auf vier Araber zu, die an einem Schießstand von einem Ausbilder im Pistolenschießen trainiert wurden. Bei dem Quartett handelte es sich um zwei Männer und zwei Frauen, keiner von ihnen älter als 23 Jahre.

»Wir haben die Pässe«, sagte Haddad auf Arabisch zu seinem Untergebenen. »Die vier fliegen als Iraner nach Mallorca – zwei von Algerien aus, die beiden anderen über Paris.«

»Wer bringt die Waffen nach Palma?«, wollte der Chef des Trainingscamps wissen.
»Ein Kommando der Deutschen.«
Als sie den Schießstand erreichten, nahmen die vier Araber Haltung an. Auf ihren jugendlichen Gesichtern war abzulesen, wie beeindruckt sie von dem hohen Besuch waren. Abu Hani persönlich händigte ihnen ihre iranischen Pässe aus. »Prägt euch eure Namen ein«, wies er die vier an. »Das Ultimatum zur Freilassung der inhaftierten deutschen Genossen läuft bis Sonntag, den 16. Oktober. Wenn bis dahin nichts passiert ist, wovon ich ausgehe, brecht ihr mit der Maschine nach Aden auf – egal, auf welchem Flugplatz ihr gerade seid. In Aden wartet dann Abu Scharif mit seinen Leuten auf euch.«
Nach diesen Worten wandte er sich schon wieder von den arabischen Terroristen ab und klopfte dem Chef des Trainingscamps auf die Schulter. »Die holen die Geiseln dann aus dem Flieger hierher – alles klar.«
Er stürmte zum Helikopter zurück, und dem Untergebenen blieb nichts anderes übrig, als ihm zu folgen. »Ist das auch hundertprozentig sicher«, rief der Camp-Führer, »dass die Jemeniten mitspielen?«
»Der Präsident hat genickt.« Haddad wandte sich noch einmal zu den jungen Arabern um, die ihm hinterhersahen, die aufgeklappten Pässe in den Händen: »Wir sehen uns also Sonntag in zwei Wochen wieder hier!«

Acht Tage nach dieser Unterredung in der jemenitischen Wüste war der Bonner Krisenstab einer Lösung noch immer keinen Schritt näher gekommen. Schleyer und seine Entführer waren und blieben unauffindbar. Mehr als fünf

Wochen befand sich die Geisel nun schon in den Händen der Terroristen. Seit dem 1. Oktober hatte das Bundeskriminalamt keine Nachricht mehr vom »Kommando Siegfried Hausner« erhalten – höchst ungewöhnlich für die Entführer, die den vermittelnden Anwalt Payot und die Medien zeitweise mit ihren Botschaften, Forderungen und Ultimaten geradezu überschüttet hatten.
Am späten Abend des 12. Oktober saß Helmut Schmidt noch an seinem Schreibtisch im Bundeskanzleramt. Vor dem Gebäude standen die gepanzerten Spähwagen des Bundesgrenzschutzes. Polizisten patrouillierten, und auf den Dächern lagen Scharfschützen, die Waffe im Anschlag.
Dem Kanzler gegenüber saß Horst Herold, der Präsident des Bundeskriminalamts, das unter seiner Ägide zu einer schlagkräftigen Zentralbehörde angewachsen war. Beide Männer rauchten Zigaretten und blinzelten müde in den Qualm, der die Luft über ihren Köpfen vernebelte.
»Sagen Sie mal, Herold«, fragte Schmidt, »glauben Sie eigentlich noch, dass wir die Geisel finden? Ihre ganzen aufwendigen Computeranalysen haben uns bisher nicht das Geringste genützt.«
Herold sah schweigend ins Leere.
»Ich frage Sie jetzt einmal nicht als BKA-Chef«, fuhr der Kanzler in drängendem Tonfall fort. »Was sagt Ihnen Ihr Instinkt? Herold, geben Sie mir eine ungeschminkte Antwort.«
Der Präsident des Bundeskriminalamts rückte seine Brille zurecht und sah den Kanzler an. »Direkt gesagt, es sieht nicht gut aus. Wir haben 250000 Beamte im Einsatz. Seit 37 Tagen fahnden wir nach der Geisel – nichts! Irgend-

etwas muss schon am Anfang schiefgelaufen sein. Jetzt ist Schleyer höchstwahrscheinlich längst im Ausland.« Er beugte sich vor und drückte seine Zigarette im Kanzleraschenbecher aus, der bereits vor Kippen überquoll. »Aber unsere Gegner haben jetzt auch Probleme«, fügte er hinzu. »Wegen des Fahndungsdrucks kann die RAF nicht mehr geschlossen operieren. Ihre Kommunikationslinien werden zunehmend enttarnt. Wenn sie einfach in ihrem Loch sitzen bleiben und warten, spüren wir sie früher oder später doch noch auf. Die müssen jetzt also raus aus der Defensive. Die werden versuchen, die Initiative mit irgendeiner spektakulären Aktion wiederzugewinnen.«
»Noch eine spektakuläre Aktion?« Der Kanzler stand auf und begann in seinem Büro auf und ab zu gehen. »Und woran denken Sie da, Herold?«
Der BKA-Chef schaute starr vor sich auf den Schreibtisch – als ob er dort von einem Computerausdruck seine Prognose ablesen könnte. Er hatte das Bundeskriminalamt nicht nur von einer verschlafenen Zwergbehörde zu einem mächtigen Apparat ausgebaut, sondern durch Computer und neuartige statistische Methoden auch die Fahndungstechnik revolutioniert. Nur, darin hatte der Kanzler allerdings recht: Genützt hatte ihnen das alles im Fall Schleyer nichts.
»Der nächste Schritt«, sagte er gleichwohl in entschiedenem Tonfall, »wird sich nicht bei uns, sondern im Ausland ereignen – schon deshalb, weil dort der Fahndungsdruck und die Sicherheitsvorkehrungen wesentlich niedriger sind. Mögliche Anschlagziele gibt es mehr als genug: beispielsweise eine Botschaft, in der die Terroristen Geiseln nehmen – Modell Stockholm 1975. Eine Botschaft oder

irgendeine andere Einrichtung im Ausland. Selbst der deutsche Kindergarten in London wäre ein denkbares Ziel. Wir wissen es einfach nicht.«

6

Als am Donnerstag, dem 13. Oktober 1977, die Sonne über dem Rhein-Main-Gebiet aufging, lag Lufthansa-Kopilot Jürgen Vietor in seinem Reihenhaus in Bensdorf an der Weinstraße noch im Bett.

Es war sieben Uhr, und das Telefon auf seinem Nachttisch klingelte erbarmungslos.

In ganz Deutschland herrschte seit Tagen Nebellage – da konnte man darauf wetten, dass es täglich mindestens eine 737-Crew nicht planmäßig bis Frankfurt schaffte. Und ausgerechnet er musste Bereitschaftsdienst haben.

Vietor tastete schläfrig nach dem Hörer und hielt ihn sich ans Ohr. »Ja?«

»Herzlichen Glückwunsch, Herr Vietor«, sagte eine enthusiastische weibliche Stimme. »Sie haben einen Freiflug nach Palma de Mallorca gewonnen!«

»Sehr witzig«, murmelte Vietor. Mit der freien Hand fühlte er links über das Ehebett – seine Frau Renate war offenbar schon aufgestanden. Sie arbeitete als Lehrerin und verließ meist um sieben Uhr früh das Haus.

»Nein, im Ernst, Herr Vietor«, fuhr die junge Frau am anderen Ende der Telefonleitung fort. »Hier ist die Lufthansa Frankfurt. Die 168 hängt in Hamburg fest wegen Nebel –

der Kopilot war für die 181 nach Palma eingeteilt. Also müssen Sie für ihn ran – Abflug ist um 8 Uhr 55, Briefing eine Stunde davor.«
Aus irgendeinem Grund konnte Jürgen Vietor an diesem Morgen nicht richtig wach werden. »Ist gut, ich komme«, murmelte er, legte den Hörer auf und schlief fast im selben Moment wieder ein.

Etwa um diese Zeit verabschiedete sich Jürgen Schumann im hessischen Babenhausen von seiner Familie. Der 37-jährige Flugkapitän trug bereits seine Lufthansa-Uniform – im Flughafen Frankfurt würde er direkt zum Briefing und dann an Bord der Boeing 737 gehen, die er heute planmäßig nach Palma de Mallorca und zurück fliegen musste.
»Also tschüs, mein Schatz.« Schumann küsste seine Frau Monika, die den zweijährigen Dominik auf dem Arm hielt. »Ich bin so gegen drei zurück.«
Er winkte seinem älteren Sohn zu. Der elfjährige Marc tobte im Eingang ihres Hauses herum, ein Holster umgeschnallt, und ballerte mit der Schreckschusspistole auf unsichtbare Feinde. Auf dem Kopf trug er eine abgelegte Pilotenmütze seines Vaters, die ihm natürlich viel zu groß war. »Mach's gut, Sheriff.«
Die Hand schon auf der Klinke, fiel Schumann noch etwas ein. »Ach, Monika.« Er wandte sich noch einmal zu seiner Frau um. »Hätte ich beinahe vergessen – ich muss ja heute meinen Urlaub anmelden. Kannst du mir deinen Kalender mitgeben? Bei dir stehen doch Marcs Schulferien drin.«
»Klar. Moment, ich hol ihn schnell.« Sie drückte ihm den kleinen Dominik in den Arm. »Nimm ihn mal kurz.« Einen Augenblick darauf war sie schon zurück und schob

ihm ihren weinrot gebundenen Taschenkalender in die Jackentasche.
»Danke, also tschüs dann.« Schumann reichte ihr wieder seinen kleinen Sohn. »Dauert ein bisschen länger, wegen dem Urlaubsschein – so gegen vier müsste ich aber wieder da sein.«
Er ging nach draußen, stieg in sein Auto, das vor der Tür in der Einfahrt stand. Während er rückwärts ausparkte, stand Marc salutierend in der Tür, die Kapitänsmütze auf dem Kopf, so dass sein Gesicht nur von der Nase abwärts zu sehen war.

Gegen acht Uhr an diesem Morgen war auch die 23-jährige Stewardess Gabriele Dillmann, genannt Gabi, auf dem Weg zum Frankfurter Airport. Die blonde junge Frau wohnte in der Stadt, und letzte Nacht hatte ihr Verlobter Rüdiger von Lutzau bei ihr übernachtet. Da traf es sich gut, dass Rüdiger zur gleichen Zeit wie sie in der Lufthansa-Zentrale am Flughafen sein musste. Erst vor wenigen Tagen hatte er seine neue Stelle als Kopiloten-Referent angetreten.
In Rüdigers VW-Käfer quälten sie sich durch den morgendlichen Berufsverkehr zum Airport hinaus. Gabi wandte sich halb nach hinten um und zeigte auf den Napfkuchen, der in Stanniolpapier verpackt auf dem Rücksitz lag. »Den darfst du nicht vergessen«, sagte sie. »Den hat die Omi extra für dich gebacken.«
Rüdiger strahlte sie an. »Deine Omi ist so süß.« Und du selbst erst!, sagte sein lachender Blick.
Gabi Dillmann erwiderte sein Lächeln. »Und sie lässt dir ausrichten«, fügte sie in beiläufigem Tonfall hinzu, »du

sollst dich mal ein bisschen beeilen – sie will schließlich auch noch was haben von ihren Enkelkindern.«
Von Lutzau fühlte sich bedrängt. Gerade erst hatte er die Stelle als Kopiloten-Referent bekommen, das ging ihm jetzt alles zu schnell! »Gabi, du weißt doch, dass wir erst heiraten können, wenn ich Kapitän geworden bin«, sagte er. »Vorher können wir uns einfach keine Kinder leisten.«
Das hübsche Gesicht seiner Verlobten verdüsterte sich. Die Lippen zusammengepresst, sah sie schweigend auf die Straße, bis sie den Flughafen erreicht hatten.
»Na dann, einen schönen Tag noch.« Gabi stieß die Tür auf und stieg aus.
»Ach komm, Gabi, so war das doch nicht gemeint.«
»Dann überleg dir das nächste Mal besser, wie du es sagst.« Damit knallte sie die Beifahrertür zu und ging auf den Eingang des Lufthansa-Gebäudes zu, ohne sich noch einmal nach Rüdiger umzusehen.
»O Mann!« Genervt legte er den Gang ein und fuhr weiter.

Um kurz vor acht versammelte sich die Crew für den Flug LH 181 nach Palma de Mallorca in der Frankfurter Lufthansa-Zentrale. Kapitän Jürgen Schumann ließ seine Blicke durch den Briefing-Raum Nr. 4 schweifen.
Anwesend waren die Chefstewardess Hannelore Piegler, eine 33-jährige Österreicherin mit Bubikopffrisur, und die beiden Stewardessen – die 27-jährige Anna Maria Staringer, die aus Norwegen stammte und mit leichtem skandinavischem Akzent sprach, sowie Gabi Dillmann. Mit der hübschen Blonden war Schumann schon ein paarmal geflogen. Irgendwann hatten sie sogar herausgefunden,

dass sie dieselbe Schule besucht hatten – das Max-Planck-Gymnasium in Groß-Umstadt.

Obwohl von seinem Kopiloten weit und breit nichts zu sehen war, eröffnete Schumann pünktlich um 7 Uhr 55 die vorschriftsmäßige Einweisung. »Guten Morgen zum Briefing für unseren heutigen Flug, Nummer 181 von Frankfurt nach Palma de Mallorca und zurück.« Er stellte sich vor und begrüßte dann die drei Frauen nacheinander mit ihrem jeweiligen Rang und Namen. Gabi Dillmann war die Einzige in der Crew, die er zumindest vom Sehen kannte. Bei den beiden anderen las er die Namen aus seinen Unterlagen ab.

»Der Kopilot müsste zu uns unterwegs sein«, sagte er dann. »Abflug ist 8 Uhr 55, die Flugzeit beträgt etwa zwei Stunden und fünf Minuten. Wir haben dann zirka anderthalb Stunden Aufenthalt in Palma, und dann geht's zurück. Das Wetter ist gut, das wird ein ruhiger Flug.«

Bei diesen Worten ging die Tür auf, und ein dunkelhaariger Mann in Kopilotenuniform stürmte in den Raum.

»Herr Vietor?«, fuhr Schumann fort. »Guten Morgen, dann wären wir also vollständig.«

»Entschuldigen Sie meine Verspätung«, brachte Vietor atemlos hervor. »Guten Morgen allerseits.«

Die beiden Piloten nickten einander zu. Neben dem hochgewachsenen, durchtrainiert und jugendlich aussehenden Schumann wirkte Vietor fast etwas unscheinbar. Der ehemalige Starfighter-Pilot Jürgen Schumann strahlte eine ruhige, unerschütterliche Autorität aus. Vietor dagegen hatte sich mit der Rolle des zweiten Mannes abgefunden. Auch wenn er sich heute ausnahmsweise einmal verspätet hatte, zählten Pünktlichkeit und Gewissenhaftigkeit zu seinen

größten Stärken. Er hatte ursprünglich Elektromechaniker gelernt und war auf Umwegen zur Fliegerei gekommen: Bundeswehrfunker, Seeoffiziersanwärter, schließlich Marineflieger, bevor er 1973 den Militärdienst quittiert hatte und zur Lufthansa gegangen war. Ihm war klar, dass er frühestens in zwölf bis 15 Jahren mit einer Beförderung zum Kapitän rechnen konnte. Aber er war ein erfahrener 737-Pilot, und im Gegensatz zu vielen Kollegen mochte er diesen nicht allzu komfortablen Flugzeugtyp, der nur für kürzere Strecken geeignet war.
»Dann also ab auf die Ferieninsel«, scherzte Schumann, als sie alle fünf zusammen zu ihrem Gateway gingen.

7

Nach einem Flug ohne Zwischenfälle landete die Boeing 737 *Landshut*, Flugnummer LH 181, an diesem 13. Oktober planmäßig um elf Uhr auf dem Airport von Palma de Mallorca. Die Passagiere stiegen aus, die Maschine wurde aufgetankt, die Cateringvorräte wurden aufgefüllt und alle Systeme routinemäßig durchgecheckt.
Um zwölf Uhr mittags, als die *Landshut* bereits wieder klar für den Rückflug nach Frankfurt/Main war, trat in Bonn ebenso routinemäßig die sogenannte Kleine Lage zusammen. Dieser kleine Krisenstab traf sich seit Wochen täglich um diese Zeit im Schmidt-Rottluff-Zimmer des Kanzleramtes, um über den aktuellen Stand des Entführungsfalls Hanns Martin Schleyer zu beraten.

Der Konferenzraum war mit hellem Holz getäfelt. Seinen Namen verdankte er den Werken des expressionistischen Malers Karl Schmidt-Rottluff, die an den Wänden hingen. Der Bundeskanzler eröffnete die Sitzung. Er begnügte sich mit wenigen einleitenden Worten. »Eine neue Videobotschaft, meine Herren. Sehen Sie selbst.«
Um den ovalen Besprechungstisch versammelt waren sämtliche Mitglieder des kleinen Krisenstabs. In den schweren Ledersesseln saßen Innenminister Werner Maihofer und Justizminister Hans-Jochen Vogel, Außenminister Hans-Dietrich Genscher, Verteidigungsminister Georg Leber und Staatsminister Hans-Jürgen Wischnewski, sodann die Staatssekretäre Schüler und Ruhnau, Regierungssprecher Bölling, BKA-Präsident Herold und vier weitere hohe Beamte des Bundeskriminalamtes.
Auf einen Wink des Kanzlers hin schaltete einer der Kriminalbeamten den Fernseher ein, der in einer Zimmerecke unter der Decke angebracht war. Auf dem Bildschirm erschien Hanns Martin Schleyer, hinter ihm das Erkennungszeichen der Terroristen – der fünfzackige Stern mit der Maschinenpistole und den Initialen RAF. In der Hand hielt der Entführte ein Schild mit der Aufschrift »Seit 31 Tagen Gefangener«.
»Die Ungewissheit ist die schwerste Belastung.« Schleyer trug ein offenes Hemd und ein dunkles Jackett. Der 60-Jährige sah noch erschöpfter und abgehärmter aus als in der letzten Videobotschaft. »Ich habe in der ersten Erklärung nach der Entführung zum Ausdruck gebracht, dass die Entscheidung über mein Leben in der Hand der Bundesregierung liegt, und habe damit diese Entscheidung akzeptiert. Aber ich sprach von Entscheidung und dachte nicht

an ein sich jetzt über einen Monat hinziehendes Dahinvegetieren in ständiger Ungewissheit.«
Erschüttert und ratlos sahen die Männer in der Runde einander an. Schließlich zückte Helmut Schmidt seine Schnupftabakdose, klopfte sich eine Prise auf die Hand und saugte sie sich in die Nase. »Herold«, fragte er den BKA-Chef, »wie ist denn der letzte Stand der Dinge?«
Horst Herold, von der Boulevardpresse »Kommissar Computer« genannt, rieb sich die Augen unter der Hornbrille. »Das Band ist am Donnerstag, dem 6. Oktober, aufgenommen worden. Am 7. haben sie das verschickt – das ist das letzte Lebenszeichen von Schleyer, seitdem herrscht Funkstille.«
»In einer Stunde habe ich ein Gespräch mit Schleyers Stellvertreter. Was soll ich dem sagen?« Der Kanzler schaute Herold an, aber der hob nur die Schultern. Schmidts Blicke wanderten weiter – zu seinem Justizminister und Parteifreund Vogel, dann zu Werner Maihofer, dem liberalen Innenminister, einem bedächtigen Rechtsgelehrten.
Doch wen der Kanzler auch ansah, er erhielt keine Antwort auf seine Frage. Irgendetwas lag in der Luft, das spürten alle in der Runde. Aber niemand hätte eine Prognose gewagt, welchen Schritt die Terroristen als Nächstes unternehmen würden.

Um 12 Uhr 20 war das Boarding auf der *Landshut* abgeschlossen. Alle 86 Passagiere saßen auf ihren Sitzen. Es handelte sich um 33 Männer, 46 Frauen und sieben Kinder – die meisten von ihnen braungebrannt und bester Laune nach einem sonnenreichen Urlaub am Strand von Mallorca.

Wenige Minuten vor dem Start gingen die Stewardessen noch einmal durch die Passagierkabine, um zu überprüfen, ob alle Reisenden angeschnallt und ihre Sitze aufrecht gestellt waren, wie es die Vorschriften verlangten. In der ersten Klasse bemerkte Gabi Dillmann ein elegantes Paar, das in Flugrichtung links saß, gutaussehend und nicht älter als sie selbst, offenbar Araber oder Perser. Auf der rechten Seite, eine Reihe dahinter, saß ein deutsches Ehepaar mittleren Alters. Ihre Kleidung und mehr noch das selbstgefällige Verhalten des Mannes zeigten, dass die beiden ziemlich wohlhabend sein mussten – der Mann ist bestimmt so ein neureicher Angeber, dachte Gabi, der andere gern nach seiner Pfeife tanzen lässt.

Sie wollte schon weitergehen, durch den noch offenen Vorhang zur Touristenklasse, als der reiche Mann sie zu sich winkte. »Der Champagner hier ist völlig schal«, rief er in empörtem Tonfall, »den haben Sie wohl schon auf dem Hinflug aufgemacht?«

Seine Frau schüttelte den Kopf und sah gequält zur Stewardess auf – die Mäkelei ihres Mannes schien ihr peinlich zu sein. Aber Gabi lächelte gelassen zu ihnen hinab. »Bitte entschuldigen Sie – nach dem Start bringen wir Ihnen natürlich ein neues Glas.«

Die blonde Stewardess ging weiter, in der Hand ein »Bussibär«-Heft, das sie einem kleinen Jungen in der Economy-Klasse brachte. »Hier, du Süßer«, sagte sie zu dem dreijährigen Steffen, »da hast du was zum Anschauen.« Für einen Moment musste sie wieder an die Szene heute früh in Frankfurt denken: Wollte Rüdiger gar nicht, dass sie heirateten und Kinder bekamen – oder musste sie ihm nur etwas mehr Zeit lassen? Sie schob die dunklen Gedan-

ken beiseite. Im Grunde war sie niemand, der zu schwermütiger Grübelei neigte. Wird schon werden, dachte sie und lächelte einem ungefähr 50-jährigen Mann aufmunternd zu.
Der Ärmste saß bleich auf seinem Sitz, das ganze runde Gesicht glitzernd vor Schweiß. Offenbar litt er an Flugangst. »Versuchen Sie einfach an was anderes zu denken«, riet sie dem Passagier. »An irgendwas Schönes.«
Sogar um den kleinen Terrier kümmerte sie sich, der auf dem Schoß seines Frauchens saß. Robby hieß er, wie sie von der stolzen Besitzerin erfuhr. Es war noch nicht allzu lange her, da hätte Gabi Dillmann sich nicht träumen lassen, dass sie den größten Teil ihres Lebens hoch über den Wolken verbringen würde. Nach dem Abitur hatte sie eigentlich Tiermedizin studieren wollen, doch nun ging sie hier an Bord der *Landshut* von Reihe zu Reihe und sagte die immergleichen Sätze, ohne dass es ihr jemals langweilig wurde: »Könnten Sie bitte Ihren Gurt schließen?«
Der alte Mann schien sie nicht zu verstehen. Er brabbelte vor sich hin und schien geistig nicht recht anwesend zu sein. Bestimmt schon achtzig Jahre alt, dachte Gabi, und auch seine Frau war nicht wesentlich jünger. Aber zum Glück war sie nicht so verwirrt wie er – mit einem Lächeln in Richtung der Stewardess beugte sie sich über ihren Mann und schloss seinen Gurt.
Wenn man so wie sie gerne unterwegs war und es mochte, anderen Menschen zu helfen und gebraucht zu werden, dachte Gabi, dann war Stewardess ein idealer Beruf.
In den hinteren Reihen saßen kichernd nicht weniger als fünf hübsche Blondinen. Die jüngste von ihnen war allenfalls 18 Jahre alt, die älteste hätte gut und gerne deren

Mutter sein können – Mitte bis Ende dreißig, schätzte Gabi. Sie alle wirkten ziemlich übernächtigt und verkatert – offenbar hatten sie bis kurz vor Abflug noch kräftig gefeiert.
Die Stewardess lächelte den Disko-Schönheiten zu, die ein ums andere Mal in prustendes Gelächter ausbrachen.
»Ihr gehört wohl zusammen?«, fragte sie die jüngste von ihnen.
»Ja, wir haben die Reise bei einem Schönheitswettbewerb gewonnen.«
Das blonde Mädchen sprudelte nur so vor Rededrang. Ihr Name war Diana Schneider, und die etwas reifere Schönheit neben hier hieß Jutta Jürgens und leitete im wirklichen Leben eine Sparkassenfiliale. Sie alle hatten in diesem Jahr schon einmal die Misswahl gewonnen, die ein Diskothekenbesitzer auf der Ferieninsel zweimal monatlich veranstaltete. Als krönenden Abschluss der Saison hatte er die Siegerinnen zum großen Finale in seinen Tanzschuppen einfliegen lassen. Um halb sieben an diesem Morgen war die Party in der Disko »Graf Zeppelin« zu Ende gegangen. Doch die deutschen Schönheitsköniginnen hatten einfach weitergefeiert, und nur mit Müh und Not war es dem Diskobesitzer und seinem DJ gelungen, die fünf Blondinen rechtzeitig in ihren Flieger zu schaffen.
Während Diana dieses kleine Abenteuer zum Besten gab, stießen sie und ihre Gefährtinnen sich immer wieder an und brachen in schrilles Gelächter aus.
»Aha – und was ist jetzt so lustig?«, fragte Gabi.
Mit einiger Mühe gelang es Diana, ihre Stimme zu senken. Sie beugte sich ein wenig in Richtung der Stewardess. »Der Typ da drüben, mit dem schrillen Jackett – der sieht total

irre aus.« Noch ehe sie zu Ende gesprochen hatte, bekam sie einen neuen Lachanfall.

Die Stewardess versuchte sich nichts anmerken zu lassen. Sie nickte den überdrehten Blondinen zu und wandte sich einer ungefähr 35-jährigen Frau zu, die ihren Tisch aufgeklappt hatte und eine verspätete Ansichtskarte schrieb. Wie Gabi später erfahren sollte, hieß sie Birgit Röhll, und der zehnjährige Junge an ihrer Seite war ihr Sohn Stefan. »Klappen Sie bitte den Tisch hoch?«, sagte Gabi zu ihr.

Der Junge schien gar nicht zu bemerken, dass seine Mutter mit der Stewardess sprach. Fasziniert wendete er die Kappe des Füllers hin und her, mit dem Birgit Röhll ihre Karte beschriftet hatte. »Was ist das für ein Stern, Mami?«, fragte er und zeigte auf das Firmenlogo, das in die Kappe eingeprägt war.

Frau Röhll klappte ihren Tisch hoch und lächelte entschuldigend zur Stewardess empor. »Das soll der schneebedeckte Gipfel des Montblanc sein, der höchste Berg der Alpen – danach ist der Füller benannt.«

Sie verstaute Ansichtskarte und Schreibgerät in ihrer Tasche, die sie unter den Vordersitz schob. Währenddessen ging Gabi langsam weiter, wieder zurück in Richtung erste Klasse und Cockpit. Sie kam an dem Sitz des »Typen« vorbei, über den die Disko-Schönheiten eben so laut gekichert hatten. Tatsächlich sah der junge Araber mit der düsteren Miene und dem Schnauzbart in seinem lila karierten Jackett ein wenig irre aus. Neben ihm saß eine Landsmännin von ihm, auch sie höchstens Anfang zwanzig. Allerdings war sie von ebenso draller Gestalt, wie ihr Gefährte ausgemergelt wirkte.

Als Gabi nach einem Blick auf ihre Gurte – beide geschlos-

sen – weitergehen wollte, winkte der Araber sie zu sich her. »Kann ich ein Glas Mineralwasser bekommen?«, fragte er in tadellosem Englisch, allerdings mit starkem arabischem Akzent. Dabei fixierte er sie scharf mit seinen dunklen, nahezu schwarzen Augen.
»Sorry, Sir«, entschuldigte sich Gabi Dillmann und fuhr auf Englisch fort: »In wenigen Minuten starten wir – danach bringe ich Ihnen das Wasser. Ich werde es nicht vergessen.«
»Nein, Sie werden mich nicht vergessen«, bestätigte der Araber.
Das kam der Stewardess einen Moment lang seltsam vor, aber so kurz vor dem Take-off hatte sie tausenderlei Dinge gleichzeitig zu tun. Erst viel später sollte ihr die sonderbare Bemerkung des Arabers wieder in den Sinn kommen – eines jungen Mannes von gerade mal 22 Jahren, der einen iranischen Pass auf den Namen Ali Hyderi bei sich trug, obwohl er aus Palästina stammte und Zohair Youssif Akache hieß. Im Verlauf dieses Flugs würde er sich selbst einen bizarren weiteren Namen geben: Captain Martyr Mahmud.
Die füllige Frau an seiner Seite war im gleichen Alter wie ihr Gefährte, stammte gleichfalls aus Palästina und hieß eigentlich Suhaila Sayeh. Die Passagiere der *Landshut* aber würden sie, flüsternd oder in Gedanken, während der folgenden Stunden und Tage nur »die Dicke« nennen – im Unterschied zu ihrer Komplizin, der eleganten jungen Araberin, die Gabi Dillmann gleich zu Anfang in der ersten Klasse aufgefallen war. Diese erhielt von den Passagieren den Beinamen »die Kleine«, dabei hieß sie in Wirklichkeit Hind Alameh und war im gleichen Alter wie »die

Dicke«. Das verbrecherische Quartett wurde vervollständigt durch den gutaussehenden jungen Araber aus der First Class, den kaum eine Frau ansehen konnte, ohne zumindest für ein paar Sekunden ins Träumen zu geraten. Seinen Beinamen »der schöne Junge« hatte sich der Palästinenser Wabil Harb wirklich verdient – er hätte als Model arbeiten können, zog es jedoch ebenso wie seine drei Komplizen vor, als Hijacker in die Kriminalgeschichte einzugehen.

8

»38 Tage!« Eberhard von Brauchitsch sah sein um zwei Köpfe kleineres Gegenüber durchdringend an. »Und was haben Sie erreicht?«

Der Mann auf der anderen Seite des Schreibtischs ließ sich nicht beeindrucken – weder durch die hünenhafte Erscheinung seines Besuchers noch durch die geballte Wirtschaftsmacht, die von Brauchitsch als geschäftsführender Gesellschafter des milliardenschweren Flick-Konzerns besaß. Er zündete sich eine Zigarette an. »Es bleibt dabei«, sagte Helmut Schmidt, »wir verfolgen drei Ziele – nicht anders als am ersten Tag. Erstens: Schleyer zu befreien. Zweitens: die Entführer zu ergreifen und vor Gericht zu bringen. Drittens: die Handlungsfähigkeit des Staates und das Vertrauen der Bürger in ihn nicht zu gefährden.«

»Herr Bundeskanzler, Punkt drei ist wohl falsch formuliert.« Von Brauchitsch machte eine kurze Pause, ehe er

zwischen den Zähnen hervorstieß: »In Wahrheit denken Sie überhaupt nicht daran, die Terroristen freizulassen!«
Der Kanzler konnte sich gut vorstellen, wie sehr sein Besucher sich um den Entführten sorgte. Eberhard von Brauchitsch sprach nicht nur als Kollege Schleyers, dessen Stellvertreter er im Vorstand des Daimler-Benz-Konzerns war. Die beiden Männer waren auch seit Jahren befreundet – bereits am 9. September, vier Tage nach seiner Entführung, hatte sich Schleyer in einem Brief hilfesuchend an den einflussreichen Freund gewandt. »Wenn Bonn ablehnt, dann sollen sie es bald tun«, hatte er geschrieben, »die Ungewissheit ist in meiner Lage natürlich scheußlich.«
Und nun war Hanns Martin Schleyer seit mehr als fünf Wochen in Gefangenschaft – obwohl die Regierung nur ein paar Terroristen freilassen musste, um die prominente Geisel zu retten. Jedenfalls schien auch von Brauchitsch diese Ansicht zu teilen, die der Kanzler für eine unzulässige, wenngleich menschlich begreifliche Vereinfachung hielt.
»Auf das Konto dieser Häftlinge«, sagte er, »gehen allein 13 Morde und 43 Mordversuche. Wie viele werden es noch werden, wenn wir die jetzt wieder freilassen?«
Doch der aufgebrachte Wirtschaftsmagnat wischte Schmidts Einwand mit einer Handbewegung vom Tisch. »Sie lassen sich von einem Haufen politischer Desperados in die Defensive treiben. Sprechen Sie es wenigstens offen aus, anstatt von Zielen zu fabulieren, die Sie angeblich verfolgen!«
Der Kanzler drückte seine Zigarette aus. »Wir unternehmen alles, um Schleyer zu befreien.«
Von Brauchitsch ließ seinem Zorn jetzt freien Lauf. »Das

sind doch hohle Worte!«, schrie er. »Sie opfern ihn der Staatsräson, das ist die Wahrheit!«
Diesmal schien der Kanzler doch beeindruckt, ja getroffen. Er stand schweigend auf, ging zum Fenster und sah einige Augenblicke stumm hinaus. »Vor zweieinhalb Jahren, im Februar 75, Sie erinnern sich«, begann er. »Die hatten Lorenz entführt, und ich war krank, hatte 39 Grad Fieber. Mein Arzt hatte mir eine Spritze gegeben, so bin ich in den großen Krisenstab rein. Die Opposition war für Austauschen, sogar unser Berliner Bürgermeister; und ich – ich war dagegen. Aber ich habe geschwiegen, weil ich den Konsens wollte. Also haben wir ausgetauscht – der Einzige, der sich offen dagegen aussprach, war mein Justizminister. Fünf Terroristen sind in den Jemen ausgeflogen worden – und sie haben weitergemacht. Vier Morde, neun Mordversuche allein bis heute. Einer von denen, das wissen wir sicher, ist auch an der Entführung von Schleyer beteiligt – so sieht das nämlich aus.«
Er wandte sich um und sah von Brauchitsch durchdringend an. Seine Stimme bekam einen stählernen Unterton. »Wäre ich damals hart geblieben, dann säßen wir jetzt vielleicht nicht hier. Das werfe ich mir vor.«
Der Besucher senkte den Kopf. Wenn er ehrlich war, wusste er auch nicht, wie man diesem terroristischen Wahnsinn am besten entgegentrat. Er wusste nur, dass sein hochgeschätzter Kollege und Freund in den Händen durchgedrehter Politgangster war. Dass Schleyers Frau in der *Bild*-Zeitung verzweifelte Appelle publizierte und in der Wirtschaft die Angst umging: Wer würde der Nächste sein?

Während dieser erbitterte Wortwechsel im Bonner Kanzleramt stattfand, verspeisten die Passagiere der *Landshut* ihr Mittagessen und hörten sich anschließend an, was Jürgen Schumann ihnen über den Bordlautsprecher mitteilte. »Hier ist noch mal Ihr Kapitän. Wir überfliegen gerade Marseille. Wenn Sie links aus den Fenstern schauen, haben Sie einen besonders schönen Blick auf die Stadt.«

Die Passagiere auf der linken Seite pressten ihre Nasen gegen die Fensterscheiben. Währenddessen machte sich »Mahmud« Akache, der junge Araber mit dem Schnauzbart, an seinem Kofferradio der Marke »Melba« zu schaffen. Schließlich gelang es ihm, die Abdeckung aus dem Rahmen zu lösen. Er nahm eine Makarow 9 mm, eine einfache Selbstladepistole russischer Bauart, aus dem Radio und löste mit der anderen Hand seinen Sicherheitsgurt. Zugleich nickte er der üppigen jungen Araberin zu seiner Rechten zu, und Suhaila Sayeh, »die Dicke«, stieß einen schrillen Schrei aus – das vereinbarte Zeichen für ihre Komplizen in der ersten Klasse.

Die Makarow schussbereit in der Hand, sprang Mahmud auf und lief durch den Gang in Richtung Cockpit. Weiterhin schreiend rannte Suhaila hinter ihm her. Sie rissen den Vorhang zur Seite, stürmten in die First Class, und das zweite Araberpärchen sprang gleichfalls auf. Auch Wabil Harb, genannt »der schöne Junge« oder einfach »der Junge«, war mit einer Pistole bewaffnet – einer russischen Tokarew. Hind Alameh, »die Kleine«, hielt ebenso wie nun Suhaila eine Eierhandgranate in der Hand.

Während Mahmud weiter zum Cockpit rannte, schrien die drei anderen wild auf die Passagiere ein. »You are kidnapped! Hands up! Keine Bewegung!«

Im Cockpit richtete Mahmud unterdessen seine Makarow auf die Schläfe von Kapitän Schumann. »Out, out, out!«, schrie er mit sich überschlagender Stimme. »Raus aus dem Cockpit, raus, raus, raus!« Er trat dem Kopiloten heftig in die Seite.

Als Vietor aufsprang, vergaß er vor Schreck, seine Kopfhörer abzusetzen. Das Kabel riss ihn zurück, und während er sie abstreifte und sich aus dem Sitz befreite, schrie und trat Mahmud weiter auf ihn ein. »Raus, raus, raus!« Endlich stolperte der Kopilot aus dem Cockpit, und Mahmud trat ihm noch einmal in den Rücken, ehe er hinter ihm die Tür zum Cockpit schloss.

Der 22-jährige Chef des Terroristenquartetts drückte Jürgen Schumann seine Waffe gegen den Kopf. »Wir fliegen nach Zypern«, sagte er.

In der Passagierkabine herrschte zur gleichen Zeit ein furchtbares Durcheinander. Die Reisenden schrien vor Panik. Der »Junge« und die »Kleine« trieben die Reisenden aus der First Class und aus den ersten Reihen der Touristenklasse mit Flüchen, Tritten und Schlägen in den hinteren Teil der Maschine. Auch Kopilot Vietor musste ins Heck der *Landshut* und sich dort mit den Passagieren zusammenpferchen lassen. »Hands up, zurück mit euch«, schrie der »Junge« unaufhörlich und schwenkte drohend seine Tokarew.

»Come on, come on!«, kreischte die »Kleine«. »Geht schon, geht schon!«

Im Getümmel versuchte Vietor die schreienden, drängelnden, weinenden Passagiere zu beruhigen. »Machen Sie alles, was die wollen«, sagte er immer wieder. »Keine Gegenwehr. Machen Sie einfach, was die von Ihnen verlangen.«

Noch lange hatten nicht alle einen Platz gefunden. Mindestens 15 Passagiere standen im Gang, die Hände erhoben. Frauen wie Männer zitterten vor Angst, viele schluchzten oder weinten laut.

»Hier spricht Captain Martyr Mahmud«, schrie mit einem Mal der Entführerchef auf Englisch aus den Bordlautsprechern. »Dies ist Captain Martyr Mahmud von der Operation ›Kofre Kaddum‹ der Halimeh-Einheit der Organisation zum Kampf gegen den Weltimperialismus.« Sein Revolutionskauderwelsch wäre selbst unter normalen Umständen kaum verständlich gewesen. Überdies sprach er aber viel zu laut, so dass kaum mehr als das Pfeifen der elektrischen Rückkopplung zu hören war.

Was er dann noch sagte, war allerdings kaum misszuverstehen. »I took over«, schrie Mahmud. »Das Flugzeug ist unter meiner Kontrolle!«

In der Passagierkabine wurde es totenstill. Die Reisenden sahen einander an oder warfen scheue Blicke zu den Entführern – so als ob der Alptraum der Entführung jetzt erst Wirklichkeit geworden wäre.

In die beklemmende Stille hinein war das Schnappen eines Türriegels zu hören – aus der hinteren Toilette trat eine ungefähr 60-jährige zierliche Frau. Erstaunt schaute sie sich um – offenbar hatte sie von dem Schrecken und Chaos der letzten Minuten nichts mitbekommen.

»Was ist denn hier los?«, fragte sie die Leute, die vor ihr im Gang standen, die Hände erhoben. »Was machen Sie denn da?«

Die Stewardess Gabi Dillmann stand ganz in ihrer Nähe. »Wir sind entführt worden«, flüsterte sie ihr zu. »Von arabischen Terroristen.«

Noch während Gabi sprach, verlor die ältere Dame das Bewusstsein. Ihr Gesicht entfärbte sich, die Beine gaben unter ihr nach. Im letzten Moment konnte die Stewardess den schlaffen Körper auffangen.
»Bist du verrückt«, zischte Vietor ihr zu. Der Kopilot saß direkt neben ihr in der hintersten Reihe. »Willst du erschossen werden, oder was? Lass sie doch fallen.«
Seine Worte klangen hartherzig, aber natürlich hatte er recht. Nicht umsonst wurde dem Lufthansa-Personal immer wieder eingeschärft: Den Befehlen der Entführer einer Maschine ist unbedingt Folge zu leisten.
Gabi Dillmann ließ die Frau zu Boden sinken. Dabei schob sich der linke Ärmel ihrer Jacke zurück, und Gabi sah die Nummer, die in den Arm der älteren Dame eintätowiert war.
O mein Gott, dachte die Stewardess. Eine KZ-Überlebende, eine Jüdin. Blitzartig zog sie ihr den Ärmel bis zum Handgelenk hoch.
Kein Wunder, dass die Ärmste ohnmächtig geworden war. Der Todfeind Nummer eins aller palästinensischen Terrororganisationen waren die »Zionisten« – ob einfache Bürger oder israelische Entscheidungsträger, machte für sie offenbar keinen Unterschied.

9

Um 14 Uhr 38 fiel einem Fluglotsen im französischen Aix-en-Provence auf, dass mit dem Lufthansa-Flug LH 181 irgendetwas nicht in Ordnung war. Er winkte einen Kollegen zu sich her, und zusammen beobachteten sie die Flugbewegung der *Landshut* auf dem Radarschirm.

»Muss die nicht nach Frankfurt?«, fragte der Kollege.

Der Lotse, dem die Unregelmäßigkeit aufgefallen war, nickte. »Allerdings – aber seit ein paar Minuten fliegt sie nach Osten.«

»Dann fragen wir sie doch einfach mal, was da oben vorgeht.« Der zweite Lotse griff zum Mikrophon. »Air-Control Aix für LH 181. Air-Control Aix für LH 181 – bitte antworten Sie.«

Noch mehrmals wiederholte er diese Aufforderung, doch ohne Ergebnis: Die *Landshut* antwortete nicht.

»Was immer da oben los sein mag«, sagte er schließlich, »wir müssen es auf der Stelle weitergeben.«

Wenig später befand sich die *Landshut* bereits über der italienischen Insel Elba. Mahmud hatte der »Dicken« befohlen, Gabi Dillmann zu ihm zu bringen: Ihm war aufgefallen, dass die blonde junge Frau einen beruhigenden Einfluss auf die Passagiere hatte.

Die Terroristin stieß die Stewardess mit Fäusten und Tritten vor sich her bis zum Cockpit. Mahmud lehnte in der offenen Tür, mit dem Rücken zu Kapitän Schumann. In seiner Rechten hielt er die Makarow-Pistole, mit der anderen Hand fasste er die Stewardess hart bei den Haaren und

zog sie zu sich her. »If you don't follow my orders, you will be killed«, schrie er. »Übersetzen Sie das.« Er drückte ihr die Mündung an die Schläfe.
Auch Gabi zitterte jetzt vor Angst. Sie wollte nicht sterben, sie war jung und frisch verliebt – ihr Leben fing doch gerade erst an! »Wer meine Anweisungen nicht befolgt«, übersetzte sie mit brüchiger Stimme, »wird erschossen.«
Während sie sprach, trat Mahmud ihr immer wieder in die Seite – nicht allzu fest, aber es reichte, um ihre Angst zu blanker Panik zu steigern. »Don't move!«, schrie er. »No sound, no talking ...«
In der Touristenklasse hörten die Passagiere atemlos der Durchsage zu. Mittlerweile waren sämtliche Reisenden in die hintersten fünf Reihen gepfercht worden – die gesamte First Class und die vorderen Reihen der Economy waren leer. Noch immer mussten die Passagiere ihre Hände nach oben halten. Im Übergang zur ersten Klasse stand die »Dicke«, in jeder Hand eine Handgranate, deren gezogene Sicherungsstifte lose an Drahtschlaufen baumelten. Am hinteren Ende des Gangs stand ihre Komplizin, auch sie mit zwei entsicherten Handgranaten bewaffnet. Der »schöne Junge« ging währenddessen im Gang auf und ab. Obwohl er sich bemühte, drohend dreinzublicken, sah er nach wie vor aus wie ein Märchenprinz aus Tausendundeiner Nacht – abgesehen von seiner Tokarew-Pistole, die er willkürlich auf die Köpfe einzelner Passagiere richtete.
»Keine Bewegung«, sagte Gabi mit zugeschnürter Kehle ins Bordmikrophon. »Kein Lärm, kein Gespräch. Bleiben Sie auf Ihren Sitzen. Lassen Sie die Hände oben.«
Der Terroristenchef schrie weiter in ihr Ohr, versetzte ihr Tritte und drückte ihr seine Waffe an den Kopf.

»Sie sind in meiner Gewalt«, übersetzte die Stewardess. »Wer sich nicht an die Regeln hält, wird hingerichtet.« Obwohl sie vor Angst kaum noch stehen konnte, fügte sie eigenmächtig eine Warnung hinzu. »Spielen Sie um Gottes Willen nicht den Helden.«

Eine Stunde nachdem die aufmerksamen Fluglotsen in Aix-en-Provence Alarm geschlagen hatten, wurde auch der Bundeskanzler informiert. Helmut Schmidt saß im Kanzleramtsbüro an seinem Schreibtisch und studierte Akten, als Lilo Schmarsow, seine Sekretärin, einen Anruf von Innenminister Maihofer durchstellte.

»Herr Bundeskanzler«, sagte der gebürtige Konstanzer, dessen Stimme selbst in Stunden größter Anspannung einen bedächtigen Beiklang behielt, »die Flugsicherung in Aix-en-Provence meldet Kursabweichung einer Lufthansa-Maschine. Es sieht alles nach einer Flugzeugentführung aus.«

»Irgendein Zusammenhang mit Schleyer?«

»Bis jetzt nicht.«

Helmut Schmidt dachte einen Augenblick nach. »Versetzen Sie die GSG 9 in Alarmbereitschaft«, sagte er dann. »Und halten Sie mich auf dem Laufenden.«

Er beendete das Gespräch und eilte in sein Vorzimmer. Hier warteten Staatssekretär Manfred Schüler und ein Assistent bereits auf den Regierungschef. »Ich brauche die Kleine Lage, Frau Schmarsow, sofort«, rief der Kanzler seiner Sekretärin zu. »Schüler, kommen Sie mit!«

Der Staatssekretär und der Assistent sprangen auf und folgten dem Kanzler, der mit raschen Schritten zur Tür ging.

Auf der Schwelle wandte sich Schmidt noch einmal zu seiner Sekretärin um. »Sagen Sie meiner Frau – in den nächsten Tagen komme ich nicht nach Hause. Und rufen Sie beim Bundesgrenzschutz an. Die sollen mir ein Feldbett in mein Büro stellen.«

Die 9. Grenzschutzgruppe, kurz GSG 9, war die Antiterrorismuseinheit des Bundesgrenzschutzes (BGS). Drei Wochen nach dem Geiseldrama bei den Olympischen Sommerspielen in München hatte BGS-Offizier Ulrich Wegener den Auftrag erhalten, einen schlagkräftigen Spezialistentrupp aufzubauen, damit sich ein solches Desaster in Deutschland nie mehr wiederholen konnte. Damals hatten palästinensische Terroristen israelische Sportler gekidnappt. Der Versuch, die Geiselnehmer durch reguläre Polizeikräfte zu überwältigen, war furchtbar fehlgeschlagen. Die Bilanz des 5. September 1972: alle neun Geiseln tot, ebenso fünf der acht Terroristen sowie ein deutscher Polizeibeamter.

Seitdem waren fünf Jahre vergangen, und Ulrich Wegener hatte ganze Arbeit geleistet. Der BGS-Oberst, mittlerweile 48 Jahre alt und im Rang eines Polizeidirektors, hatte eine hochprofessionelle Antiterroreinheit mit Sitz in Hangelar bei Bonn aufgebaut. Doch in der föderal verfassten Bundesrepublik war Polizeiarbeit nach wie vor weitestgehend Ländersache – und die Polizeibehörden der einzelnen Bundesländer achteten peinlichst darauf, dass keine Bundespolizei entstehen konnte, die ihre Kompetenzen beschnitt. Folglich hatten Wegeners bestens ausgebildete Spezialisten in den zurückliegenden fünf Jahren keinen einzigen Einsatz absolviert, obwohl Terrorbanden Politik

und Öffentlichkeit mit Entführungen und Attentaten in Atem hielten. Unablässig hatten sie für Aktionen trainiert, zu denen sie dann doch niemals eingesetzt wurden – ausgenommen die Bewachung von Goldtransporten der Deutschen Bundesbank.
Entsprechend frustriert waren Wegener und seine Männer. Buback und Ponto waren erschossen, Schleyer war am helllichten Tag entführt worden. Und währenddessen saßen sie in ihrem Trainingscamp in Hangelar und warteten seit Jahr und Tag vergeblich auf einen Anruf aus der Bonner Regierungszentrale. Sie durften schon froh sein, wenn man sie ab und an als Hilfstruppe mitwirken ließ – wie an diesem 13. Oktober, als Wegener und seine GSG 9 auftragsgemäß eine Wohnung in einem Hochhaus im Kölner Unizentrum stürmten.
Das Apartment befand sich im achten Stock des heruntergekommenen Wohnsilos. Aufgrund von Hinweisen aus der Bevölkerung bestand der Verdacht, dass Arbeitgeberpräsident Schleyer in der Wohnung gefangen gehalten wurde. Dutzendfach hatte sich derlei schon als falscher Alarm herausgestellt, trotzdem blieb dem Bundeskriminalamt nichts anderes übrig, als jeder einzelnen Spur sorgsam nachzugehen. Und nachdem Wegener erst vor kurzem in einem Vieraugengespräch mit Innenminister Maihofer gedroht hatte, seinen Posten als Chef einer kaltgestellten Spezialtruppe zu kündigen, wurden sie nun zumindest beim Sturm auf vermeintliche Terroristenverstecke gelegentlich eingesetzt.
Drei seiner Männer ließen sich an der Außenseite des Hochhauses zum Balkon des verdächtigen Apartments hinab. Währenddessen hielt sich ein weiteres halbes Dut-

zend Antiterrorkämpfer im Treppenaufgang und im Flur unweit der Wohnungstür zum Sturm bereit.
Zwei Abhörspezialisten brachten ein hochsensibles Richtmikrophon an der Apartmenttür an. Mit den Fingern signalisierte einer der beiden, dass sich zwei oder drei Personen in der Wohnung aufhielten. Ein GSG-9-Mann überbrachte ihrem Kommandeur Ulrich Wegener die Nachricht. Der schlanke Mann mit dem Raubvogelprofil stand im Treppenaufgang, umgeben von seinem Adjutanten Leutnant Baum und zwei Kriminalbeamten.
»Ist Schleyer dabei?«, wollte einer der Kriminalen wissen.
Der GSG-9-Mann hob die Schultern.
»Irgendwas Genaueres?«, fragte Wegener.
Sein Untergebener schüttelte den Kopf.
»Wir haben den Tipp erst heute Morgen bekommen«, sagte der zweite Kripomann in entschuldigendem Tonfall. »Eine Nachbarin hat vom Balkon aus einen Mann in Handschellen in der Wohnung gesehen.«
Wegener konnte seine Ungeduld nur mit Mühe bezähmen. Wenn man ihn bloß diese Schleyer-Sache in die Hand nehmen ließe … Immerhin galt er als einer der weltweit führenden Antiterrorspezialisten. Selbst bei den Israelis, die auf diesem Gebiet gewiss keine Nachhilfe brauchten, genoss er höchsten Respekt. In Deutschland aber musste er sich jeden Schritt von Kollegen wie diesen beiden Kriminalbeamten genehmigen lassen, die für die Aufklärung von Totschlagsdelikten oder Ermittlungen im Zuhältermilieu sicher die richtigen Männer waren. Aber Terroristen wie die Schleyer-Entführer spielten denn doch in einer anderen Liga.
»Na, dann rein«, kommandierte Wegener. »Bereit?«

Der GSG-9-Mann nickte. Wegener hob sein Funkgerät: »Zugriff in fünfzehn … zehn … fünf … go!«
Im nächsten Moment explodierte eine kleine Sprengladung, die seine Experten an der Apartmenttür angebracht hatten. Die Tür flog auf, und seine Männer drangen in die Wohnung ein. Gleichzeitig sprang der Dreier-Stoßtrupp vom Balkon durch die Scheiben.
In weniger als einer Sekunde hatten Wegeners Männer die Lage unter Kontrolle. Der Kommandeur und die beiden Kripobeamten folgten ihnen in die Wohnung.
Okay, das war's, dachte Wegener. Keine konspirative Wohnung – bloß der illegale Arbeitsplatz eines Callgirls. Die Wände mit Peitschen und allerlei sonstigen Sadomaso-Gerätschaften behängt. Und der nackte Mann auf dem Bett war zwar mit Handschellen gefesselt, aber es war eindeutig nicht Hanns Martin Schleyer.
Die nicht mehr ganz junge Frau, die in schwarzledernem Domina-Outfit neben dem Bett an der Wand lehnte, schien unter Schock zu stehen. Entgeistert schaute sie in die Läufe der Sturmgewehre von mehr als einem halben Dutzend GSG-9-Kämpfern in voller Montur.
Der nackte Freier hätte sicherlich gern sein Gemächt vor den Männern bedeckt, die das Bett umringten. Aber da seine Hände an das Bettgestell gefesselt waren, musste er sich damit begnügen, den Blicken seiner Überraschungsbesucher auszuweichen. Im Übrigen wusste niemand so recht, was er sagen sollte.
Schließlich machte Wegener seinen Männern ein Zeichen. Sie senkten ihre Waffen, während sich der Kommandeur vorbeugte und die Bettdecke über den Unterleib des Gefesselten zog.

Wenn die Kollegen in Tel Aviv sehen könnten, womit er seine Zeit verbrachte …
Wieder kochte der Zorn in ihm hoch. Er wandte sich ab und stürmte nach draußen.
»Haben Sie das hier angemeldet?«, fragte hinter ihm einer der beiden Kriminalbeamten. »Haben Sie eine Lizenz für Ihr Gewerbe?«
Die Antwort der Domina bekam Wegener nicht mehr mit, denn in diesem Moment meldete sich mit einem Piepsen sein Funkgerät. »Ja, Wegener hier?«
Während er zuhörte, hastete er zum Treppenaufgang. »Sturmtrupp sofort zurück nach Hangelar«, rief er seinem Adjutanten zu. »Alarmbereitschaft!«
»Was ist denn passiert, Chef?«, rief Leutnant Baum.
»Flugzeugentführung – wir müssen vielleicht heute noch nach Italien.«

10

Vier italienische Militärjets eskortierten die *Landshut* auf ihrem Weg nach Süden. Abwechselnd versuchten die Lockheed-Piloten, Kontakt mit dem Lufthansa-Flugzeug aufzunehmen.
»Lufthansa 181 für Squaw 1136. Haben Sie irgendwelche Probleme?«
Doch Flug LH 181 antwortete nicht.
Im Cockpit der entführten Maschine hielt Mahmud noch immer seine Pistole auf den Kopf des Kapitäns gerichtet.

»Nicht antworten«, befahl er Schumann. »Wie weit kommen wir mit dem Treibstoff?«
»Nicht bis Zypern«, antwortete Schumann auf Englisch.
»Dann gehen wir in Rom runter«, befahl der Araber.

Zur selben Zeit eilte Kanzler Schmidt mit großen Schritten durch einen Flur des »Langen Eugen«, des Bürohochhauses der Parlamentarier im Regierungsviertel in Bonn. Ihm auf dem Fuß folgten Staatssekretär Schüler und zwei Assistenten, doch am Ende des Ganges wies Helmut Schmidt sie an, draußen auf ihn zu warten.
Ohne anzuklopfen, stürmte er in das Büro des Oppositionsführers und CDU-Vorsitzenden. »Herr Dr. Kohl«, sagte er noch im Eintreten, »ich muss Sie unter vier Augen sprechen.«
Der hochgewachsene Christdemokrat erhob sich aus seinem Sessel, während seine Sekretärin und zwei weitere Mitarbeiter eilends den Raum verließen. Mit einer Handbewegung bat Kohl den Kanzler, auf der Ledercouch Platz zu nehmen, und setzte sich auch seinerseits wieder hin. Das Verhältnis der beiden Spitzenpolitiker war keineswegs unproblematisch – ein einflussreiches Wochenmagazin hatte wiederholt kolportiert, dass der Kanzler den oftmals täppisch wirkenden Oppositionsführer verachte. Aber seit Schleyer entführt worden war, hatten die beiden mächtigen Männer geräuschlos zusammengearbeitet – im höheren Staatsinteresse, hinter dem der Parteienstreit zurückstehen musste.
»Wir haben heute um 14 Uhr 38«, begann Helmut Schmidt, »eine Meldung der Flugsicherung Aix-en-Provence bekommen: Eine Lufthansa-Maschine ist vom Kurs abgewi-

chen. Sie ist jetzt auf dem Weg nach Rom. Jeder Versuch, mit den Piloten in Funkkontakt zu kommen, ist fehlgeschlagen. Alles deutet auf eine Entführung hin.«

»Hängt das mit Dr. Schleyer zusammen?«, fragte Kohl.

»Wir haben noch keinen Beweis, aber wenn ja – dann brauche ich Ihre Hilfe.«

»Was kann ich tun?« Kohl zog es vor, zunächst einmal zurückhaltend zu bleiben. Die Spitzenpolitiker seiner Partei und die Größen der deutschen Wirtschaft lagen ihm unaufhörlich in den Ohren, damit er den Kanzler drängte, die Forderungen der Schleyer-Entführer zu erfüllen. Aber die Erfahrungen im Fall Lorenz hatten auch Helmut Kohl nachdenklich gemacht. Grundsätzlich stimmte er mit Helmut Schmidt überein: Der Rechtsstaat durfte sich mit Mördern auf keinen Handel einlassen.

»Wir müssen hart bleiben«, sagte der Kanzler und sah Kohl eindringlich an. »Egal, was passiert. Wenn wir jetzt nachgeben, ist das gleichbedeutend mit dem Zusammenbruch unseres Staates.«

Kohl beugte sich vor und reichte Schmidt die Hand. Der Kanzler schlug ein. Für einen Moment sahen sie einander ernst in die Augen. »Herr Bundeskanzler«, sagte Kohl, »Sie können auf mich bauen.«

Exakt um 15 Uhr 45 landete die *Landshut* auf dem Flughafen Fiumicino in Rom. Vom Tower wurde die Boeing 737 auf eine Außenposition dirigiert, sodann fuhren Feuerwehr und Polizeiwagen auf und zogen einen weiträumigen Ring um den gekaperten Flieger.

Auf Befehl der Entführer hatten die Passagiere im Innern der *Landshut* alle Rollos vor den Fenstern heruntergezogen. Draußen ging der normale Betrieb eines internationalen Großflughafens weiter, aber die Passagiere an Bord der Lufthansa-Maschine hatten keine Ahnung, an welchem Punkt der Welt sie sich befanden. Bis Gabi Dillmann aus der First Class zu ihnen nach hinten kam, den Gang entlanglief und dabei unablässig flüsterte: »Rom … wir sind in Rom … in Rom … das wird schon …«

Noch immer zitterten viele Passagiere vor Angst. Andere schauten apathisch vor sich hin, allem Anschein nach unter Schock. Unter den wenigen, die einigermaßen entspannt wirkten, war die blonde Jutta Jürgens – die älteste der fünf Mallorca-Schönheiten, Sparkassenleiterin von Beruf. An die Sitzlehne vor sich hatte sie ein Medaillon gehängt – mit einer Schwarzweißfotografie ihres lachenden elfjährigen Sohnes Michael, genannt Mike.

Die 18-jährige Diana neben ihr hatte ihre Sektlaune längst verloren. »Du hast aber die Ruhe weg«, sagte sie leise zu ihrer Nachbarin.

»Mein Sohn passt ja auf mich auf«, gab Jutta zurück, »mir kann gar nichts passieren.«

Als wollte »die Dicke« sie eines Schlechteren belehren, war die Terroristin im nächsten Moment neben den beiden Blondinen. »Shut up!«, schrie sie Jutta und Diana an und schwenkte drohend eine Handgranate.

Ebenso wie »die Kleine« und »der Junge« trug sie seit ihrer Landung in Rom ein schickes rotes T-Shirt mit Che-Guevara-Porträt. Während aber die beiden anderen in dieser Verkleidung smart und lässig wirkten, sah die dralle Araberin wie ein Presssack auf Beinen aus.

Auch Mahmud vorn im Cockpit hatte sich ein T-Shirt mit dem Idol aller Guerilleros übergestreift. Überdies hatte er

Kapitän Schumann seiner Pilotenmütze beraubt, die er nun selbst auf dem Kopf trug. Auch das Mikrophon hatte er an sich genommen und brüllte erneut so lautstark hinein, dass im Tower nur eine Mischung aus Rückkopplungsgeräuschen und unverständlichem Geschrei zu vernehmen war.

»Hier ist Lufthansa 181 für Tower Rom, bitte kommen«, brüllte er in heiserem Englisch.

»Tower Rom für LH 181, sprechen Sie.«

Der Hijacker-Chef legte aufs Neue mit seinem Revolutionskauderwelsch los: »Hier spricht Captain Martyr Mahmud von der Operation ›Kofre Kaddum‹ der Halimeh-Einheit der Organisation zum Kampf gegen den Weltimperialismus.«

»Lufthansa 181, sprechen Sie leiser und langsamer. Bitte kommen.«

Mahmud mühte sich sichtlich, seine Stimme zu dämpfen. »Tower Rom, nehmen Sie einen Stift und notieren Sie: Dieses Flugzeug der deutschen Fluglinie ist in meiner Gewalt. Die Organisation, der ich angehöre, verlangt die Freilassung unserer Kameraden, die in deutschen Gefängnissen inhaftiert sind. Wir kämpfen gegen die imperialistischen Organisationen dieser Welt.«

Etwas später am selben Nachmittag hatte sich die Kleine Lage im Bonner Schmidt-Rottluff-Zimmer versammelt. Heinz Ruhnau, Staatssekretär im Bundesverkehrsministerium, trug dem Krisenstab vor, was bislang zur *Landshut*-Entführung bekanntgeworden war.

»Seit einer Dreiviertelstunde befindet sich die Maschine auf dem römischen Flughafen Fiumicino. Über die Iden-

tität der Entführer und ihre Forderungen wissen wir derzeit noch nichts.«
»Der Flieger darf da unter keinen Umständen wieder weg«, sagte der Kanzler und schaute seinen Innenminister an.
»Ist eingeleitet, Herr Bundeskanzler«, meldete Maihofer. »Ich habe soeben mit meinem italienischen Kollegen telefoniert. Cossiga sichert uns volle Kooperation zu.«
»Wie viele Menschen sind an Bord?«, wollte Helmut Schmidt wissen.
Staatssekretär Ruhnau blätterte in seinen Unterlagen. »86 Passagiere – davon 46 Frauen und sieben Kinder. Außerdem fünf Mann Besatzung.«
Bedrückt sahen die Männer in der Runde einander an. Wenn diese Entführung gleichfalls auf das Konto der Schleyer-Kidnapper ging, dann würde der Druck auf die Regierung ins Unermessliche wachsen. Wie viele Menschen durfte der Rechtsstaat notfalls opfern, um den Terroristen zu beweisen, dass er nicht erpressbar war?
Aber das war nur der eine Teil der Zwickmühle, in der sich die Verantwortlichen befanden. Wenn sie den Forderungen der Kidnapper nachgaben, dann würden die freigepressten Mörder weitere Morde begehen – und die Polizisten und Fahnder würden in ihrer Arbeit keinen Sinn mehr sehen. Warum sollten sie unter Gefahr für Leib und Leben Terroristen verfolgen, wenn der Staat sie anschließend doch wieder laufenließ? Auch diese schleichende Aushöhlung von Recht und Ordnung mussten sie bei ihren Entscheidungen mit bedenken. An der Position des Kanzlers hatte niemand in der Krisenrunde auch nur die leisesten Zweifel: Der Rechtsstaat ließ sich nicht erpressen. Ein Handel mit Schwerverbrechern kam nicht in Betracht.

Die Tür ging auf, und Lilo Schmarsow trat ein. Sie eilte zu Helmut Schmidt und reichte ihm einen Zettel.
Der Kanzler überflog die handschriftliche Nachricht. »Direkt vom Tower in Rom«, sagte er, »ein Hauptmann Mohammed Walter verlangt die Freilassung aller in der Bundesrepublik inhaftierten Kameraden.« Er ließ den Zettel sinken und sah todernst in die Runde. »Jetzt geht es nicht mehr nur um Schleyer – jetzt sind weitere 91 Menschenleben in Gefahr.«
Die versammelten Minister und Staatssekretäre schwiegen.
»Ich werde nicht zulassen«, sagte Helmut Schmidt, und seine Stimme bekam wieder jenen stählernen Beiklang, »dass die unsere Demokratie kaputt machen.«
»Um jeden Preis?« Staatsminister Wischnewski, Duzfreund des Kanzlers, war einer der wenigen, die Schmidt auch in heiklen Situationen zu widersprechen wagten.
»Ich übernehme die volle Verantwortung.« Der Kanzler straffte sich. »Gott helfe uns.«

11

Ob die himmlischen Mächte Bonn helfen würden, musste sich erst noch weisen – der italienische Innenminister jedenfalls versagte seinen Beistand.
Die Entführer hatten vom Tower verlangt, die Maschine augenblicklich aufzutanken – anderenfalls werde die *Landshut* mitsamt Passagieren und Besatzung gesprengt. Der deutsche Innenminister Werner Maihofer dagegen

hatte seinen Kollegen Francesco Cossiga beschworen, mit allen Mitteln einen Start der gekaperten Boeing zu verhindern. Cossiga seinerseits verlegte sich auf eine Lösung »alla romana«: Über die Medien verkündete er, dass man die Maschine keinesfalls starten lassen werde – währenddessen fuhr ein Tankwagen zur *Landshut*.

Auch im Innern der Maschine bereitete man sich bereits wieder auf den Abflug vor. Mahmud hatte Jürgen Vietor zurück ins Cockpit beordert. Kapitän und Kopilot saßen wieder auf ihren regulären Plätzen, während sich der Entführer-Chef mit dem Sitz dahinter begnügte, im Fliegerjargon First Observer Seat oder Flugbeobachtersitz genannt. Allerdings trug Mahmud nach wie vor die Kapitänsmütze auf dem Kopf und drohte, jeden niederzuschießen, der ihn nicht mit seinem makabren Kriegsnamen ansprach: Captain Martyr Mahmud. Hätte er gewusst, dass der Tower in Fiumicino sein heiseres Geschrei missdeutet und nach Deutschland gemeldet hatte, ein gewisser »Mohammed Walter« habe die Maschine entführt – Captain Martyr Mahmud wäre außer sich gewesen vor Zorn.

Mit seinen unberechenbaren Wutausbrüchen versetzte er Passagiere und Besatzung immer wieder in Angst und Schrecken. Er schlug und trat ohne erkennbaren Anlass um sich und drohte, die Maschine zu sprengen, sowie er auch nur den geringsten Widerstand spürte. Gabi Dillmann und die Besonneneren unter den Passagieren fragten sich mehr als einmal, ob seine Wutanfälle gespielt waren oder ob er seinen Jähzorn tatsächlich nicht beherrschen konnte. Dagegen schien das Verhalten der drei anderen Entführer geradezu vorhersagbar: Sie bewachten ihre Geiseln, brüllten jeden an, der es wagte, ihre Befehle zu missachten, und ließen die Passagiere ansonsten meist in Ruhe.

Gegen halb sechs waren die Tanks der *Landshut* wieder gefüllt. Jürgen Vietor beobachtete, wie der Tankwagen davonfuhr. Er checkte den Treibstoffstand und meldete Mahmud auf Englisch: »Betankung abgeschlossen – wir haben elf Tonnen Sprit.«

Mahmud beugte sich auf seinem Sitz weiter vor und schwenkte seine Makarow-Pistole. »Okay. Holen Sie sich auf der Stelle Startfreigabe.«

Die beiden Piloten wechselten einen raschen Blick – Widerstand zwecklos. Der Kapitän nickte und griff zum Mikrophon. »Hier ist Lufthansa 181 für Tower Rom, bitte kommen.«

»Tower für LH 181, sprechen Sie.«

»Lufthansa 181 bittet um Starterlaubnis.«

Einen Augenblick lang waren nur die üblichen Störgeräusche zu hören, dann meldete sich der Lotse wieder. »Negativ, LH 181 – der Luftraum ist nicht klar zum Start. Wir haben Maschinen im Landeanflug und kurz vor dem Take-off, die müssen wir erst umleiten – das dauert einige Zeit.«

Mahmuds Augen wurden schmal. Er richtete seine Pistole auf den Flugkapitän. »Sie starten *jetzt*.«

Wieder wechselten Schumann und Vietor einen schnellen Blick. Mit einer Pistole an der Schläfe ließ es sich schlecht argumentieren, und die Lufthansa-Vorschriften waren eindeutig: Tun, was der Entführer verlangt.

»Okay«, sagte Schumann. »Los geht's.« Abermals hob er das Mikrophon vor seinen Mund. »Lufthansa 181 – wir fahren jetzt zur Startbahn 08 für sofortiges Take-off.«

Er ließ die Maschine an und steuerte sie langsam zur Startbahn 08.
Dem Lotsen im Tower hatte es für kurze Zeit die Sprache verschlagen. Nun meldete er sich in offensichtlicher Erregung erneut zu Wort. »Lufthansa 181, Sie haben keine Startfreigabe. Ich wiederhole: Sie haben keine Startfreigabe. Haben Sie verstanden? Sie haben keine Startfreigabe!«
Schumann bemühte sich, die alarmierte Stimme im Funk zu ignorieren. »Take-off Check«, sagte er zu seinem Kopiloten.
Vietor nickte. Es war blanker Wahnsinn, eine Maschine ohne Starterlaubnis auf einem internationalen Großflughafen zu starten – es war wie eine Geisterfahrt mit dem Auto am Frankfurter Kreuz oder wie russisches Roulette mit einer Trommel voller Patronen. Die Routine des Take-off-Checks war dagegen wie ein Überrest verlorener Normalität, an die beide Piloten sich klammerten, um nicht die Nerven oder gleich den Verstand zu verlieren.
»Flight controls?«, fragte Vietor.
»Checked.«
Immer noch schrie der Lotse im Funk auf sie ein. Aber Schumann achtete nur noch auf seinen Kurs zur Startbahn 08 und auf ihre Checkliste vor dem Take-off.
»Cabin signs?«
»On.«
»Cockpit door?«
»Locked.«
Die Maschine kam am Anfang der Startbahn zum Stehen. Die Stimme in den Kopfhörern war mittlerweile verstummt, aber Schumann wandte sich nun noch einmal an den Tower. »LH 181 für Tower. Wir starten jetzt.«

»Startbahn ist frei«, gab der hörbar gestresste Lotse zurück. »Viel Glück, Jungs.«
Um 17 Uhr 42, keine zwei Stunden nach ihrer Landung, hob die *Landshut* vom Airport Rom Fiumicino wieder ab.

Im Bonner Kanzleramt tagte zu dieser Stunde noch immer der kleine Krisenstab. Um wen handelte es sich bei den Entführern? Was genau waren ihre Forderungen? Wie viele Terroristen waren überhaupt an Bord? Bislang waren keinerlei weitere Informationen bekanntgeworden.
Schließlich erschien ein Assistent von Manfred Ruhnau und reichte ihm eine handschriftliche Nachricht. Der Staatssekretär sah auf den Zettel und schaute dann entgeistert den Kanzler an. »Die *Landshut* ist wieder in der Luft.«
»Wie bitte?«, rief Schmidt aus. Seine Stimme wurde so schneidend, dass mancher in der Runde sich plötzlich fühlte wie ein Rekrut beim Appell.
Ruhnau beeilte sich zu erklären: »Herr Bundeskanzler, ich habe das eben vom Krisenstab der Lufthansa reinbekommen.«
»Das ist unglaublich!«, stieß der Kanzler hervor.
»Der Cossiga hat mir jede Unterstützung zugesichert«, beteuerte Innenminister Maihofer.
Helmut Schmidt warf ihm einen vernichtenden Blick zu. »Ja, das sieht man.«
Einmal mehr war es Staatsminister Wischnewski, der den aufgebrachten Regierungschef zu beschwichtigen versuchte. »Es wird bessere Plätze geben«, sagte er. »Wer startet, muss auch wieder landen – und dann bekommen Wegener und seine Männer eine neue Chance.«

Brav wartete Rüdiger von Lutzau bis Punkt 18 Uhr – dann erst zog er seine Schreibtischschublade auf und nahm den in Stanniolpapier verpackten Napfkuchen heraus. »Feierabend«, rief er seinen Kollegen zu, die um ihn herum an den Schreibtischen im Großraumbüro der Frankfurter Lufthansa-Zentrale saßen. »Jetzt bekommen wir alle ein Stück von dem Kuchen, den Gabis Großmutter gebacken hat. Ganz was Feines – zu meinem Einstand!«

Kurz musste er noch einmal an den Streit denken, den er heute früh mit Gabi hatte. Als ob er sie nicht am liebsten schon am nächsten Wochenende geheiratet hätte! Aber das würde sich schon wieder einrenken – gleich heute Abend würde er in aller Form um ihre Hand anhalten: Hochzeit, sobald er zum Kapitän befördert worden war!

Die Kollegen kamen von allen Seiten und umringten seinen Schreibtisch. Rüdiger schnitt den Kuchen auf, und jeder nahm sich ein Stück und lobte das köstliche Gebäck.

Da trat ein älterer Lufthansa-Angestellter zu ihnen, dessen Schreibtisch in einer anderen Etage stand. »Sag mal, Rüdiger.« Er zögerte sichtlich. »Ihr feiert hier so fröhlich – du weißt wohl noch gar nicht, dass die 181 entführt worden ist?«

Rüdiger von Lutzau ließ sein Kuchenstück fallen. »Was sagst du da? Red keinen Scheiß – mach bloß keine blöden Späßchen mit mir!« Aber noch während er den Kollegen anschrie, wurde ihm klar, dass der die bittere Wahrheit gesprochen hatte. Sein Blick sagte alles: Gabi war in den Händen von Kidnappern!

Ohne ein weiteres Wort rannte Rüdiger aus dem Büro und die Treppe hinauf, wo Martin Gäbel, der 42-jährige Chefpilot der Lufthansa, den Flugbetrieb organisierte. Atemlos stürmte der junge Kopilot durch das Vorzimmer, ohne auf Zurufe der Sekretärinnen zu achten. Er riss die Tür zu Gäbels Büro auf – der Chefpilot gab gerade telefonisch einen offenbar dringenden Auftrag durch.

»Ich brauche Catering für 100 Paxe, sieben Tage, außerdem Verbandsmaterial, Tragen, Medikamente.« Er lauschte kurz, dann schien er die Geduld zu verlieren. »Ja, sag ich doch – alles in die 707, die muss in einer Stunde fertig sein. Ja, mach denen Dampf – okay, bis später.«

Er knallte den Hörer auf die Gabel. Jetzt erst bemerkte er Rüdiger von Lutzau, der in der offenen Tür stand und ihn verstört ansah. »Oh, Rüdiger. Komm rein.« Er stand auf und geleitete den jungen Mitarbeiter väterlich zu einem Stuhl auf der anderen Seite seines Schreibtischs. »So, Junge, setz dich erst mal. Ich weiß, dass das jetzt verdammt hart für dich ist. Aber wir werden alles tun, um die Gabi da rauszuholen.«

»Wo ist sie denn überhaupt? Und wer sind diese verdammten Kerle, die die 181 gekapert haben?«

»Flugziel Zypern«, konnte Gäbel ihm eben noch antworten, als sein Assistent ins Büro trat.

»Okay, wir haben die Blutkonserven zusammen«, rief der Mitarbeiter. »So viel Blut gab's noch nie auf einem Haufen hier auf dem Flughafen!«

»Gut, Stefan«, lobte Gäbel. »Und wie sieht es mit den Spezialmedikamenten aus – Herzmittel, Insulin und so weiter?«

»Ich kümmere mich drum.« Der Mitarbeiter verließ eilends den Raum.

»Ihr wollt denen hinterherfliegen?« Jetzt erst dämmerte von Lutzau, wofür die Blutkonserven gebraucht wurden.

»Ja«, bestätigte der Chefpilot, »die in Bonn haben gesagt, wir sollen uns bereithalten.«
»Bitte, Chef, kann ich mit, wenn ...«
»Ich weiß nicht, ob das eine gute Idee ist, Junge.« Der Ältere schüttelte besorgt den Kopf.
»Aber meine Gabi ist doch an Bord. Herr Gäbel, bitte, wenn Sie einen Kopiloten brauchen – ich würde das gerne machen. Das betrifft mich doch persönlich.«
Der Chefpilot dachte einen Augenblick nach, dann gab er sich sichtlich einen Ruck. »Na gut, Rüdiger, halt dich bereit. Aber sag niemandem was davon.«
In Rüdiger von Lutzau keimte ein wenig Zuversicht auf. Wenn er zumindest in der Nähe seiner Gabi sein könnte, würde er sich vielleicht nicht ganz so hilflos fühlen.

12

Als Renate Vietor an diesem Donnerstag gegen 17 Uhr 30 nach Hause kam, hatte sie einen langen Arbeitstag hinter sich. Sieben Stunden Unterricht, anschließend uferlose Konferenzen. Und auch jetzt am frühen Abend war ihre Arbeit noch nicht ganz beendet. Sie musste noch einige Eltern und Schüler anrufen.
Sie schloss die Tür auf – im Haus war alles dunkel. Eben wollte sie nach ihrem Mann rufen, als sie den Zettel auf dem Flurteppich entdeckte: »Liebe Renate, musste fliegen. Bin zum Kaffee um 16 Uhr zurück.«
»Komisch, ist doch schon viel später«, murmelte Renate.

Und rief dann doch laut nach ihrem Mann: »Jürgen? Bist du schon zurück?«
Keine Antwort. Na ja, dachte sie, bei dem Nebelwetter konnten sie vielleicht nicht planmäßig landen. An etwas Schlimmeres dachte sie nicht. Sie zog ihre Schuhe aus, steckte sich eine Zigarette an und griff seufzend zum Telefon. Solange Jürgen nicht zurück war, konnte sie schnell noch ihre Anrufliste abarbeiten.
Erst gegen 18 Uhr gelang es der Lufthansa-Angestellten, den Auftrag auszuführen, den sie von Chefpilot Gäbel erhalten hatte. Schon eine geraume Weile hatte sie versucht, Renate Vietor telefonisch zu erreichen: Erst hatte niemand abgenommen, dann plötzlich war pausenlos besetzt. Schließlich aber wurde der Anruf angenommen, und eine rauchige Frauenstimme meldete sich: »Renate Vietor.«
»Guten Tag, Frau Vietor«, sagte die Lufthansa-Dame und bemühte sich um einen geschäftsmäßigen Ton. »Ich habe den Auftrag, Ihnen Änderungen, Ihren Mann betreffend, mitzuteilen.«
»Was soll das heißen?«, fragte Renate Vietor. »Wovon reden Sie denn eigentlich?«
»Setzen Sie sich bitte erst mal hin.«
»Ich sitze schon«, entgegnete Frau Vietor. »Und jetzt raus mit der Sprache: Was ist mit meinem Mann?«
»Die Maschine ist entführt worden.«
Renate Vietor drückte ihre Zigarette aus. Jürgen und sie hatten nie darüber gesprochen, aber spätestens seit Entebbe war das Risiko jedem Piloten und seinen Angehörigen bewusst. Betont sachlich fragte sie die Angestellte nach den Einzelheiten: Wann und wo die Maschine entführt worden

sei. Wer die Kidnapper seien, was sie forderten. Aber entweder wusste die Frau am anderen Ende der Leitung nichts, oder sie hatte einen Maulkorb bekommen. Jedenfalls antwortete sie immer nur »Bedaure« oder »Das weiß ich leider auch nicht«. Nur auf Frau Vietors Frage, wo sich ihr Mann im Moment befinde, erwiderte die Lufthansa-Angestellte: »Der ist gerade in Rom gestartet.« Über das Flugziel sei ihr aber nichts bekannt. Sie beendete das Gespräch mit einigen mitfühlenden Wendungen, an die sich Renate Vietor später nur noch undeutlich erinnerte, als hätte sie das Ganze bloß geträumt.
Aber es war kein Traum gewesen, das war ihr nur allzu sehr bewusst. Dafür fühlte sich die Angst in ihrem Innern viel zu echt an.

Der Abend dämmerte schon, als Monika Schumann mit ihren beiden Söhnen nach Hause kam. Sie parkte ihren VW Karmann vor der Haustür und wunderte sich, dass drinnen noch kein Licht zu brennen schien. Den ganzen Nachmittag über waren sie unterwegs gewesen: ein medizinischer Check beim Kinderarzt für den kleinen Dominik; anschließend Einkäufe auf der Frankfurter Zeil – der elfjährige Marc brauchte neue Fußballschuhe und war sowieso wieder mal aus sämtlichen Hosen und Shirts rausgewachsen.
Mit Tüten und Taschen bepackt, steuerte sie auf die Haustür zu. Da stimmt etwas nicht, dachte sie. Jürgen wollte ja spätestens um vier zurück sein – nachdem er seinen Urlaub klargemacht hat.
Beunruhigt schloss Monika Schumann die Haustür auf. »Jürgen?« Die Kinder liefen an ihr vorbei ins Haus. Eben

wollte sie ihnen folgen, als sie eine dunkelhaarige Frau bemerkte, die in der Dämmerung von der Straße her auf sie zukam.
»Frau Schumann?« Die Fremde hielt eine brennende Zigarette in der Hand.
»Ja? Was kann ich für Sie tun?« Die Mutter eines Schülers, dachte sie. Es kam ab und an vor, dass besorgte Eltern an ihrem Privathaus klingelten, um mit ihr über die Schulnoten ihrer Kinder oder Probleme in der Klasse zu sprechen.
»Entschuldigen Sie«, sagte die Frau und zertrat ihre Zigarette auf dem Bürgersteig. »Ich habe schon eine Weile auf Sie gewartet. Ich bin Renate Vietor – die Frau des Kopiloten, der heute mit Ihrem Mann nach Palma geflogen ist.«
Panik schoss in Monika Schumann empor. »Mein Gott«, flüsterte sie. »Ist etwas passiert? Ist was mit Jürgen?«
Renate Vietor lächelte sie beruhigend an. »Die von der Lufthansa haben schon den ganzen Nachmittag versucht, Sie anzurufen. Ich habe angeboten, nach Ihnen zu schauen. Wir haben jetzt das gleiche Schicksal, Frau Schumann – die Maschine ist entführt worden.«
Für einen Augenblick verlor Monika Schumann die Fassung. Sie lügt, dachte sie, diese Frau hält dich zum Besten. Aber sie wusste, dass Renate Vietor die Wahrheit sagte – sie selbst sah ja aus, als würde sie gleich in Tränen ausbrechen. Und dabei war Frau Vietor allem Anschein nach eine nüchterne, handfeste Person, die sich so leicht kein X für ein U vormachen ließ.
Monika Schumann zwang sich zu einem Lächeln. »Danke, dass Sie gekommen sind. Aber gehen wir doch erst mal rein.« Sie führte die Frau des Kopiloten in ihr Wohnzim-

mer und bat sie Platz zu nehmen. »Bitte, sagen Sie mir alles, was Sie wissen.«
Renate Vietor steckte sich eine neue Zigarette an. »Heute kurz vor 18 Uhr ist die *Landshut* nach einer Zwischenlandung in Rom gestartet – ihr Flugziel ist bisher noch nicht bekannt.«

Mahmud stand in der Tür zum Cockpit, die Kapitänsmütze auf dem Kopf. Auch seine Pistole hielt er noch immer in der Hand und schwenkte sie ab und an drohend zu den beiden Piloten hin. Die meiste Zeit aber unterhielt er sich, halb von ihnen abgewendet, mit der »Kleinen« und den beiden anderen, die sich in der First Class versammelt hatten. Sie hatten das Flugzeug auch so unter Kontrolle – solange sie in der Luft waren, gab es keinen Grund, die Passagiere unablässig zu bewachen und mit Pistole und Handgranaten zu bedrohen.
Da der Kidnapper-Chef durch das angeregte Gespräch mit seinen Komplizen abgelenkt war, konnten auch Schumann und Vietor ein paar Worte miteinander wechseln. Sie mussten nur leise sein, damit Mahmud nicht merkte, dass sie Deutsch miteinander sprachen – das nämlich hatte er ihnen streng verboten.
»Was meine Frau jetzt wohl denkt?«, murmelte Vietor. »Als sie in der Frühe aus dem Haus ist, wusste sie nicht mal, dass ich heute fliegen musste.«
Ehe Schumann ihm antworten konnte, meldete sich über Funk eine andere Lufthansa-Maschine. »Hier ist die LH 640 auf dem Weg nach Tokio«, tönte die Stimme des Kapitäns aus den Lautsprechern. »Alles okay bei euch?«
Schumann wandte sich um: Mahmud war noch immer ab-

gelenkt – er hielt auf Arabisch große Reden vor seinen Terrorgenossen. Für einen kurzen Moment sah Schumann in das strahlende Gesicht der »Kleinen«, die Mahmud regelrecht anzuhimmeln schien. »Captain Mahmud«, sagte er auf Englisch, »wir haben eine Lufthansa-Maschine auf der Frequenz unserer Fluggesellschaft. Kann ich sie nach dem Wetter in Larnaka fragen?«

»Na los, fragen Sie.«

Daraufhin übernahm Schumann das Mikrophon von seinem Kopiloten. »Lufthansa 181 an Lufthansa 640«, sagte er, weiterhin auf Englisch. »Alles ist okay. Danke der Nachfrage. Haben Sie Wetterdaten für Zypern und den Weg dorthin?«

Über Funk kam die Antwort: »Hier Lufthansa 640 – einen Moment, wir checken das für Sie.«

Wieder schaute sich Schumann rasch nach Mahmud um. Aber der unterhielt sich schon wieder angeregt mit seinen Kumpanen. Da beschloss der Kapitän, dass es an der Zeit war, zumindest ein paar elementare Informationen über ihre Entführer nach draußen zu schmuggeln.

»Lufthansa 640«, meldete sich die zweite Maschine kurz darauf wieder. »Wir haben jetzt die Daten, die Sie angefordert haben. Der Himmel über dem Mittelmeer ist klar und wolkenlos.«

Der Pilot der Maschine nach Tokio gab noch weitere Wetterdaten durch – Windrichtung und Windgeschwindigkeit auf ihrer Strecke und in Larnaka. Schumann wiederholte die Angaben wie üblich: »Himmel klar, keine Wolken. Wind auf der Strecke aus 35 *zwei Männer* mit fünf Knoten, am Ziel aus 65 *zwei Frauen* mit drei Knoten – vielen Dank, Lufthansa 640.«

»Haben wir«, knarrte es abschließend über Funk. »Ende – seid vorsichtig!«
Der Kapitän hängte das Mikrophon in die Halterung zurück. Nach einem Blick auf Mahmud sah er seinen Kopiloten zufrieden an. »So, das hätten wir schon mal«, sagte er halblaut auf Deutsch.

Im Bundeskanzleramt tagte am Abend noch immer der kleine Krisenstab. Manfred Ruhnau, Staatssekretär im Bundesverkehrsministerium, hatte am Kopfende des Besprechungszimmers eine große schematische Karte des Mittelmeerraums anbringen lassen. Noch herrschte Rätselraten, wohin die Entführer die *Landshut* nun eigentlich dirigieren wollten.
»In Rom hat die Maschine elf Tonnen Sprit getankt«, erläuterte Ruhnau, »damit kommen sie bis zu 12 000 Meilen weit. Im Augenblick befindet sich die *Landshut* hier.« Er deutete auf einen Punkt im Mittelmeer – zwischen Athen und der Insel Kreta. »Theoretisch können die so ziemlich jeden Ort erreichen – Ankara, hier, Damaskus, Beirut, Kairo, Tripolis.« Er tippte jeweils auf die genannten Städte. »Und natürlich Heraklion auf Kreta oder hier – Zypern, Larnaka.«
Sein Assistent trat ein und reichte Ruhnau eine Nachricht.
»Was Neues von den Entführern?« Der Kanzler am anderen Ende des Besprechungstischs war in eine dichte Rauchwolke gehüllt.
Ruhnau nickte seinem Assistenten zu und schob den Zettel in seine Jackentasche. »Nichts, Herr Bundeskanzler. Aber die Lufthansa-Zentrale meldet: Der Pilot hat das Wetter für Zypern angefordert. Und es ist ihm gelungen,

Informationen über die Entführer in seinem Funkspruch unterzubringen – zwei Männer, zwei Frauen.«
BKA-Chef Herold schaltete sich ein. »Das deckt sich mit unseren Erkenntnissen. »Wir haben die Gästeliste der Maschine in unseren Computer eingegeben. Da waren vier Araber an Bord – zwei Männer, zwei Frauen –, mit gefälschten iranischen Pässen.«
Helmut Schmidt nahm einen tiefen Zug von seiner Zigarette. »Keine deutschen Terroristen, Herold?«
»Nein, bis jetzt haben wir keine Hinweise.«
Für einige Augenblicke versank die Runde in nachdenkliches Schweigen. Vielleicht hatte die Entführung der *Landshut* mit dem Fall Schleyer doch nichts zu tun?
»Die Piloten«, sagte der Kanzler schließlich. »Was wissen wir über die, Ruhnau?«
Der Staatssekretär zog ein Dossier aus seiner Aktenmappe. Er nahm zwei Fotos heraus und reichte sie Helmut Schmidt. »Kapitän der *Landshut* ist Jürgen Schumann, 37 Jahre alt. Bei der Luftwaffe von 60 bis 68. Hauptmann im Jagdbombergeschwader 33 in Büchel bei Cochem – Starfighter 104 G. Seit 1968 bei der Lufthansa, seit Mai diesen Jahres 737-Kapitän. Schumann ist verheiratet und hat zwei Kinder.«
Während Ruhnau die Steckbriefe referierte, sah der Kanzler konzentriert auf die Porträtfotos der Piloten.
»Der Kopilot heißt Jürgen Vietor«, fuhr der Staatssekretär fort. »34 Jahre alt, verheiratet, keine Kinder. Der war auch bei der Bundeswehr: von 67 bis 73 im Marinefliegergeschwader 3 *Graf Zeppelin* in Nordholz bei Cuxhaven, auf der *Brequet-Atlantic*. Seit 74 bei der Lufthansa – von Anfang an als 737-Kopilot.«

Der Bundeskanzler, der im Weltkrieg als Flieger bei der Luftwaffe zahlreiche Einsätze geflogen hatte, nickte sichtlich zufrieden. »Auf die beiden können wir bauen«, stellte er fest.

Erneut trat Ruhnaus Assistent ein und reichte ihm eine schriftliche Nachricht. »Die sind im Anflug auf Zypern«, erklärte der Staatssekretär nach einem Blick auf die Notiz. »Larnaka Airport.«

Der Kanzler erhob sich aus dem schweren Ledersessel. »Zypern ist noch Nato-Gebiet – jetzt oder nie!«

13

Um 20 Uhr 28 mitteleuropäischer Zeit landete die *Landshut* auf dem Flughafen von Larnaka. Mahmud forderte den Tower auf, die Maschine unverzüglich mit weiteren elf Tonnen Treibstoff zu betanken.

Währenddessen wurde in Frankfurt eine zweite Lufthansa-Maschine zur Verfolgung der entführten LH 181 vorbereitet. Als einer der Kopiloten mit an Bord: Rüdiger von Lutzau. Außer Verpflegung und Ausrüstung für medizinische Notfälle nahm die Boeing 707 *Stuttgart* auch Beamte des Bundesinnenministeriums und des Bundeskriminalamts auf. Gegen 22 Uhr stiegen bei einer Zwischenlandung in Köln/Bonn überdies 30 Männer der Bundesgrenzschutztruppe GSG 9 zu.

Auf den Marschbefehl aus Bonn hin hatte GSG-9-Chef Ulrich Wegener umgehend fünf Hubschrauber mit den

Waffen beladen lassen, die bei einem solchen Einsatz unter Umständen erforderlich waren – P9S-Pistolen Kaliber 9 mm, Smith & Wesson 38 Special Revolver, Maschinenpistolen der Marke Heckler & Koch und Mauser 66 für die Scharfschützen; überdies Funkgeräte, Aluleitern für den Sturm auf das gekaperte Flugzeug, 100 Handgranaten, Sprengstoff und Nachtsichtgeräte. In Aluminiumkisten verpackt, wurde die Ausrüstung an Bord der Helikopter gebracht und auf dem Flughafen Köln/Bonn in die *Stuttgart* umgeladen.

Ehe die Lufthansa-Maschine abhob, um die Verfolgung der *Landshut* aufzunehmen, hielt Wegener auf dem Rollfeld noch eine kleine Rede an seine Leute. Sie waren alle in lässiges Zivil gekleidet, wie zu einem Betriebsausflug.

»Männer!«, rief Wegener. »Vier Terroristen – zwei Männer, zwei Frauen – haben heute um 14 Uhr 38 eine deutsche Urlaubermaschine der Lufthansa auf dem Weg von Mallorca nach Frankfurt entführt. An Bord befinden sich 86 Passagiere und fünf Mann Besatzung. Unser Auftrag lautet: Befreiung der Geiseln. Sie alle wissen, dass das eine harte Nuss wird, falls es tatsächlich zu dem Einsatz kommt – ein Himmelfahrtskommando. Der Bundesinnenminister verhandelt derzeit mit seinem zyprischen Amtskollegen über unseren Einsatz. Wir fliegen zunächst den Nato-Flughafen Akrotiri auf Kreta an – dann sehen wir weiter.«

Die Spezialisten der Grenzschutztruppe sahen einander bedeutungsvoll an: Fünf Jahre hatten sie auf diesen Augenblick gewartet – und wohl kaum einer von ihnen hätte darauf wetten mögen, dass sie nicht wieder im letzten Moment zurückgerufen würden. Die Truppe wurde angeführt von Wegener, seinem Adjutanten Leutnant Baum und Einheitsführer Weigolt. Neben 24 Leuten im Mannschaftsgrad waren zwei Sprengstoffspezialisten und ein Fernmeldetechniker für den Einsatz ausgewählt worden. Ein Kommando, von dem eigentlich niemand glaubte, dass es zum Zuge kommen würde.

Skeptischer als alle anderen war Wegener selbst. Obwohl er noch immer beeindruckt war von seiner Begegnung mit dem Bundeskanzler am heutigen Vormittag: Helmut Schmidt war bekannt, dass Wegener in der DDR mit dem dortigen Regime in Konflikt geraten war. Als Jugendlicher hatte er dort Flugblätter für Demokratie und Meinungsfreiheit verteilt und war dafür zu einer Gefängnisstrafe verurteilt worden. »Sie treten für Ihre Überzeugung ein, das imponiert mir«, hatte der Kanzler gesagt. »Sie sind der richtige Mann für diese Aufgabe – ich vertraue Ihnen.« Er hatte Wegener die Hand geschüttelt, und der GSG-9-Chef hatte vor dem Kanzler Haltung angenommen und versichert, dass er sein Bestes tun werde.

Doch das alles bedeutete noch lange nicht, dass sie wirklich zum Einsatz kommen würden, sagte sich Wegener, als die *Stuttgart* um 22 Uhr 15 auf dem Flughafen Köln/Bonn mit Kurs auf Kreta startete.

Zur selben Zeit stand die *Landshut* auf einer Außenposition auf dem Airport Larnaka. Der ganze Flughafen lag im Dunkeln und wirkte verlassen. Nur das gekaperte Flugzeug wurde von einigen Scheinwerfern angeleuchtet.

Im Cockpit schrie Mahmud wieder einmal ins Mikrophon, weil man im Tower nicht gleich seinen Kommandos gehorchte. »Treibstoff, wir wollen auf der Stelle Treibstoff!«, brüllte er auf Englisch.

Er schrie so laut, dass bis in die hintersten Reihen der Maschine fast jedes Wort zu verstehen war. Der Vorhang zur First Class war zugezogen. Die »Dicke« stand davor, bewachte die Geiseln und rauchte eine Zigarette. Zugleich hielt sie in jeder Hand eine Eierhandgranate, die Sicherungsstifte gezogen. Mit dem Eisenbügel der Granate in ihrer Linken klopfte sie alle paar Augenblicke die Asche von ihrer Kippe ab. Am hinteren Ende des Ganges stand »der schöne Junge«, die Tokarew in der Hand.

Die Passagiere erschraken kaum mehr über diesen Anblick. Die meisten saßen nur apathisch in ihren Sitzen. Die Erregung der ersten Stunden war abgeklungen – jetzt fühlten sie sich bloß noch erschöpft und hofften, dass dieser Alptraum bald zu Ende gehen würde.

»Verschonen Sie mich mit Ihren Lügen«, schrie Mahmud ins Cockpitmikrophon. »Ich kann diesen Mist nicht länger hören. Verdammte Scheiße!« Er warf das Mikro auf den Boden, besann sich aber gleich darauf und hob es wieder auf.

Über Funk antwortete Saves Antoniou, der Polizeidirektor von Larnaka, der seit Stunden im Tower war, um mit den Entführern zu verhandeln.

»Captain Martyr Mahmud«, sagte er, »das Betankungspersonal ist informiert. Wie ich Ihnen bereits erklärt habe, ist die Crew nach Hause gegangen. Es ist Abend, ihre Arbeitszeit ist abgelaufen. Wir mussten sie erst anrufen und ihnen mitteilen, dass sie noch einmal zurückkommen müssen.«

Mahmud knirschte mit den Zähnen. »Herr Polizist«, sagte er dann unerwartet leise ins Mikrophon, »wir respektieren Ihre Probleme, aber wir haben nicht die Absicht, noch

länger zu warten. Lassen Sie auf der Stelle auftanken, oder wir sprengen die Maschine.«
Antoniou holte hörbar tief Luft, ehe er abermals antwortete. »Captain Martyr Mahmud, ich wiederhole: Das Personal ist auf dem Weg und wird in Kürze hier sein. Sie werden augenblicklich informiert, wenn der Tankzug auf dem Weg zu Ihnen ist.«
Er schaltete das Mikrophon aus und wandte sich an Paul Kurbjuhn, den Geschäftsträger des deutschen Konsulats, der sich gleichfalls seit Stunden auf dem Tower von Larnaka bereithielt.
»Lange können wir die nicht mehr hinhalten«, sagte Antoniou.
»Im Namen der deutschen Regierung bitte ich Sie nochmals, jede vertretbare Maßnahme zu ergreifen, um den Abflug der *Landshut* hinauszuzögern.« Der 64-jährige Kurbjuhn war ein erfahrener Diplomat und intimer Kenner der zyprischen Verhältnisse. Gleich zwei hiesige Minister hatten ihm zugesichert, dass die *Landshut* keine Starterlaubnis erhalten würde. Aber Kurbjuhn machte sich wenig Hoffnungen, was die Standfestigkeit der zyprischen Regierung betraf.
Im Bonner Krisenstab wurden währenddessen konkrete Pläne für die Befreiung der Geiseln in Larnaka entwickelt. Noch vor ihrer Landung auf Kreta erhielt die 707 *Stuttgart* über Funk den Befehl, direkt nach Zypern zu fliegen. Nun begannen auch GSG-9-Chef Wegener und seine Leute zu glauben, dass ihr »Himmelfahrtskommando« in Larnaka tatsächlich stattfinden würde.
Doch auf Zypern schwanden zur gleichen Zeit schon wieder die Chancen auf ein rasches Ende des *Landshut*-Dra-

mas. Trotz mehrfacher Proteste von Paul Kurbjuhn wurde das gekaperte Flugzeug vollgetankt.
Der Geschäftsträger des deutschen Konsulats ließ sich direkt mit dem Bonner Krisenstab verbinden. »Die *Landshut* wird betankt, Herr Innenminister«, meldete er. Maihofer verlangte daraufhin, sofort mit dem Verantwortlichen zu sprechen. Kurbjuhn wandte sich an den Polizeidirektor. »Herr Antoniou – kommen Sie bitte mal?«
Der Polizeidirektor warf einen Blick auf Kurbjuhns ausgestreckte Hand mit dem Telefonhörer. Zögernd kam er näher.
»Ich habe hier den Innenminister der Bundesrepublik Deutschland am Telefon. Er bittet Sie, noch einmal zu bestätigen, dass Sie die Maschine nicht starten lassen werden.«
Antoniou musterte den Telefonhörer so besorgt, als ob ihm Kurbjuhn eine entsicherte Bombe überreichen wollte. »Sagen Sie Ihrem Minister bitte, dass die zyprische Regierung alles tun wird, was in ihrer Macht steht, um den Weiterflug der Maschine zu verhindern.«
Kurbjuhn hob den Hörer erneut an sein Ohr.
»Ich habe gehört, was der Bursche gesagt hat«, teilte ihm Maihofer mit. »Vor nicht einmal einer halben Stunde habe ich mit meinem zyprischen Amtskollegen Patsalides telefoniert, und der hat mir versichert, dass die Maschine nicht starten wird. Ich will, dass der Polizeidirektor uns dasselbe zusichert. Auf der Stelle.«
»Verstanden, Herr Minister.« Kurbjuhn wandte sich erneut an Antoniou. »Das reicht dem Minister nicht. Bitte sagen Sie uns klipp und klar: Was wird passieren, wenn die Maschine aufgetankt ist?«

»Wir werden alles versuchen.«
Während dieses Wortwechsels beobachteten Kurbjuhn und der Polizeidirektor, wie die Tankwagen sich langsam wieder von der *Landshut* entfernten. Offenbar war die Betankung der Maschine abgeschlossen.
»Der Minister meint«, sagte Kurbjuhn ohne rechte Überzeugung zu Antoniou, »Sie könnten in die Reifen der Maschine schießen.« Noch immer hielt er das Telefon in der Hand, mit Minister Maihofer in der Leitung.
Der Polizeidirektor riss die Augen auf. »Das ist völlig unmöglich. Wir haben hier weder Scharfschützen noch Präzisionsgewehre. Jetzt, wo das Flugzeug voll betankt ist, könnte es bei einem Fehlschuss in die Luft gehen.«
Noch ehe der Geschäftsträger etwas erwidern konnte, war über Funk die Stimme von Kapitän Schumann im Tower zu hören. »Lufthansa 181, erbitten sofortige Startfreigabe.«
Kurbjuhn riss das Telefon abermals an sein Ohr. »Herr Minister, die *Landshut* hat gerade eben Starterlaubnis verlangt.« Er lauschte, schüttelte sorgenvoll den Kopf. »Legen Sie Hindernisse auf die Startbahn«, gab er die jüngste Spontanidee des Ministers an den Polizeichef weiter.
Aber der fuchtelte abwehrend mit den Händen. »Genauso unmöglich, das kann Ihr Minister doch nicht im Ernst verlangen.«
Paul Kurbjuhn selbst hatte Mühe, den sonst so bedächtigen Werner Maihofer wiederzuerkennen. Offenbar versuchte der Rechtsprofessor, der im Allgemeinen eher für weitschweifige Grundsatzerklärungen berüchtigt war, sich in dieser SOS-Situation als entschlossener Tatmensch zu profilieren.

»Die Maschine hat soeben die Startfreigabe erhalten, Herr Minister. Ich melde mich gleich wieder.« Der Geschäftsträger ließ den Hörer sinken und beobachtete, wie die *Landshut* zur Startbahn rollte. Verzweifelt machte er einen letzten Versuch, den Polizeichef umzustimmen. »Mann Gottes, die Maschine darf nicht starten!« Er legte Antoniou eine Hand auf die Schulter. »30 Antiterrorspezialisten aus Bonn sind hierher unterwegs, um die Geiseln zu befreien. Und wenn sie eintreffen, ist die Maschine weg – das darf nicht passieren! Tun Sie was, ich flehe Sie an!«

Der Zyprer sah ihn mit einem Ausdruck aufrichtigen Mitgefühls an. »Tut mir sehr leid, Herr Kurbjuhn, aber mir sind die Hände gebunden. Wir dürfen die Sicherheit der Passagiere nicht gefährden.«

Auf der Startbahn begann die LH 181 zu beschleunigen. »Das sind doch alles Ausreden!«, schrie Kurbjuhn und nahm abermals das Telefon auf, um Maihofer über das neuerliche Desaster zu informieren: »Herr Minister, die *Landshut* ist eben gestartet.«

Kurz vor Mitternacht saß der harte Kern der Kleinen Lage noch immer im Schmidt-Rottluff-Zimmer des Bonner Kanzleramts beisammen. Außer Helmut Schmidt und den Ministern Maihofer und Wischnewski waren noch die beiden Staatssekretäre Schüler und Ruhnau sowie BKA-Chef Herold anwesend. Ihre Jacketts hatten sie über die Stuhllehnen gehängt, die Krawatten gelockert. Der Rauch von Dutzenden Zigaretten hing im Raum.

Die Politiker waren übermüdet und gleichzeitig aufs äußerste angespannt: In dieser Nacht konnte sich das Schicksal der Geiseln entscheiden. Doch in den zurückliegenden

Minuten war ihre Hoffnung bereits deutlich gesunken: Vor ihrer aller Ohren hatte Maihofer am Telefon darum gerungen, dass die Zyprer die *Landshut* nicht starten ließen. Und mit jedem Augenblick war klarer geworden, dass er diesen Kampf verlieren würde.

»Die Maschine ist weg«, meldete Maihofer nun mit ersterbender Stimme, den Telefonhörer noch in der Hand.

Die Anwesenden sanken regelrecht in sich zusammen. Was sollte jetzt werden? War soeben ihre letzte Chance, die Geiseln lebend zu befreien, zunichte geworden?

»Ruhnau.« Der Kanzler bemühte sich sichtlich, die Initiative zurückzugewinnen. »Finden Sie jedes mögliche Ziel heraus, das die von Larnaka aus erreichen können. Was glauben Sie, wohin die jetzt wollen?«

Der Staatssekretär brauchte nicht lange zu überlegen. Er sprach lediglich aus, was alle im Raum dachten: »Sicher irgendwo in den Nahen Osten.«

»Das würde passen«, bestätigte Horst Herold. »Die nennen die Entführungsaktion Operation ›Kofre Kaddum‹ – und Kofre Kaddum ist eine kleine Stadt in der Nähe von Nablus in der Westbank – da hat es in den letzten Jahren ziemlich Zoff mit radikalen jüdischen Siedlern gegeben, die die ansässigen Palästinenser mit Gewalt zu vertreiben versuchen. Das passt zu unserer Vermutung: Die Entführer sind Palästinenser.«

Der Kanzler klopfte sich eine Mitternachtsprise Schnupftabak auf die Hand. »Und was wissen wir über die Zusammenarbeit von RAF und Palästinensern?«

»Schon für die Entebbe-Aktion letztes Jahr«, erinnerte Herold, »hatte die PFLP, die militanten Palästinenser, zwei deutsche Terroristen rekrutiert, wenn auch von den Revolutionären Zellen und nicht von der RAF. Aber die Verbindung besteht.«

»Wir wissen bald Näheres«, erklärte Kanzleramts-Staatssekretär Schüler. »Der Bundesnachrichtendienst ist an der Sache dran.«

»Gut, kümmere dich drum«, wies Schmidt seinen Staatssekretär an. »Und was ist mit Wegener?«, wandte er sich an den Innenminister. »Weiß der Mann eigentlich schon Bescheid?«

Maihofer erklärte, dass seine Leute versuchten, Wegener telefonisch zu erreichen. Da die GSG-9 nicht gut auf Zypern bleiben konnte, würden sie die *Stuttgart* weiter nach Ankara schicken – dort sollte sich die Antiterroreinheit bereithalten, damit sie notfalls sofort zu ihrem neuen Einsatzort in Nahost fliegen konnte.

Den gotteslästerlichen Fluch, mit dem Ulrich Wegener die Nachricht vom neuerlichen Start der *Landshut* aufnehmen würde, konnten sie alle sich lebhaft vorstellen. Der Mann, der dem GSG-9-Chef die Neuigkeit überbrachte, konnte von Glück sagen, dass ein paar tausend Meilen zwischen ihm und dem zweifellos tief frustrierten Terroristenjäger lagen.

Freitag, der 14. Oktober, der zweite Tag der *Landshut*-Entführung und vierzigste Tag seit Schleyers Verschleppung, hatte längst begonnen, als der Kanzler seine Getreuen nach Hause schickte.

Er selbst legte sich auf das Feldbett in seinem Büro, um eine Mütze voll Schlaf zu bekommen, ehe morgen in aller Frühe der Wahnsinn weitergehen würde.

14

Doch an Schlaf war in dieser Nacht nicht einmal zu denken – weder in Bonn noch an Bord der *Landshut*. Bereits um 1 Uhr 30 kamen im Kanzleramt die Männer wieder zusammen, denen Helmut Schmidt in dieser Situation am meisten vertraute: die Minister Maihofer und Wischnewski, die Staatssekretäre Schüler und Ruhnau sowie BKA-Chef Herold.

Die gekaperte Maschine irrte unterdessen durch die Nacht. Wie die Kanzlerberater vorausgesagt hatten, war sie in Richtung Nahost dirigiert worden. Doch kein Airport wollte das entführte Flugzeug landen lassen: Die Flughäfen von Beirut, Damaskus und Amman wurden eilends geschlossen, Beleuchtung und Landesysteme abgeschaltet. Den *Landshut*-Piloten blieb nichts anderes übrig, als es in Kuwait zu versuchen. Allmählich wurde die Lage brenzlig – die Spritreserven der Boeing 737 gingen abermals zur Neige.

Auch wenn Mahmud ein wenig Ahnung von der Fliegerei hatte, schien er sich mit Transponder-Codes nicht auszukennen. Transponder, mit denen alle größeren Verkehrsflugzeuge ausgestattet waren, sendeten Signale an die Bodenstationen in den Airports. Wie im internationalen Luftverkehr üblich, hatte Jürgen Schumann den Transponder der *Landshut* auf 75 gestellt – auf den Radarschirmen erschien daher das Zeichen für »hijacked aircraft«, gekapertes Flugzeug. Selbst wenn die Flughäfen, die er wegen einer Landeerlaubnis anfunkte, nicht von ihren jeweiligen nationalen Behörden informiert worden wären, hätten die

Lotsen in Damaskus oder Amman demnach gewusst, dass eine entführte Maschine im Anflug war – und im Zweifelsfall die nötigen Vorkehrungen getroffen, um die Landung des Geisterfliegers zu verhindern.

Schumann versuchte es nun also in Kuwait. »Lufthansa 181 an Tower Kuwait, bitte kommen.«

»Hier Tower Kuwait – LH 181, sprechen Sie.«

»Lufthansa 181 bittet um Landeerlaubnis für den Airport Kuwait.«

»Tower Kuwait an LH 181 – Sie haben keine Landeerlaubnis für Airport Kuwait.«

Schumann sah seinen Kopiloten mit hochgezogenen Augenbrauen an. Vietor zog ein skeptisches Gesicht und zuckte mit den Schultern: Sie mussten es weiter versuchen.

»Lufthansa 181 an Tower Kuwait, bitte hören Sie. Unser Treibstoff geht zu Ende – wir müssen jetzt landen!«

Doch der Lotse dort unten in der Wüste blieb unbeirrbar.

»Negativ, LH 181 – definitiv negativ. Airport Kuwait ist für Sie gesperrt. Ende.«

»Verdammt!« Schumann schaute abermals zur Treibstoffanzeige. »Das reicht nicht mal mehr eine Stunde.« Er drehte sich um – hinter ihm saß der Chef des Hijacker-Quartetts auf dem Flugbeobachtersitz. »Captain Mahmud«, sagte Schumann eindringlich, »wir haben es überall versucht – alle Flughäfen sind geschlossen. Unser Sprit geht zu Ende, wir müssen einen Notruf absetzen!«

»Okay, okay – meinetwegen.« Mahmud wirkte in geradezu absurder Weise gelassen. Vietor fragte sich, ob der selbsternannte Captain einfach nicht verstand, wie ernst ihre Lage war – oder ob er noch einen Trumpf im Ärmel hatte.

Währenddessen sprach Schumann bereits wieder ins Funk-

mikrophon. Seine Stimme klang jetzt tödlich ernst. »Mayday, mayday, mayday! Hier ist Lufthansa 181 – unser Treibstoff geht zu Ende, wir müssen innerhalb der nächsten 45 Minuten landen. Mayday, mayday.«
Außer dem Rauschen des Funkgeräts war nichts zu hören. Schumann versuchte es noch einmal. »Mayday, mayday, mayday! Hier ist Lufthansa 181 …«
Keine Antwort. Einsam und verloren irrte die *Landshut* weiter durch die Nacht. Ein Glück nur, dass die Passagiere hinten in der Kabine von ihrer dramatischen Lage nichts mitbekamen – die meisten schliefen oder dämmerten apathisch vor sich hin.

Im Kanzleramt hielt Verkehrs-Staatssekretär Ruhnau ständig Verbindung mit der Lufthansa-Zentrale. Auf seinem Platz am Besprechungstisch im Schmidt-Rottluff-Zimmer stand ein eigener Telefonapparat – ebenso wie vor den anderen Teilnehmern der Runde. Gerade eben hatte Ruhnau einen weiteren Anruf aus Frankfurt erhalten. Mit zerknittertem Hemd und vor Übermüdung geröteten Augen trat er erneut vor die Karte des Mittelmeerraums und erläuterte: »Die kreuzen noch immer über dem Persischen Golf und kriegen keine Landeerlaubnis. Auch Kuwait hat eben seinen Airport für die LH 181 gesperrt.«
»Was bleibt denen also noch?« Der Kanzler klopfte sich eine Prise Schnupftabak aus der Dose.
»Bahrain und Dhahran.« Ruhnau zeigte auf die beiden Punkte, die die Wüstenstädte markierten. »Wobei Bahrain besser wäre – die haben englische Fluglotsen im Tower. Für eine deutsche Maschine haben die vielleicht doch mehr Verständnis als die Araber in Dhahran.«

Energisch saugte sich Helmut Schmidt das belebende Pulver in die Nase. »Warum gehen unsere Piloten nicht einfach irgendwo auf einem Flughafen runter – ob die da unten wollen oder nicht?«
Maihofer nickte zustimmend – als ob er sagen wollte: Würde ich genauso machen, wenn ich der Pilot wäre.
Der flugerfahrene Ruhnau schüttelte erschrocken den Kopf. Die *Landshut* war schließlich kein Kampfjet. »Herr Bundeskanzler, es ist Nacht, und wenn die im Tower weder die Rollfeldbeleuchtung noch das ILS, das Instrumentenlandesystem, einschalten – das wäre glatter Selbstmord.«
Sämtliche Anwesenden starrten auf die Landkarte, als könnten sie einen sicheren Landeplatz für die entführte Maschine finden, wenn sie nur sorgfältig genug danach suchten.
Erneut klingelte ein Telefon. Alle Augen richteten sich nun auf den BKA-Präsidenten, der hastig den Hörer abnahm. »Was Neues?« Er lauschte kurz und meldete dann dem Kanzler: »Bei Maître Payot ist ein Ultimatum eingegangen. Die geben uns das gleich direkt durch.«
»Stell laut«, verlangte Helmut Schmidt.
Herold stellte auf Mithören, und Kanzleramts-Staatssekretär Schüler schaltete das angeschlossene Tonbandgerät ein.
Am Telefon meldete sich eine junge Frau mit leichtem Schweizer Akzent. »Hier ist die Kanzlei Payot in Genf. Wir haben vor einer halben Stunde drei längere Mitteilungen der Entführer erhalten.«
»Haben die sich legitimiert?«, wollte Horst Herold wissen.
»Ja, Legitimation ist erfolgt«, antwortete die Anwaltsgehilfin. »Ich übermittle Ihnen jetzt als Erstes die Mitteilung

des Kommandos, das die Lufthansa-Maschine entführt hat. Es hat folgenden Wortlaut:

Ultimatum an den Kanzler der Bundesrepublik Deutschland.

Hiermit teilen wir Ihnen mit, dass Passagiere und Besatzung der Lufthansa-Maschine 737, Flugnummer LH 181, von Palma nach Frankfurt (Main) unter unserer vollständigen Kontrolle und Verantwortung stehen. Das Leben der Passagiere und der Besatzung und das Leben von Dr. Hanns Martin Schleyer hängen davon ab, dass Sie die folgenden Forderungen erfüllen:

1. Freilassung der folgenden Genossen der RAF aus westdeutschen Gefängnissen:
   Andreas Baader, Gudrun Ensslin, Jan-Carl Raspe,
   Verena Becker, Werner Hoppe, Karl Heinz Dellwo,
   Hanna Krabbe, Bernd Rössner, Ingrid Schubert,
   Irmgard Möller, Günter Sonnenberg.

   Jede Person soll DM 100 000 mitbekommen.
2. Freilassung der folgenden palästinensischen Genossen der F.L.P. aus dem Gefängnis in Istanbul:
   Mahdi
   Hussein.
3. Die Zahlung von 15 Millionen US-Dollar gemäß beigefügten Anweisungen.
4. Vereinbaren Sie mit einem der folgenden Länder die Aufnahme der Genossen, die freigelassen wurden:
   Demokratische Republik Vietnam, Republik
   Somalia, Demokratische Volksrepublik Jemen.
5. Die deutschen Gefangenen sollen in einem von Ihnen gestellten Flugzeug zu ihrem Zielort gebracht werden.

Sie sollen über Istanbul fliegen und die zwei aus dem dortigen Gefängnis entlassenen palästinensischen Genossen aufnehmen. Die türkische Regierung ist über unsere Forderungen gut informiert. Alle Gefangenen sollen ihr Ziel bis Sonntag, 16. Oktober 1977, 09.00 Uhr mitteleuropäischer Zeit erreichen. Das Geld soll innerhalb des gleichen Zeitraums gemäß beigefügten Anweisungen übergeben werden.

6. Wenn nicht alle Gefangene entlassen werden und ihr Ziel erreichen und das Geld nicht gemäß den Anweisungen innerhalb der angegebenen Zeit übergeben wird, werden Hanns Martin Schleyer und alle Passagiere sowie die Besatzung der Lufthansa-Maschine 737, Flug LH 181, augenblicklich getötet.
7. Wenn Sie unsere Anweisungen erfüllen, werden alle freigelassen.
8. Wir werden keine Verbindung mehr mit Ihnen aufnehmen. Dies ist unsere letzte Kontaktaufnahme mit Ihnen. Sie sind für jeglichen Irrtum oder Fehler bei der Freilassung der o. g. Gefangenen oder bei der Übergabe des angegebenen Lösegeldes gemäß den Anweisungen verantwortlich zu machen.
9. Jeder Verzögerungs- oder Täuschungsversuch Ihrerseits bedeutet den augenblicklichen Ablauf des Ultimatums und die Exekution von Hanns Martin Schleyer, den Passagieren und der Besatzung des Flugzeuges.

13. Oktober 1977,

Organisation für den Kampf
gegen den Weltimperialismus.

Während die Anwaltsgehilfin das Ultimatum der Entführer mit unbeteiligter Stimme vorlas, sahen die Männer um Kanzler Schmidt einander ein ums andere Mal bedeutungsschwer an. Sie hatten es ja längst geahnt, und nun waren ihre Befürchtungen zur Gewissheit geworden: Die Schleyer-Kidnapper und die Entführer der *Landshut* gehörten zusammen.

»Wenn Sie bereit sind, meine Herren«, sagte die junge Schweizerin im Telefon, »dann gebe ich Ihnen jetzt die zweite Mitteilung durch.«

Herold wischte sich mit dem Handrücken über die Stirn. Fragend sah er den Kanzler an. Der nickte, während er sich eine Zigarette ansteckte, und machte zugleich eine ungeduldige Handbewegung: Weiter!

»Lesen Sie vor«, sagte der BKA-Chef.

»Die Legitimationen liegen vor«, sagte die Schweizerin. »Die zweite Mitteilung lautet:

> 13. Oktober 1977.
>
> Wir haben Helmut Schmidt jetzt genug Zeit gelassen, um sich in seiner Entscheidung zu winden, zwischen der amerikanischen Strategie der Vernichtung von Befreiungsbewegungen in Westeuropa und der Dritten Welt und dem Interesse der Bundesregierung, den zurzeit wichtigsten Wirtschaftsmagnaten eben für diese imperialistische Strategie nicht zu opfern. Das Ultimatum der Operation ›Kofre Kaddum‹ des Kommandos Martyr Halimeh und das Ultimatum des Kommandos Siegfried Hausner der RAF sind identisch. Das Ultimatum läuft am Sonntag, dem 16. Oktober 1977, um 09.00 Uhr mitteleuropäischer Zeit ab. Wenn bis zu diesem Zeitpunkt die elf geforderten Gefangenen ihr

Ziel nicht erreicht haben, wird Hanns Martin Schleyer erschossen. Nach 40 Tagen Gefangenschaft von Schleyer wird es eine Verlängerung des Ultimatums nicht mehr geben. Ebenso keine weiteren Kontaktaufnahmen. … Nachdem wir die Bestätigung der Ankunft der Gefangenen erhalten haben, wird Schleyer innerhalb von 48 Stunden freigelassen.

Freiheit durch bewaffneten antiimperialistischen Kampf,

Kommando Siegfried Hausner

Rote Armee Fraktion

Im Schmidt-Rottluff-Zimmer richteten sich aller Augen auf den Kanzler.

Ihnen blieben noch 55 Stunden – falls die entführte Maschine dann nicht längst mit leeren Tanks über dem Persischen Golf oder der arabischen Wüste abgestürzt war.

15

Um 1 Uhr 45 kreiste die *Landshut* im nachtschwarzen Himmel über Bahrain. Ihre Lage war mittlerweile verzweifelt – der Treibstoff reichte noch für allenfalls eine halbe Stunde. Schumann gab unaufhörlich das Notrufsignal durch, doch weit und breit schien niemand in der Luft oder am Boden zu sein, der sie hörte.

»Mayday, mayday, mayday! Hier Lufthansa 181, unser Tank ist fast leer – wir müssen in der nächsten halben Stunde landen.«

Auf dem Luftkorridor über ihnen flog ein Jumbojet der australischen Airline Qantas. Dessen Kapitän Holbert Willis fing den Funkspruch auf und sagte zu seinem Kopiloten: »Hörst du – das sind die gekaperten Deutschen.« Er griff zum Funkmikrophon. »Qantas 1003 an Lufthansa 181. Hey, Guys, was ist los bei euch?«
In der *Landshut* musste Schumann einen Seufzer der Erleichterung unterdrücken. »Lufthansa 181 an Quantas 1003. Wir haben fast keinen Sprit mehr und müssen umgehend landen.«
»Haben Sie es in Bahrain versucht?« Mit seinem breiten Canberra-Akzent klang der Qantas-Kapitän so lässig und grundoptimistisch, dass auch die Lufthansa-Piloten wieder Hoffnung schöpften.
»Noch nicht«, antwortete Schumann, »könnten Sie eine Verbindung herstellen?«
»Kein Problem«, gab der Australier zurück, »machen wir.« Er wechselte die Frequenz. »Qantas 1003 an Tower Bahrain, bitte kommen.«
»Hier Tower Bahrain«, meldete sich der Lotse auf dem Airport des Inselstaats im Persischen Golf. »Qantas 1003, sprechen Sie.«
»Qantas 1003 an Tower Bahrain – unter uns ist ein entführtes deutsches Flugzeug. Sie haben keinen Sprit mehr – sie müssen runterkommen.«
»Tut mir leid«, antwortete der Lotse mit unverkennbar britischem Tonfall. »Airport Bahrain ist geschlossen.«
»Einen Moment noch.« Holbert Willis überlegte. Die Typen da unten konnten doch diese Krauts nicht einfach vom Himmel regnen lassen – nur weil niemand sich traute, die Verantwortung zu übernehmen. »Qantas 1003 an Tower

Bahrain. Sagt mal – ist Andrew Bexter noch bei euch in der Crew?«

»Hier ist Andrew Bexter«, meldete sich ein zweiter Lotse. »Was gibt's?«

Der Qantas-Kapitän stieß ein gurgelndes Geräusch aus, irgendetwas zwischen Lachen und Fluch. »Andrew, du verdammter Bastard«, schrie er, »hört auf mit dem Scheißspiel – die Jungs von der Lufthansa stecken echt in Schwierigkeiten. Funk mir sofort die Frequenz für euer ILS durch.«

Der Lotse im Tower zögerte einen Augenblick, dann gab er mit fester Stimme zurück: »Sorry, Holbert, nichts zu machen. Wir haben eine unmissverständliche Order: Die Deutschen dürfen hier nicht landen.«

»Das kannst du nicht machen, Andrew«, beharrte der Australier.

»Tut mir leid«, wiederholte Bexter. Doch irgendwie klang er plötzlich anders. »Sie dürfen nicht landen. Aber wenn du demnächst in der Gegend bist, ruf mich an – auf *139,7* haben wir *27* Liter eisgekühltes Bier – gerade genug für einen mächtigen Schluck.«

Willis machte dem Kopiloten ein Zeichen, doch der hatte auch so schon verstanden. Er griff sich Notizblock und Stift und schrieb die Zahlen auf, die Bexter ihnen versteckt durchgegeben hatte.

»Du verdammter Bastard«, bedankte sich der Quantas-Kapitän bei dem Lotsen. »Roger und Ende.« Er schaltete das Funkgerät ab und ließ ein kurzes »Jippijippijeh« vom Stapel. Dann schaltete er wieder an und stellte die Frequenz ein, auf der er mit der *Landshut* sprechen konnte.

»Qantas 1003 an Lufthansa 181. Schlechte Nachrichten,

Jungs – sie wollen euch nicht haben. Aber versucht es einfach trotzdem, im Tower sitzen ein paar alte Kumpels von mir. Die Frequenz für das Instrumentenlandesystem ist 139,7 – bei 27 Grad.«

In der *Landshut* musste Schumann erst einmal tief durchatmen. »139,7 – 27 Grad«, wiederholte er.

»Also dann – viel Glück, Jungs.«

»Das vergesse ich euch nie«, sagte Schumann. Er warf einen Blick auf die Treibstoffanzeige. Noch 15 Minuten. Umgehend wechselte er die Frequenz. »Lufthansa 181 an Tower Bahrain. Wir bitten um Landeerlaubnis.«

»Tower Bahrain an Lufthansa 181. Sorry, der Flughafen ist geschlossen. Sie können unter keinen Umständen landen.«

»Das wollen wir doch mal sehen«, murmelte Schumann. Zu Vietor sagte er: »Schalt das ILS ein.«

Der Kopilot legte den Hebel um. Gespannt beobachteten sie beide, wie sich die waagrechten und senkrechten Zeiger nach kurzem Warmlaufen des Geräts verschoben. »Läuft einwandfrei«, sagte Vietor.

»Na, dann mal runter!« Schumann nickte seinem Kollegen zu.

An Mahmud verschwendeten sie in diesem Moment keinen Gedanken. Er saß hinter ihnen auf dem Flugbeobachtersitz und schien seinerseits bemüht, die Piloten nicht bei ihrem waghalsigen Manöver zu stören.

»Sie haben keine Landeerlaubnis!«, rief der Lotse im Tower.

Nach einem Seitenblick auf Schumann schaltete Jürgen Vietor das Funkgerät ab.

Zur selben Zeit las die junge Anwaltsgehilfin aus der Kanzlei des Genfer Anwalts Denis Payot noch immer Mitteilungen der Entführer vor. Die Runde im Kanzleramt hörte mit einer Mischung aus Anspannung und Fassungslosigkeit zu. Mittlerweile war man bei der vierten Botschaft der Terroristen; die dritte drehte sich um das Lösegeld, das die *Landshut*-Entführer forderten: 15 Millionen US-Dollar, aufgeschlüsselt in Dollar- und DM-Scheine, in Schweizer Franken und Holländische Gulden. Schleyers Sohn Eberhard sollte diese gewaltige Geldmenge am morgigen Samstag, dem 15. Oktober, um zwölf Uhr mittags ins Frankfurter Intercontinental Hotel bringen und dort auf weitere Anweisungen warten.

Auch diese Nachricht war unterzeichnet mit »Organisation Kampf dem Weltimperialismus«.

Die vierte Botschaft der Entführer schließlich war reinstes Revoluzzerkauderwelsch. Sie begann mit der Anrede »An alle Revolutionäre der Welt« und schien letztlich nichts anderes als eine Kampfansage an das »Monstrum des Weltimperialismus« zu sein, des »barbarischen Kriegs unter der Hegemonie der USA gegen das Volk in der Welt«. Israel und Westdeutschland waren für die Terroristen »Unterzentren« des besagten Monstrums, denn in Israel herrschten die »Zionisten«, und in der Bundesrepublik waren verkappte »Neonazis« an der Macht.

»Diese beiden feindlichen Regime«, erklärten die Terroristen, »machen gemeinsam Front gegen die patriotischen und revolutionären Bewegungen der Befreiung in der Welt.« Folglich mussten sich revolutionäre Palästinenser und Westdeutsche zusammentun, um gemeinsam den Weltimperialismus zu bekämpfen. »Ein Teil der Anti-Guerilla-Strategie des Feindes ist die Nichterfüllung der legitimen Forderung auf Freilassung unserer gefangenen Revolutionäre, die die grausamsten Formen der Folterung erleiden, mit dem schweigenden Wissen der internationalen Öffentlichkeit. Wir erklären, dass diese Doktrin keinen Erfolg haben wird. Wir werden den Feind zwingen, unsere Gefangenen zu befreien, die ihn täglich herausfordern, indem sie fortfahren, die Unterdrückung zu bekämpfen, selbst im Gefängnis. – Sieg der Einheit der revolutionären Kräfte der Welt!«

Die Sprecherin machte eine kurze Pause. Sie hatte den ganzen phantastischen Sermon so eintönig vorgelesen, als ob es sich um den Wetterbericht handelte. »Das waren die Meldungen der Entführer«, sagte sie abschließend. »Wir lassen Ihnen das Ganze auch noch schriftlich zukommen. Grüezi und gute Nacht mitönand.«

Der Kanzler machte ein Gesicht, als ob er sich ekelte. Er war berüchtigt für seine Unduldsamkeit gegenüber jeder Art wolkigen Geschwafels. Die Revoluzzerprosa der Terroristen musste für ihn die »grausame Folterung« bedeuten, die die RAF-Häftlinge in deutschen Gefängnissen angeblich erlitten.

»Herold«, sagte Schmidt schließlich mit müder Stimme, »was sagen Sie zu dem Zeug?«

»Wenig Neues.« Der BKA-Präsident hob die Schultern und ließ sie wieder fallen. »Bis auf die zwei palästinensischen Häftlinge aus der Türkei und die 15 Millionen US-Dollar. Und das alles bis Sonntag früh.«

Helmut Schmidt sah auf seine Armbanduhr. »Gleich zwei Uhr. Also alle Mann an die Arbeit.«

16

Ziemlich genau zu dieser Zeit, exakt um 1 Uhr 52 mitteleuropäischer Zeit, landete die *Landshut* auf dem Airport von Bahrain. Als den Lotsen im Tower klar geworden war, dass der Flieger zu ihnen runterkommen würde, ob sie das wollten oder nicht, hatten sie rasch die Flugfeldbeleuchtung eingeschaltet und das Bodenpersonal instruiert. Nun folgte die gekaperte 737 einem Wagen mit weißem Leuchtfeuer, der sie von der Landebahn zu einem freien Platz eskortierte.

Noch während sie ausrollte, näherten sich schwerbewaffnete Soldaten der Maschine. Im Cockpit hatte Mahmud einmal mehr das Funkmikrophon ergriffen und schrie mit sich überschlagender Stimme seine immergleiche Botschaft für den Tower.

Jürgen Vietor fragte sich nicht zum ersten Mal, ob der Terrorist Aufputschmittel schluckte. Immerhin waren sie nun seit 14 Stunden unterwegs, und Mahmud zeigte keinerlei Müdigkeitssymptome. Im Gegenteil – je länger die Entführung dauerte, desto mehr schien er aufzudrehen.

»Hier spricht Captain Martyr Mahmud«, schrie er wieder, »von der Operation ›Kofre Kaddum‹ der Halimeh-Einheit der Organisation zum Kampf gegen den Weltimperialismus. Dieses Flugzeug der deutschen Fluglinie ist in meiner Gewalt. Die Organisation, der ich angehöre, verlangt die Freilassung unserer Kameraden, die in deutschen Gefängnissen inhaftiert sind. Wir kämpfen gegen die imperialistischen Organisationen dieser Welt.«

Dem Lotsen im Tower schien es für einen Moment die

Sprache verschlagen zu haben. »Negativ«, sagte er dann. »Bitte wiederholen Sie.«
Mahmud begann aufs Neue zu schreien.
»Wir können Sie nicht verstehen, Sir«, unterbrach ihn der Tower. »Bitte wiederholen Sie.«
Nachdem Mahmud mehrmals seine Botschaft geschrien und der Tower immer wieder »negativ« geantwortet hatte, mischte sich Jürgen Vietor ein. »Entschuldigen Sie, Captain Mahmud – darf ich mal? Vielleicht verstehen die mich besser.«
Mahmud hatte sich heiser gebrüllt. Er wischte sich über die schweißnasse Stirn. »Okay, versuchen Sie's, versuchen Sie's.«
»Sofort«, murmelte Vietor. Seine Hand zitterte, als er sich mit Druckbuchstaben den Namen SCHLEYER auf seinen Notizblock schrieb. Dann erst nahm er das Mikrophon auf. »Lufthansa 181 an Tower Bahrain, hier spricht der Kopilot. Das Flugzeug ist in der Gewalt von Entführern. Diese Aktion steht in Zusammenhang mit der Entführung des deutschen Wirtschaftsführers Schleyer.« Er griff zu dem vorbereiteten Zettel und buchstabierte: »Sierra - Charly - Hotel - Lima - Echo - Yankee - Echo - Romeo. Damit er und die Passagiere unseres Flugzeugs freigelassen werden, verlangen sie elf Terroristen, die in deutschen Gefängnissen ...«
Weiter kam er nicht – bei dem Wort »Terroristen« drehte Mahmud wieder mal durch. Er schlug auf Vietor ein und brüllte dabei: »Du verfluchter, stinkender Bastard! Wir sind keine Terroristen – wir sind Freiheitskämpfer! Ich bring dich um, ich knall dich ab! Wir sind Freiheitskämpfer, verdammt noch mal!«

Sein Blick fiel auf die Soldaten, die vor dem Cockpitfenster aufmarschiert waren. Er beugte sich vor und sah, dass anscheinend der ganze Flieger umzingelt war. Die Soldaten hielten Maschinenpistolen in den Händen.
Mahmud wurde mit einem Mal unheimlich ruhig. Er setzte sich auf den Flugbeobachtersitz, streifte seine Armbanduhr vom Handgelenk und hängte sie vor sich an die Rücklehne des Kapitänssitzes. Mit der Rechten richtete er seine Pistole aus 30 Zentimeter Entfernung auf Vietors Kopf. »Entweder die Soldaten sind in fünf Minuten verschwunden«, sagte er, »oder ich werde Sie erschießen.« Scheinbar ganz gelassen griff er zum Mikrophon und sagte in normaler Lautstärke: »Wenn die Soldaten in fünf Minuten nicht verschwunden sind, erschieße ich den Kopiloten.«
Vom Tower kam keine Antwort.
Mahmud blieb ruhig sitzen, den Blick auf seine Uhr gerichtet, die Pistole neben Vietors Schläfe. »Noch vier Minuten.«
Vietor begann wieder zu zittern. Kalter Schweiß brach ihm aus, und sein Hals wurde so eng, dass er kaum sprechen konnte. »Bitte, Captain Mahmud.« Es klang wie unartikuliertes Krächzen. »Bitte, lassen Sie mich mit denen reden.«
»Los.«
Mit bebender Hand übernahm Vietor das Mikrophon. »Tower, hören Sie mich?« Er musste mehrfach schlucken, so trocken war seine Kehle. »Er wird mich in vier Minuten töten, wenn sich die Soldaten nicht zurückziehen. Tower, bitte antworten Sie.« Seine Augen begannen zu brennen. »Bitte tun Sie etwas, bitte, bitte! Er wird mich erschießen! Bitte, bitte, tun Sie, was er verlangt. Sie können mich nicht einfach so sterben lassen. Ziehen Sie die verdammten Sol-

daten zurück, ich flehe Sie an! Wenn die nicht verschwinden, ist mein Leben vorbei.«
Seine Stimme versagte. Vom Tower kam nach wie vor keine Antwort. Die Soldaten draußen rührten sich nicht.
Mahmud erklärte: »Noch drei Minuten.«
Vietor begann zu heulen. Die Angst würgte ihn in der Kehle, das Wasser lief nur so aus seinen Augen. »O Gott«, schluchzte er, »o mein Gott! Hallo, Sie müssen mich hören, Tower! Sie können nicht zulassen, dass ich hier abgeknallt werde. Nehmen Sie die Soldaten weg, bitte, bitte! Ich will nicht sterben, ich will nicht ...« Er rutschte aus seinem Stuhl und fiel vor Mahmud auf die Knie, seine Hand noch immer um das Mikrophon gekrampft. »Er erschießt mich in drei Minuten – Sie können das nicht zulassen! Tun Sie was, tun Sie irgendwas! O Gott, o mein Gott, Captain Mahmud, bitte erschießen Sie mich nicht!«
Mahmud blickte ohne eine Regung auf den zitternden Kopiloten hinab. »Noch zwei Minuten.«
Jürgen Schumann hatte die ganze Zeit über schweigend dabeigesessen, jetzt mischte er sich ein. »Töten Sie ihn nicht«, sagte er zu Mahmud, »die im Tower hören Sie gar nicht. Bleiben Sie ruhig, Captain Mahmud, es ist nicht seine Schuld.«
Mahmud reagierte nicht. Die Sekunden verrannen.
Auch Schumann begann jetzt um das Leben seines Kopiloten zu betteln, der vor Mahmud kniete, zitternd und durchgeschwitzt. »Lassen Sie ihn leben, bitte, es hat keinen Sinn, ihn zu töten. Bitte, Captain Mahmud, das können Sie doch nicht machen. Lassen Sie ihn leben, ich bitte Sie, ich flehe Sie an.«
Vietor versuchte es ein letztes Mal. Er riss das Mikrophon

vor seinen Mund und schrie mit überkippender Stimme: »Die Soldaten weg! Weg mit den Soldaten! Erschieß mich nicht!«
Weitere endlose Sekunden. Schließlich antwortete der Tower: »Okay, wir versuchen die Soldaten am Flugzeug zu erreichen. Wir haben keine Funkverbindung zu ihnen.«
Mahmud sah reglos auf Vietor hinab und dann wieder auf seine Uhr. »Noch eine Minute.«
Schluchzend und zitternd sank Vietor vor ihm zusammen. Noch 50, noch 40 Sekunden. Mahmud entsicherte seine Waffe und drückte die Mündung gegen Vietors Kopf.
»Kommen Sie, Captain Mahmud, bitte«, rief Schumann, »töten Sie ihn nicht!«
Die letzten zehn Sekunden des makabren Countdowns hatten bereits begonnen, da bemerkte der Kapitän den Militärjeep, der von einem Hangar weit draußen mit rasendem Tempo auf sie zukam. »Da – ein Wagen«, schrie er, »zu den Soldaten – warten Sie!«
Der Terrorist ließ seine Waffe sinken und sah aus dem Fenster. Mit quietschenden Reifen stoppte der Jeep direkt unter dem Cockpit. Ein Offizier sprang heraus und wies seine Männer offenbar an, sich von dem Flugzeug zurückzuziehen.
Die Soldaten schulterten ihre Waffen und verschwanden im Dunkel der Nacht.
»Sie ziehen ab«, schluchzte Vietor, am Ende seiner Kräfte. »Sie ziehen ab, Captain Mahmud – bitte erschießen Sie mich nicht.«

17

Dem Kopiloten blieb nur wenig Zeit, sich von der erlittenen Todesangst zu erholen. Mahmud befahl, die *Landshut* augenblicklich aufzutanken, und auch die Verantwortlichen auf dem Airport Bahrain hatten es offenkundig eilig, die gekaperte Maschine wieder loszuwerden.

Bereits um 3 Uhr 24 mitteleuropäischer Zeit war das Flugzeug neuerlich in der Luft. Während ihres Aufenthalts am Boden waren im Passagierraum die Rollos geschlossen geblieben, und die Bewacher ließen ihre Geiseln nicht aus den Augen. Die meisten von ihnen schliefen. Eine gespenstische Stille herrschte in der Touristenklasse des Ferienfliegers, in den gestern Mittag lauter fröhliche, lachende, von ihren Stranderlebnissen erfüllte Urlauber eingestiegen waren. Und vier bis an die Zähne bewaffnete Terroristen.

Der arabische Raum war der mitteleuropäischen Zeitzone um drei Stunden voraus. Während Helmut Schmidt im Bonner Kanzleramt an seinem Schreibtisch kurzzeitig einnickte, ging über dem Scheichtum Dubai bereits die Sonne auf. Auf dem Tower des Wüsten-Airports hielten sich um diese Nachtstunde nur einige schläfrige Lotsen auf. Die Landebahnen waren auf Befehl des Staatschefs gesperrt worden. Doch im Tower rechnete niemand ernsthaft damit, dass die gekaperte deutsche Maschine ausgerechnet bei ihnen runterkommen würde. Und falls sie es doch versuchen sollten, würden sie einsehen müssen, dass sie in Dubai keine Chance hatten – die Pisten waren mit Feuerwehrwagen und Trucks blockiert.

Gegen 5 Uhr 30 mitteleuropäischer Zeit versuchte Kapitän

Schumann zum ersten Mal, den Tower von Dubai zu einer Landeerlaubnis zu bewegen. Die Antwort kam den Piloten ungut vertraut vor: »Sorry, der Flughafen ist gesperrt.«

Abermals riss Mahmud das Mikrophon an sich und brüllte seine Botschaft aus 8000 Fuß Höhe zum Tower hinab, diesmal auf Arabisch. Aber auch die Lotsen des Scheichtums schienen ihn nicht zu verstehen, oder vielleicht zogen sie es vor, Verständigungsschwierigkeiten vorzuschützen – Mahmud schrie ein ums andere Mal dieselben Sätze und steigerte sich immer mehr in heiseren Zorn.

Währenddessen erkannten Schumann und Vietor, dass die Landebahnen dort unten tatsächlich blockiert waren – schwere Fahrzeuge standen strategisch verteilt überall auf den Betonpisten.

»Die Taxiways sind frei«, sagte Vietor. Aber das half ihnen wenig – die Rollbahnen zu den eigentlichen Startpisten waren viel zu kurz für eine halbwegs kontrollierte Landung.

»Trotzdem müssen wir runter«, sagte Schumann. »Der Sprit ist bald schon wieder alle – und vielleicht haben wir ja Glück.«

Obwohl sie sich auf Englisch unterhielten, wie es Mahmud befohlen hatte, hatte der Terroristenchef ihren Wortwechsel offenbar missverstanden. Auf einmal spürte Schumann den Pistolenlauf an seinem Hinterkopf. »Sofort landen!«, schrie Mahmud. Er fuchtelte mit der Waffe zwischen den beiden Piloten herum und drückte sie dann Vietor an die Schläfe. »Ihr landet auf der Stelle!«

Verwundert registrierte Jürgen Vietor, dass ihm die Drohung des Entführers weniger zusetzte als in Bahrain. Wer einmal derartige Todesangst ausgestanden hatte, war anschließend offenbar wie abgestumpft. Mahmud würde sowieso nicht abdrücken, dachte der Kopilot.

Schumann versuchte zu erklären: »Wir gehen jetzt erst mal ein Stück tiefer und fliegen dann noch eine Schleife ...«

»Ihr landet!«, kreischte Mahmud aufs Neue dazwischen.

»... um zu schauen, wo wir am besten landen«, vollendete der Kapitän gleichmütig.

Seine Ruhe schien ansteckend zu wirken – auch Mahmud bekam seine Nerven wieder unter Kontrolle. Er ließ seine Waffe sinken, sagte »okay« und setzte sich wieder auf den Flugbeobachtersitz.

Jürgen Schumann rief die Stewardess Gabi Dillmann zu sich. Eigentlich hätte er sich an die Chefstewardess Hannelore Piegler wenden müssen, aber durch ihre souveräne und liebevolle Art war die blonde Gabi längst zur wichtigsten Vertrauensperson für die Passagiere geworden. Ihr glaubten die verängstigten Reisenden, wenn sie beruhigend auf sie einsprach, und Gabi war es auch, die ihnen immer wieder heimlich Informationen zukommen ließ.

»Alles für eine Notlandung vorbereiten«, wies er sie nun an. »Sorgt dafür, dass es keine Panik gibt.«

Kaum hatte Gabi das Cockpit wieder verlassen, da griff der Kapitän zum Funkmikrophon. »Lufthansa 181 an Tower Dubai, wir müssen jetzt runterkommen. Roger und Ende.« Er begründete seine Entscheidung nicht und wartete auch nicht auf eine Antwort aus dem Tower. »Dann also los«, sagte er zu Vietor.

Es war 7 Uhr 50 Ortszeit, als sie zum ersten Landeanflug runtergingen. Schumann und Vietor beobachteten, wie die Trucks und Feuerwehrwagen eilends gestartet und von der

Landebahn abgezogen wurden. Sie flogen eine weitere Schleife, dann landete Jürgen Vietor die Maschine so weich und mühelos wie auf ihrem Heimat-Airport Rhein-Main. Wieder griff Mahmud zum Mikrophon, doch er schien unfähig, zu erkennen, dass er ein ums andere Mal den gleichen Fehler beging. Er schrie seine Botschaft zum Tower hinüber, sprach mal Englisch, mal Arabisch, drohte mit der Sprengung der Maschine, verlangte, dass ihnen durch eine Frau Getränke gebracht würden – und die Lotsen oben auf ihrer Kontrollkanzel verstanden offenbar kaum ein Wort.

Als die *Landshut* zum Landen ansetzte, hatte der Kommandant des Flughafens Dubai eigenmächtig angeordnet, die Piste zu räumen – gegen den ausdrücklichen Befehl der Regierung. Entsprechend mulmig war ihm zumute, als er nun zum Telefon griff und sich mit dem Palast des Verteidigungsministers verbinden ließ.
Scheich Mohammed Bin Rashid Al Maktoum, Verteidigungsminister der Vereinigten Arabischen Emirate, denen das Scheichtum angehörte, war zudem ein Sohn des Herrschers von Dubai. Er war erst 29 Jahre alt und als Playboy mit einem Faible für Sportwagen einschlägig bekannt. Doch eines qualifizierte ihn für die Herausforderung, die im Flughafen auf ihn wartete: In seiner kurzen Amtszeit hatte er bereits dreimal mit Hijackern verhandeln müssen. Das Geständnis des Flughafenchefs, dass er die gekaperte deutsche Maschine habe landen lassen, nahm der junge Scheich gnädig auf. Was hätten die Verantwortlichen auch sonst machen sollen? Bei einer Bruchlandung wäre die Boeing höchstwahrscheinlich in Flammen aufgegangen –

und 91 verkohlte Leichen auf dem Rollfeld von Dubai würden auch den Verteidigungsminister nicht gerade wie einen kompetenten Politiker aussehen lassen.
Scheich Mohammed traf eilends einige Anordnungen. Dann wies er seinen Fahrer an, den Ferrari aus der Garage zu holen und ihn mit Höchstgeschwindigkeit zum Airport zu bringen. So ließ sich die Pflichterfüllung zumindest mit ein wenig Spaß verbinden. In Rekordzeit erreichten sie den Flughafen, und der Scheich eilte in den Tower.
Die hemdsärmeligen Lotsen begrüßten die traditionell gewandete Hoheit voller Ehrfurcht. Der Prinz ließ sich ein Fernglas reichen. Auf dem Rollfeld in einer Außenposition stand die gekaperte Lufthansa-Maschine – und hinter den angrenzenden Dünen verschanzte sich soeben eine Einheit seiner Fallschirmjäger, wie Scheich Mohammed es befohlen hatte. Außer Sichtweite der *Landshut* gingen überdies ein halbes Dutzend Panzer in Stellung.

In Deutschland war es erst sechs Uhr früh, doch im Kanzleramt tagte bereits wieder der Kleine Krisenstab. Soeben hatten sie die Neuigkeit erfahren: Landung der LH 181 in Dubai.
Staatsminister Wischnewski informierte die Anwesenden kurz über Scheich Mohammed, den Verteidigungsminister, mit dem er bereits mehrfach persönlich zusammengetroffen war. »Noch ein junger Mann, aber gerade mit Flugzeugentführungen hat er schon einige Erfahrungen gemacht.«
Der Kanzler hatte in der vergangenen Nacht kaum eine Stunde Schlaf bekommen, dennoch wirkte er energisch und hellwach. »Ich sehe drei Operationsmodelle«, erklärte

er nach kurzem Überlegen. »Erstens: Dubais Soldaten greifen allein die Maschine an. Zweitens: Es kommt zumindest zu einer gemeinsamen Aktion deutscher und arabischer Spezialisten. Oder drittens, und das wäre natürlich die beste Option: Die Potentaten am Golf willigen ein, dass die GSG 9 das Kommandounternehmen in eigener Regie durchführt.«

Georg Leber meldete sich zu Wort. »Darf der Bundesgrenzschutz überhaupt außerhalb des Nato-Gebiets operieren?« Als Nachfolger Helmut Schmidts auf dem Stuhl des Verteidigungsministers hatte der gelernte Maurer im Kabinett keinen leichten Stand. Doch wegen seiner menschlichen und volkstümlichen Art war »Schorsch« Leber bei der Truppe sehr beliebt.

»Wenn die jeweilige Regierung einverstanden ist«, dozierte Werner Maihofer, »ist der Einsatz auch außerhalb der Nato-Grenzen kein Problem.«

Kanzleramts-Staatssekretär Schüler trat ein und flüsterte dem Kanzler etwas ins Ohr.

»Aber mit einem Bundeswehrtransporter dürfen die dann nicht fliegen, oder?«, fragte Leber.

Helmut Schmidt stand auf und folgte Schüler zur Tür. »Dann werden die Kreuze eben übermalt«, sagte er in genervtem Tonfall zu seinem Nachfolger auf der Hardthöhe. »Meine Herren, ich muss jetzt zum Lagevortrag des BND. Wir sehen uns um zwölf Uhr.«

Einmal mehr war es Hans-Jürgen Wischnewski, der den Kanzler nochmals zur Rede zu stellen wagte. »Und wie willst du das bei den Arabern durchsetzen, Helmut?«

»Ganz einfach: Wir schicken jemanden hin, der sich da unten bestens auskennt.«

»Und wer soll das sein, Herr Krisenmonarch?«, spöttelte »Ben Wisch«.
Schon in der Tür wandte sich Helmut Schmidt noch einmal um. »Du, Hans-Jürgen.«

Auf dem Flughafen Dubai verhandelte derweil Scheich Mohammed per Funk mit den Terroristen. Der Verteidigungsminister hielt sich für einen gewieften Unterhändler. Seine Strategie lief darauf hinaus, auf die Forderungen von Entführern immer nur so weit einzugehen, wie diese ihm gleichfalls entgegenkamen.
Als Erstes versuchte er es mit einer Maximalposition. »Sind Sie bereit, alle Passagiere freizulassen?«
»Nein«, antwortete Mahmud.
»Dann lassen Sie zumindest Frauen und Kinder frei.«
»Nein.«
»Sind Sie bereit, Geiseln auszutauschen?«
»Nein.«
»Bitte denken Sie darüber nach«, sagte Scheich Mohammed, der glaubte, bei seinem Gesprächspartner bereits erste Anzeichen für ein baldiges Einlenken zu spüren.
Doch im nächsten Moment erhielt seine Zuversicht einen gewaltigen Dämpfer. »Nein«, sagte Mahmud ein weiteres Mal. »Und nun hören Sie mir zu, Hoheit: Wenn meine deutschen Kameraden nicht bis Sonntag, den 16. Oktober, neun Uhr mitteleuropäischer Zeit, aus den deutschen Foltergefängnissen freigekommen sind, werde ich das Flugzeug in die Luft sprengen.«

18

In seinem Büro im Bundeskanzleramt saß Helmut Schmidt mit einem Abteilungsleiter des BND und zwei Referenten am Besprechungstisch. Der Film, den ihm die Spezialisten vom Bundesnachrichtendienst eben vorgeführt hatten, war auf einem makabren Standbild eingefroren: das blutige Gesicht einer jungen Frau in Nahaufnahme, die Augen so stark verdreht, dass unter den weit offenen Lidern nur das Weiße der Augäpfel zu sehen war. Die Frau war ohne Zweifel tot.

Die israelische Spezialeinheit hatte diese Filmaufnahmen unmittelbar nach ihrem Einsatz in Entebbe angefertigt. Ein Chaos aus zerstreutem Handgepäck, umgeworfenen Sitzmöbeln, Blut und Leichen in der Empfangshalle des ugandischen Airports hatte dem Kanzler noch einmal vor Augen geführt, was für ein schreckliches Ende eine gewaltsame Geiselbefreiung nehmen konnte – selbst wenn sie von einer hochprofessionellen Antiterroreinheit durchgeführt wurde.

Aber nicht deshalb hatten die BND-Männer sein Büro abgedunkelt und den Entebbe-Film im Schnelldurchlauf vorgeführt. Der Abteilungsleiter deutete auf das Standbild. »Brigitte Kuhlmann und ein weiterer westdeutscher Terrorist von den Revolutionären Zellen gehörten damals zu den Geiselnehmern der Air-France-Maschine«, sagte er. »Die Mehrzahl des Kommandos stammte von der PFLP, der Volksfront für die Befreiung Palästinas, einer marxistisch-leninistischen Splittergruppe der PLO.«

»Ich erinnere mich gut daran«, sagte der Kanzler. »Ist ja

noch nicht lange her.« Das Blutbad von Entebbe hatte sich am 4. Juli 1976 ereignet, und keiner der direkt oder indirekt Beteiligten würde es je wieder vergessen. »Aber warum kommen Sie mir jetzt damit?«

»Aus einem einfachen Grund, Herr Bundeskanzler«, sagte einer der beiden Referenten. »Der Tarn- oder Kampfname, unter dem Brigitte Kuhlmann damals mitgemacht hat, war Martyr Halimeh, die Märtyrerin Halimeh. Und genau so nennt sich jetzt auch das Kommando, das die *Landshut* entführt hat.«

Der Kanzler steckte sich eine Zigarette an und nahm einen tiefen Zug. »Sie meinen also, da steckt jetzt die gleiche Organisation dahinter wie in Entebbe – wieder die kommunistischen Palästinenser von der PFLP?«

»Wir haben keinen Zweifel.« Der Abteilungsleiter legte dem Kanzler zwei Fotografien vor. Die eine zeigte eine männliche Person, die offenbar während eines Empfangs von der Seite aufgenommen worden war, allerdings aus großer Entfernung, so dass wenig zu erkennen war. Das zweite Bild war eine Ausschnittvergrößerung: Es zeigte das Profil des Mannes ein wenig verschwommen, aber deutlich genug, um seine Identifizierung zu erlauben.

»Das ist Dr. Wadi Haddad«, erläuterte der erste Referent, »Kampfname Abu Hani, einer der gefährlichsten Terroristen der Welt. Er steht an der Spitze der PFLP und ist für deren Auslandsoperationen zuständig: Entführungen, Attentate. Die Geiselnahme von Entebbe hat er von Mogadischu aus geleitet, der Hauptstadt Somalias.«

Der Kanzler musterte die beiden Fotografien. »Haddad gilt als der Pate des internationalen Linksterrorismus«, erläuterte der zweite BND-Experte. »Die Liste der Gruppen, die er weltweit mit Waffen und Logistik unterstützt, liest sich wie ein Who's who des Terrorismus: von der irischen IRA über die baskische ETA oder die italienischen Roten Brigaden bis hin zur RAF.«

»Aber eines ist diesmal anders«, ergriff der Abteilungsleiter wiederum das Wort. »Die haben schon mehr als einmal westliche Terroristen für ihre Anschläge benutzt. Aber dass die PFLP ihrerseits einen Anschlag für eine westliche Terrorgruppe ausführt – das hat es noch nie gegeben.«

Helmut Schmidt schob die beiden Fotografien übereinander und stand auf. Mit dem Rücken zum Raum blieb er einige Augenblicke am Fenster stehen.

»Sie meinen also«, sagte er dann und wandte sich wieder um, »dass noch jemand anderes dahintersteckt? Aber wer sonst sollte ein Interesse daran haben, die Maschine zu entführen?«

Der Abteilungsleiter sagte mit Nachdruck: »Die Sowjets.«

Helmut Schmidt schüttelte den Kopf. »Das ist doch absurd.«

»Die Fakten sprechen eine andere Sprache, Herr Bundeskanzler. Die Briten haben uns erst vor kurzem die Aussagen eines sowjetischen Überläufers zugespielt – in den Reihen der PFLP gibt es demnach einen hochrangigen KGB-Agenten. Sein Deckname: Nationalist.«

»Wissen wir, wer das ist?« Der Kanzler klang nun schon weniger skeptisch.

»Nach unserer Kenntnis niemand anderes als Dr. Wadi Haddad – angeworben von KGB-Chef Andropow höchstpersönlich.«

Der Kanzler rieb sich nachdenklich die Stirn. Wenn diese Informationen auch nur halbwegs zutrafen, konnte die

Landshut in den Strudel internationaler Konflikte geraten – diplomatischer, wenn nicht sogar militärischer Art.
»Danke, meine Herren.« Er verabschiedete die BND-Beamten und begab sich in den Sitzungssaal, wo das Kabinett um 10 Uhr 45 zu einer Sondersitzung zusammenkam. Einziger Tagesordnungspunkt: die Strategie der Regierung gegenüber den Entführern der *Landshut*.
Das Kabinett tagte bis halb zwölf Uhr mittags. Bundesjustizminister Hans-Jochen Vogel trug die Einschätzung seines Hauses vor, dass von Gesetzes wegen die Erfüllung der Forderungen von Terroristen weder geboten noch unzulässig sei. Vielmehr müsse die Regierung nach staatspolitischer Abwägung zwischen den verschiedenen erkennbaren Bedrohungen entscheiden – der Lebensgefahr für die Geiseln und der Gefährdung der Gesamtheit der Bundesbürger, sofern Massenmörder mit terroristischem Hintergrund auf freien Fuß gesetzt würden.
Die Sondersitzung endete mit einem einvernehmlichen Beschluss: Es sollte alles Erdenkliche unternommen werden, um die Geiseln zu retten, ohne die Gefangenen freizulassen – von der Ausschöpfung aller Verhandlungsspielräume bis zu einer gewaltsamen Befreiung durch die Antiterror-Spezialisten des Bundesgrenzschutzes.
Diesen Beschluss ließ sich Helmut Schmidt gleich danach auch vom Großen Politischen Beratungskreis absegnen, dem die Partei- und Fraktionsvorsitzenden aller im Bundestag vertretenen Parteien angehörten. Auf diesen breiten Konsens gestützt, schickte er dann seinen Staatsminister Wischnewski nach Dubai.
»Ben Wischs« Auftrag: alle diplomatischen Mittel auszuschöpfen, um die Befreiung der Geiseln zu erreichen. Das

schloss Verhandlungen mit der Regierung der Vereinigten Arabischen Emirate ein, um diese für den Einsatz der GSG 9 in Dubai zu gewinnen.

Nachdem die dramatische Landung der *Landshut* geglückt war, hatten sich die Geiseln in der Touristenklasse zunächst ein wenig entspannt.
Sie bekamen eine schlichte Mahlzeit vom Catering Service des arabischen Airports – Hühnchensalat und einen Pfirsich. Die Terroristen erlaubten ihnen sogar großzügig, die Toiletten zu benutzen. Gabi Dillmann informierte sie flüsternd, dass sie sich in Dubai befanden und das Ultimatum der Entführer erst in zwei Tagen, am Sonntag um 13 Uhr Ortszeit, auslaufen würde. Bis dahin durfte man sich halbwegs sicher fühlen – allerdings nur so lange, bis Mahmud dazu überging, sich einzelne Passagiere in die First Class bringen zu lassen.
Der Terroristenchef hatte gleich zu Beginn der Entführung angeordnet, alles Handgepäck der Geiseln nach vorne zu schaffen. Zusammen mit der »Kleinen« durchwühlte er nun Board Cases und Handtaschen – auf der Suche nach Hinweisen auf »zionistische« Passagiere an Bord. Im Pass von Diana Schneider wurde er scheinbar fündig: Die 18-jährige Schönheitskönigin hieß mit zweitem Rufnamen Sarah.
»Bring sie mir her«, befahl er der »Kleinen«.
Die junge Terroristin stürzte sogleich los, um den Befehl auszuführen. Sie eilte den Gang in der Passagierkabine entlang und deutete schon von weitem auf das blonde Mädchen. »Aufstehen!«, schrie sie. In der Linken die entsicherte Handgranate, packte sie mit der rechten Hand

Diana Schneider bei den Haaren und zerrte sie aus ihrem Sitz. »Mitkommen!«
Mit Schlägen und Drohungen trieb sie das schluchzende Mädchen vor sich her in die First Class. Sie versetzte Diana einen Tritt, und die Blondine stolperte vor Captain Mahmud, der auf einem Sitz zwischen durchwühlten Taschen und Tüten thronte. »Runter!«, schrie er das verängstigte Mädchen an und zielte mit der Makarow auf ihren Kopf. »Auf die Knie mit dir. Hände hoch!«
Diana kniete sich vor ihn, die Hände erhoben. Tränen vernebelten ihr den Blick, aber sie wagte es nicht, eine Hand herunterzunehmen, um sich über die Augen zu wischen. So konnte sie im ersten Moment kaum erkennen, womit Mahmud ihr vor dem Gesicht herumfuchtelte.
Dann wurde ihr klar, dass es ihr eigener Reisepass war.
»Ist das dein Pass?«, schrie Mahmud. »Du bist eine Jüdin!«
Mit allem hatte Diana gerechnet, aber nicht mit diesem Vorwurf. »Jüdin? Nein, nein«, stammelte sie. »ich bin nicht jüdisch!«
»Hier steht, du heißt Sarah«, tobte der Terroristen-Boss. »Also bist du Jüdin!« Er warf ihr den Pass ins Gesicht, packte sie bei den Haaren und zerrte ihren Kopf hin und her. »Gib es zu«, schrie er, »du bist eine verdammte jüdische Hure, gib es zu!«
»Ich bin keine Jüdin, bitte glauben Sie mir. Ich bin Protestantin!«
»Gib es zu«, brüllte Mahmud, »du bist eine jüdische Schlampe!«
Er schlug ihr ins Gesicht. Diana schrie vor Angst und Schmerzen. Das ganze Flugzeug hallte von ihren Schreien

wider. Bis in die hinterste Reihe der Touristenklasse, wo die anderen Disko-Blondinen saßen, waren die Schläge und Dianas Schreie zu hören. »Gib es zu!«, brüllte Mahmud. »Gib es zu!«

Die Schmerzensschreie gingen in Wimmern über. Dazu waren Geräusche zu hören, als ob Mahmud dem Mädchen Tritte versetzte.

Auch Gabi Dillmann kroch die Angst in der Kehle hoch. Sie saß neben der älteren Dame, die zu Beginn der Entführung in ihren Armen ohnmächtig geworden war. Die Frau zitterte und umklammerte mit der Linken krampfhaft ihr rechtes Handgelenk, auf dem die KZ-Nummer eintätowiert war. Bei jedem Schlag und jedem Schrei, der aus der First Class zu ihnen drang, wurde ihr Zittern stärker.

Die junge Stewardess streichelte ihr über den Arm, aber sie brachte kein Wort hervor. Jedes beruhigende oder tröstliche Wort, das sie nun hätte sagen können, kam ihr hohl und verlogen vor. Sie werden uns alle umbringen, dachte Gabi.

Im nächsten Moment stand die »Kleine« vor ihr. »Mitkommen«, befahl sie der Stewardess auf Englisch.

Gabi erhob sich. Jetzt bin ich dran, dachte sie. Jetzt werde ich von Mahmud gefoltert. Sie folgte der Araberin in die erste Klasse. Diana Schneider kniete am Boden vor dem Terroristen-Chef. Sie sah verweint aus, ein Auge war blau geschlagen.

»Stewardess!« Mahmud fuchtelte mit einem Reisepass in der Luft herum. »Kann man aus deutschen Pässen ersehen, welcher Religion die betreffende Person angehört?«

Gabi musste erst einmal durchatmen. »Nein, das geht nicht«, sagte sie dann. »Nur die persönlichen Daten werden aufgeführt – Körpergröße, Augenfarbe und so weiter. In Deutschland ist die Religion nicht so wichtig.«

»Für uns ist sie sehr wichtig«, verkündete Mahmud. Er sah von dem aufgeblätterten Pass zu der Geisel am Boden. Dann hob er einen Fuß und trat Diana Schneider ins Gesicht. »Du bist eine Jüdin!«, schrie er erneut.

Das Mädchen begann wieder zu wimmern. Mahmud trat sie in den Bauch. »Du bist eine Jüdin.« Sie kippte seitlich um, doch der Terror-Chef bearbeitete sie weiter mit seinem Stiefel. Er trat sie in den Unterleib und schrie ein ums andere Mal: »Du bist eine Jüdin – gib es zu!«

Gabi Dillmann war kurz davor, die Selbstbeherrschung zu verlieren. Sie fühlte sich schuldig, weil sie nichts unternahm, um das Mädchen vor ihrem Peiniger zu schützen. Aber was hätte sie schon tun können? Trotzdem kam sie sich feige vor – schließlich war es ihr Beruf, die Passagiere sicher zum Ziel zu geleiten. Jetzt aber stand sie einfach nur da, gelähmt vor Angst, dass Mahmud als Nächstes sie selbst foltern würde.

Schließlich spürte sie den Blick der »Kleinen« auf sich. Mahmuds Kumpanin machte ihr ein Zeichen, die First Class wieder zu verlassen. Während der Terrorist abermals auf das wimmernde Mädchen eintrat, stolperte die Stewardess zurück in die Touristenklasse. »Gib zu, du bist eine Jüdin!«, schrie er wieder. Hinter Gabi Dillmann zog die »Kleine« den Vorhang zur First Class zu.

19

Als Diana Schneider eine Stunde darauf in die Touristenklasse zurückkam, war sie kaum mehr wiederzuerkennen. Gesicht und Arme waren mit Blutergüssen und blauen Flecken übersät. Auf ihrem Kopf schimmerten fünfmarkstückgroße Stellen blanker Kopfhaut durch die blutverkrusteten Haare. Offenbar hatten Mahmud und die »Kleine« sie von Kopf bis Fuß mit Schlägen und Tritten gepeinigt und ihr büschelweise Haare ausgerissen, damit sie endlich zugab, eine Jüdin zu sein.

Als sie durch den Gang zu ihrem Sitz zurückging, brachten nur wenige die Kraft auf, sie anzusehen. Diana ging vornübergebeugt, beide Hände an ihren Oberkörper gedrückt, vor Schmerzen immer noch wimmernd. Als sie neben Jutta auf ihren Platz sank, nahm die ältere Blondine ihre Hand und versuchte, das Mädchen zu trösten. Aber auch sie musste ihren ganzen Mut zusammennehmen, um Diana zumindest von der Seite anzusehen.

Gabi Dillmann hatte sich wieder auf den freien Platz neben der etwa 60-jährigen Frau mit der KZ-Tätowierung gesetzt. Sie musste ihre Angst unter Kontrolle bringen, sagte sich die Stewardess, es war ihre Pflicht, die Reisenden zumindest so gut zu schützen, wie das unter den herrschenden Bedingungen möglich war. Wenn sie nun auch noch anfing, wie so viele der Passagiere vor Angst zu zittern und zu weinen, dann würde hier das totale Chaos ausbrechen.

Während sie sich auf diese Weise Mut zu machen versuchte, wurde erneut der Vorhang zur First Class aufgerissen, und die »Dicke« kam heraus. In der einen Hand hielt sie wie üblich eine Handgranate, in der anderen einen deutschen Reisepass. Ihr Blick schweifte zwischen dem aufgeblätterten Dokument und den Geiseln in den Sitzreihen hin und her. Alle hielten den Atem an. Die Leute senkten die Köpfe, und wohl jeder hoffte inständig, dass die Terroristin den Pass irgendeines anderen armen Hundes in Händen hielte – egal von wem, nur nicht von einem selbst.

»Du kommst mit!«, stieß die »Dicke« schließlich hervor und deutete auf eine Frau mittleren Alters. Sie hieß Ruth Schuster, und so unauffällig wie ihr Name war bis dahin auch ihr ganzes Benehmen gewesen: Eigentlich hatte niemand bemerkt, dass sich diese ungefähr 40-jährige Frau mit den schulterlangen brauen Haaren überhaupt an Bord befand.

Nun überlief sie ein Zittern, stumm schüttelte sie den Kopf und sah ihre Peinigerin flehentlich an. Aber die »Dicke« packte sie am Arm und zerrte sie aus ihrem Sitz. »Mitkommen!«

Die ältere Frau neben Gabi Dillmann zitterte wie im Krampf. »Als Nächste bin ich dran«, murmelte sie, während die »Dicke« hinter ihrem neuesten Opfer den Vorhang zur ersten Klasse schloss.

»Auf die Knie. Du bist eine zionistische Hure, gib es zu!«, brüllte vorn in der Maschine Mahmud.

Dann wieder Schläge. Beteuerungen. Gebrüllte Fragen und Befehle. Tritte. Wimmern. Viele Passagiere hielten sich die Ohren mit den Händen zu. Ihre Gesichter waren vor Angst und Schmerzen verzerrt, so als ob sie selbst bereits vor Mahmud auf den Knien lägen.

»Sag mir nach: Ich bin Jüdin!«

»Aber ich schwöre …«
Dann ein grässliches Geräusch, wie von brechenden Knochen. Die Frau hinter dem Vorhang begann auf eine Weise zu wimmern, die kaum mehr menschlich klang.
Die ältere Dame beugte sich etwas näher zu ihrer Nachbarin. »Ich bin wirklich Jüdin«, sagte sie sehr leise.
Und genauso leise antwortete Gabi: »Ich weiß.«
»Die Nazis habe ich überlebt – und jetzt werden die da vorne mich holen.«
Gabi streichelte ihr fahrig über den Unterarm. Das darf nicht passieren, dachte sie nur immer wieder. Ich muss dafür sorgen, dass dieser Frau nichts geschieht. »Wie heißen Sie denn«, fragte sie schließlich, während aus der First Class weiter Schläge und Wimmern ertönten. Diana Schneider war es zum Verhängnis geworden, dass sie mit zweitem Vornamen Sarah hieß. Und auch die arme Frau, die Mahmud jetzt hinter dem Vorhang drangsalierte, musste zweifellos dafür büßen, dass er sie aufgrund ihres Namens für »jüdisch« hielt.
»Lyvia Vamos.«
»Dann brauchen Sie keine Angst zu haben«, sagte Gabi. »Da merken die nichts.«
»Am Namen vielleicht nicht.« Die Frau war schon wieder so grau im Gesicht, als ob sie gleich das Bewusstsein verlieren würde. »Aber wenn die in meinem Pass sehen, wie oft ich in Jerusalem und Tel Aviv war, dann haben die mich …«
Lyvia Vamos vergaß, ihren Satz zu Ende zu sprechen. Der Vorhang zur First Class flog zur Seite, so dass Ruth Schuster zu sehen war, die vor Mahmud kniete. Ihr Gesicht war grün und blau geschlagen. Sie streckte die gefalteten

Hände zu ihrem Peiniger empor und sprach wie rasend, mit hoher, winselnder Stimme auf ihn ein.
»Ich tue alles, was Sie verlangen. Sagen Sie mir, was Sie wollen, und ich mache es sofort!«
Mahmud sah reglos auf sie herab, die Pistole auf ihre Stirn gerichtet. »Morgen früh um acht Uhr werde ich dich erschießen.«
Ruth Schuster hielt ganz kurz inne, dann redete sie noch rascher, noch atemloser weiter. »Bitte lassen Sie mich Ihrer Organisation beitreten. Bilden Sie mich aus – ich mache alles mit, alles. Bitte, bitte lassen Sie mich an Ihren Aktionen teilnehmen. Setzen Sie mich ein, wofür Sie wollen.«
Der Terroristen-Chef hob einen Fuß und trat ihr mit der Stiefelspitze in den Bauch. »Zurück auf deinen Platz. Verschwinde – oder ich erschieße dich heute schon.«
Wimmernd und weiterhin Beteuerungen stammelnd kroch die Frau auf allen vieren durch den Gang zurück zu ihrem Platz. Wieder wagte kaum eine der anderen Geiseln die Gefolterte auch nur anzusehen. Lyvia Vamos begann aufs Neue wie im Krampf zu zittern.
Gabi umschloss ihre Hand fester. »Passen Sie auf«, flüsterte sie. »Wenn die Sie fragen: Sie sind katholisch. Deshalb reisen Sie immer nach Jerusalem. Sie sind sehr gläubig. Reisen bei jeder Gelegenheit ans Heilige Grab. Der nächste Flughafen ist Tel Aviv – so machen das alle Pilger, die von Europa nach Israel reisen.«
Sie hatte kaum fertig gesprochen, da öffnete sich der Vorhang aufs Neue. Die »Dicke« kam heraus und sah sich suchend in der Touristenklasse um. Als ihr Blick Lyvia Vamos traf, schloss die KZ-Überlebende vor Angst die Augen. Aber die Terroristin ging achtlos an ihr und Gabi

Dillmann vorbei und den ganzen Gang hinunter, bis sie am Ende der Economy vor Birgit Röhll stehen blieb.

»Mitkommen!«, sagte sie auf Englisch zu der blonden Frau, die kurz vor Abflug in Palma de Mallorca noch eine verspätete Ansichtskarte geschrieben hatte.

Neben Gabi Dillmann atmete Lyvia Vamos erleichtert auf.

»Na los, mitkommen«, schnauzte die »Dicke«.

Birgit Röhll erhob sich. Trotz ihrer Urlaubsbräune sah ihr Gesicht mehlweiß aus, als sie neben die Terroristin in den Gang trat.

Die »Dicke« schubste sie vor sich her.

»Wohin gehst du, Mami?«, fragte der zehnjährige Stefan und sah ihr ängstlich hinterher. Frau Röhll wollte sich noch einmal zu ihrem Sohn umwenden. Aber die »Dicke« gab ihr von hinten einen Tritt, und im nächsten Moment waren beide hinter dem Vorhang verschwunden.

In der Touristenklasse hielten alle den Atem an, gefasst darauf, gleich wieder Schläge und Schreie zu hören. Doch stattdessen war nur Mahmud zu vernehmen, der in unerwartet freundlichem Tonfall sagte: »Sit down.«

In der First Class sah sich Birgit Röhll suchend um. Die Angst schnürte ihr die Kehle ab. Immer noch glaubte sie die Schreie der armen Frau zu hören, die vor ihr von Mahmud gefoltert worden war.

Wohin sollte sie sich setzen? Mahmud thronte auf einem freigeräumten Sitz. Auf allen anderen Plätzen stapelten sich Taschen, Tüten, Haufen von wahllos zusammengeworfenen Habseligkeiten. Zaghaft setzte sie sich auf eine Armlehne.

Im selben Moment bekam Mahmud einen seiner Wutan-

fälle. »Runter, runter!«, brüllte er auf Englisch. Er zielte mit der Makarow auf ihren Kopf. »Auf die Knie!«
Birgit Röhll kniete sich vor ihn in den Gang.
»Zionistenhure!«, tobte Mahmud. »Wie erklärst du das? Was ist das hier?« Er hielt ihr den Montblanc-Schreiber vor die Nase.
»Das ist ein Füller«, sagte Birgit Röhll mit erstickter Stimme.
Mahmud gab ihr eine heftige Ohrfeige. Das Blut begann in ihrem rechten Ohr zu rauschen. »Was ist das hier?«, schrie er wieder. Mit der Pistolenmündung zeigte er auf das Markenzeichen von Montblanc. Er ohrfeigte sie von Neuem.
»Das … das Zeichen der Firma«, stammelte Birgit Röhll. »Sie heißt nach einem Berg, in Frankreich … nach einem Berg.« In ihrer Panik fiel ihr der Name des verdammten Bergs nicht mehr ein – dabei hatte sie doch gerade erst ihrem Sohn davon erzählt.
»Ein Berg?«, schrie Mahmud. »Ein Berg? Du lügst erbärmlich. Das ist der Davidsstern – und du bist eine dreckige Judenhure!« Wieder schlug er sie ins Gesicht.
»Nein, ich bin keine Jüdin … keine Jüdin, bitte glauben Sie mir!«
Er trat ihr heftig gegen das Knie. Birgit Röhll begann zu weinen. Mit angewidertem Gesichtsausdruck wandte sich Mahmud an die »Dicke«. »Zurück zu ihrem Sitz mit der Jüdin. Und du«, sagte er dann zu seinem Opfer, »kommst morgen früh um acht zu deiner Hinrichtung wieder hierher, verstanden?«
»Bitte, bitte«, schluchzte sie, »lassen Sie mich leben.«
Die »Dicke« packte sie beim Kragen und zerrte sie hoch. »Mitkommen!«

Doch kaum war die blonde Frau neben ihrem Sohn auf den Sitz in der Touristenklasse gesunken, da kam Mahmud hinter ihr hergestürzt. In der Hand hielt er den Reisepass von Birgit Röhll, die gerade ihren Sohn zu beruhigen versuchte. »Hier ist der Beweis«, schrie Mahmud, »dein Mädchenname ist Grünewald – also bist du eine Jüdin!«
Er blieb neben ihr stehen und setzte ihr die Pistole an die Schläfe. Mit der anderen Hand schlug er ihr wieder und wieder ins Gesicht. »Dreckige Judenhure!« Er spie sie an und schlug weiter auf sie ein.
»Ich bin nicht ... ich bin keine ...«, stammelte Birgit Röhll.
Schreckensstarr hatte der zehnjährige Stefan zugesehen, wie seine Mutter von dem bewaffneten Mann geschlagen und bedroht wurde. Plötzlich richtete Mahmud seine Waffe auf den Jungen. »Ist deine Mutter Jüdin?«, brüllte er auf Englisch.
»Was, Mami? Was sagt er?«
Der Reisende, der neben Stefan auf dem Fensterplatz saß, nahm all seinen Mut zusammen. »Er will wissen, ob deine Mutter jüdisch ist.«
Stefan sah den furchterregenden Mann mit der Pistole so fest an, wie er nur konnte. »Nein!«, sagt er. »Ist sie nicht.«
Er hatte keine Ahnung, wovon überhaupt die Rede war. Aber er spürte umso klarer – wenn sie den Verbrecher nicht davon überzeugen konnten, dass seine Mutter keine Jüdin war, würde der sie erschießen.
Außer sich vor Zorn sah Mahmud von dem Jungen zu Birgit Röhll. Ohne dass der Terrorist es bemerkt hätte, war einige Reihen weiter der verwirrte alte Mann aufgestanden, der schon beim Start in Mallorca kaum gewusst hatte, wo er sich befand. Seitdem schien sich sein Verstand noch

weiter getrübt zu haben – Gabi Dillmann hatte im Vorbeigehen mehrfach mitbekommen, wie er sinnloses Zeug vor sich hin gebrabbelt hatte.
Jetzt schien er zu der Ansicht gelangt zu sein, dass er sich in einem Restaurant befand. »Zahlen, bitte«, rief er und sah sich offenbar nach einem Kellner um. Als keiner erschien, zuckte er die Schultern, griff in das Gepäckfach über seinem Sitz und nahm einen Hut heraus. Während er sich die altmodische Kopfbedeckung aufsetzte, bemerkte er Mahmud, der einige Schritte vor ihm stand und ihn mit einem Ausdruck ungläubiger Wut beobachtete. »Ah, Herr Ober, da sind Sie ja«, sagte der Alte zu ihm. »Zahlen, bitte!«
Mahmuds Gesicht wurde kalkweiß. »Hände hoch, alle und sofort!«, brüllte er. Die Geiseln in den Sitzreihen gehorchten auf der Stelle. Nur der alte Mann blieb neben seinem Platz stehen, den Hut auf dem Kopf, und sah den »Kellner« verständnislos an.
Mit drei Schritten war der Terrorist bei ihm und drückte ihm die Pistole an die Stirn. »Was willst du, alter Mann? Ich bring dich um, ich knall dich ab!«
Der dreijährige Steffen, dem Gabi Dillmann zu Anfang ihrer Reise ein Comicheft gebracht hatte, begann zu weinen. Er saß nur wenige Schritte neben dem alten Mann, dem Mahmud die Pistole an die Stirn gedrückt hielt. Auch wenn er sicher nicht verstand, was da vor sich ging, schien er die bedrohliche Atmosphäre zu spüren.
»Ich erschieß dich«, schrie Mahmud wieder, da gab sich Gabi einen Ruck und stand auf.
»Captain Mahmud, bitte.« Sie eilte den Gang entlang und schob sich zwischen den Terroristen und den alten Mann. Die Pistole war jetzt auf sie gerichtet, aber in diesem Mo-

ment spürte sie keine Angst. »Der alte Mann ist verwirrt«, sagte sie, »er versteht gar nicht, was Sie sagen. Bitte, lassen Sie ihn.«

Für einen langen Moment sah Mahmud sie düster an, die Waffe auf ihr Herz gerichtet. Dann wandte er sich ab und ging zur First Class zurück. Doch ehe er hinter dem Vorhang verschwand, drehte er sich noch einmal um. »Die drei jüdischen Huren werden morgen um acht Uhr hingerichtet.«

20

Um 15 Uhr 50 mitteleuropäischer Zeit startete auf dem Flughafen Frankfurt am Main die Boeing 707 *Köln* mit Staatsminister Wischnewski an Bord. Der Vertraute des Kanzlers reiste mit einer 22-köpfigen Delegation nach Dubai. Mit dabei war der Psychologe Wolfgang Salewski, dessen Teilnahme der Staatsminister nur auf ausdrücklichen Wunsch des Kanzlers akzeptiert hatte. »Ich brauche keinen Wahrsager«, hatte er sich gewehrt, doch Helmut Schmidt wollte in diesem Punkt nicht mit sich reden lassen: »Das ist ein Spezialist für solche Situationen, der Beste aus Herolds Stall.« Und so war der 34-jährige Blondschopf mit der Langhaarfrisur und dem lässigen Auftreten eines Diskjockeys zum Mitglied der deutschen Regierungsdelegation ernannt worden, die in Dubai versuchen sollte, das Leben der 91 Geiseln zu retten.

Salewski war eigentlich Industrieberater, ein gesuchter

Experte für Marketingstrategien. Doch bereits nach der Geiselnahme während der Olympischen Spiele 1972 war er vom Münchner Polizeidirektor Schreiber damit beauftragt worden, eine Gruppe von Spezialisten für die Verhandlung mit Entführern und Geiselnehmern zu trainieren. Salewski hatte einen Schulungsfilm produzieren lassen, um Polizisten und anderen Verantwortlichen beizubringen, wie sie sich im Kontakt mit Kidnappern und Hijackern verhalten sollten. Auch im Entführungsfall Schleyer war er als Berater des Bundeskriminalamtes tätig.

Während ihn die Boulevardpresse mit der Aura eines Magiers umgab, bezeichnete Salewski selbst sich nüchtern als Handwerker. Seine Strategie bei der Verhandlung mit Entführern brachte er auf einen simplen Nenner: Man müsse sich in die Situation der Verbrecher hineinversetzen. Anstatt sie zu verunsichern und unter Druck zu setzen, müsse man ihnen das Gefühl vermitteln, dass man sie ernst nehme und versuche, ihre Forderungen zu erfüllen. Durch Tricks oder Drohungen provoziere man die Täter nur zu Kurzschlussreaktionen. Solange man aber miteinander rede und an einem Vertrauensverhältnis zu den Entführern arbeiten könne, blieben auch die Geiseln am Leben.

Lufthansa-Chefpilot Gäbel persönlich flog die *Köln* mit der hochkarätigen Delegation nach Dubai. Auf seine flehentliche Bitte hin saß Rüdiger von Lutzau als Kopilot mit im Cockpit – der Verlobte von Gabi Dillmann konnte es kaum erwarten, endlich in Dubai zu landen. Dort würde er wenigstens ganz in der Nähe seiner Liebsten sein, auch wenn er sich kaum Hoffnung machen durfte, dass er selbst zur Befreiung der Geiseln beitragen könnte. Außer neun

Mann Besatzung und den politischen Delegierten waren Ärzte, Krankenschwestern und BKA-Beamte mit an Bord.
Während sie in Frankfurt von der Startbahn abhoben, fielen von Lutzau wieder die tröstlichen Worte von Minister Wischnewski ein. »Welche Chancen haben wir?«, hatte der Kopilot ihn vorhin bei der Begrüßung an Bord gefragt. »Ben Wisch« hatte ihm fest die Hand gedrückt und mit ebenso fester Stimme erwidert: »Wir haben viel anzubieten – es besteht große Hoffnung, dass die in kürzester Zeit freikommen.«
Rüdiger von Lutzau wünschte sich nichts sehnlicher, als dass der Minister recht behalten würde.

Währenddessen saßen die Geiseln in der *Landshut* weiterhin mit erhobenen Armen auf ihren Sitzen. Auch der verwirrte alte Mann hockte wieder auf seinem Platz, den Hut noch auf dem Kopf, und sah sich mit mürrischer Miene um. Er schien dem Kellner zu grollen, der immer noch nicht erschienen war, um bei ihm abzukassieren. Von der arabischen Musik, die aus den Bordlautsprechern schmetterte, bekam er offenbar überhaupt nichts mit.
Dabei war die Musik so dröhnend laut, dass es den Passagieren in den Ohren schmerzte. Mahmud hatte vorn im Cockpit einen arabischen Sender in seinem Kofferradio eingestellt und das Bordmikrophon auf den Lautsprecher seines Gerätes gelegt.
In Dubai wurde es bereits Abend, und die drei Geiseln, deren Erschießung Mahmud für morgen früh angekündigt hatte, waren wie versteinert. Diana Schneider hatte längst aufgehört zu wimmern, ebenso wie Ruth Schuster und

Birgit Röhll. Von den Schmerzen, die ihnen die Schläge und Tritte ihres Folterers verursachen mussten, schienen sie nichts mehr zu spüren. Sie waren zum Tode verurteilt worden. Nicht einmal vor ihrem Sohn Stefan, der verstört neben ihr saß, konnte Birgit Röhll ihre lähmende Verzweiflung und Todesangst noch verbergen.

Die Passagiere in der Touristenklasse ahnten nicht, dass vorn in der First Class ihr Kapitän mit Engelszungen auf Mahmud einredete. Der Terrorist saß auf dem eigens für ihn freigeräumten Sitz, Schumann auf einer Armlehne ihm gegenüber. »Die drei Frauen sind keine Jüdinnen, Captain Mahmud«, sagte er beschwörend. »Sie irren sich, und Sie beflecken sich selbst und Ihre Mission mit dem Blut von unschuldigen Opfern, wenn Sie die Frauen erschießen. Ich bitte Sie, tun Sie es nicht.«

Unablässig redete er auf den Terroristenchef ein, und gerade als er aufgeben wollte, weil sein Gegenüber keinerlei Regung zeigte, erhob sich Mahmud und knurrte: »Okay, okay.«

Er ging ins Cockpit und schaltete sein Radio aus. Dann nahm er das Mikrophon und räusperte sich. »Hier spricht Captain Mahmud. Ich habe eine wichtige Botschaft für Sie. Wir kämpfen für eine gerechte Sache, für die Befreiung des Volkes dieser Erde von der Knechtschaft des Imperialismus.«

Er machte eine kurze Pause. Birgit Röhll und die beiden anderen Frauen hatten kaum hingehört – so als ob die Durchsagen für sie schon keine Bedeutung mehr hätten. »Ich werde die jüdischen Huren nicht hinrichten«, fuhr er fort, und erst mit Verzögerung drang die Botschaft in das Bewusstsein der zum Tode Verurteilten ein. »Ich begna-

dige sie«, sagte Mahmud feierlich und schaltete das Mikrophon ab.
Ruth Schuster, Diana Schneider und Birgit Röhll sanken in sich zusammen und begannen vor Erleichterung zu weinen.
Doch die »Dicke« war gleich wieder bei Birgit Röhll und hielt ihr drohend die Handgranate vors Gesicht. »Hör auf zu heulen, sonst wirst du doch noch erschossen, Judenhure!«
Stefans Mutter sah sie an, die Tränen liefen ihr aus den Augen, doch aus ihrem Mund drang nicht mehr das leiseste Schluchzen oder Wimmern.
Währenddessen hatte Mahmud sein Kofferradio wieder eingeschaltet. Aus dem Lautsprecher kam eine heisere Männerstimme – es klang wie Nachrichten auf Arabisch. Doch der Empfang war schlecht, Störgeräusche mischten sich in die Meldungen. Wütend ging Mahmud zur Kabinentür, stieß sie weit auf und setzte sich auf die Schwelle. Hier war der Empfang besser – er hielt sich das Radio ans Ohr und hörte konzentriert zu.
Mit einem Blick überzeugte sich Jürgen Schumann davon, dass der Terrorist für einige Momente abgelenkt war, dann ging er zu seinem Kopiloten ins Cockpit. Auch wenn er erleichtert war, weil er Mahmud davon abgebracht hatte, die drei Frauen zu erschießen – viel stärker war sein Gefühl der Erschöpfung. Wie lange würde sich dieser Alptraum noch hinziehen?
»Der Typ ist verrückt«, sagte Vietor, als sich Schumann neben ihm auf den Pilotensitz fallen ließ. »Und ausgerechnet auf mich hat er's abgesehen.«
»Der hat es auf alle abgesehen«, antwortete Schumann. Es

klang auch in seinen eigenen Ohren alles andere als tröstlich.

»Und dabei sollte ich auf dieser Maschine eigentlich gar nicht mitfliegen«, spann Vietor weiter seinen Gedanken aus. »Und meine Frau steht dann zu Hause alleine da.«

»Komm, Jürgen, mach dich nicht verrückt«, versuchte ihn der Kapitän zu beruhigen.

Aber Vietor schien ihn gar nicht zu hören. »Wir bauen uns gerade ein Haus«, sagte er, »es ist fast fertig, in zwei Wochen wollten wir einziehen. Die Raten kann Renate allein nie abbezahlen. Also muss sie die Hütte wieder verkaufen.«

Mit einem Ohr hörte ihm Schumann zu, während er zugleich auf das arabische Radiokrächzen im Hintergrund lauschte. Der Kalender fiel ihm ein, den seine Frau ihm gestern mitgegeben hatte. Er zog ihn aus der Hosentasche. »Mann, du hast Probleme«, sagte er, um einen leichten Ton bemüht. »Ich wollte gestern meinen Urlaub anmelden – und jetzt hocke ich hier.« Er schlug den Kalender auf. »Schau her, mein Sohn hat vom 31. Oktober bis 5. November Ferien – nie im Leben klappt das noch.«

21

Am selben Abend hatte Bundesjustizminister Hans-Jochen Vogel ein schwieriges Treffen zu bestehen. In seinem Bonner Amtssitz empfing er Hanns Eberhard Schleyer, den ältesten Sohn des entführten Industriemanagers. Die Kidnapper hatten ihn aufgefordert, am morgigen Samstag,

dem 15. Oktober, um Punkt zwölf Uhr mit den geforderten 15 Millionen Dollar im Intercontinental Hotel am Rhein-Main-Airport zu erscheinen.
»Lassen Sie mich Ihnen im Namen der gesamten Bundesregierung versichern«, sagte Vogel zu seinem Besucher, »dass wir Ihre Entscheidung respektieren werden, wie immer sie auch ausfallen mag. Wenn Sie der Forderung der Entführer entsprechen, begeben Sie sich in eine unmittelbare und konkrete Lebensgefahr.«
»Und wenn ich mich weigere«, ergänzte Hanns Eberhard Schleyer, »trage ich die Schuld, wenn die Entführer daraufhin meinen Vater oder Geiseln aus der *Landshut* umbringen.«
Das Gesamtgewicht der Banknoten, gab Vogel noch zu bedenken, betrage 130 Kilogramm. »Morgen in aller Frühe werden wir im Großen Politischen Beratungskreis beschließen, ob der Geldbetrag trotz der genannten Risiken bereitgestellt werden solle.
»Mein Entschluss steht fest«, sagte Schleyer. »Wenn der Staat das geforderte Lösegeld bereitstellt, stehe ich als Überbringer zur Verfügung.«
Der Minister dankte ihm und versicherte nochmals, dass die Regierung alles in ihrer Macht Stehende unternehmen werde, um sowohl das Leben von Hanns Martin Schleyer als auch das der Geiseln in Dubai zu retten. Er werde ihn morgen nach der Sitzung anrufen und über die Beschlusslage informieren.

Mitternacht war nicht mehr weit, als Monika Schumann noch einmal nach oben ging, um nach ihren Kindern zu sehen. Der kleine Dominik schlief tief und fest, seinen

Lieblingsteddy an die Brust gedrückt. Marc aber, ihr Großer, lag mit offenen Augen im Bett, und sie sah ihm sofort an, dass er noch keine Minute geschlafen hatte.
»Warum kommt der Papi denn nicht?«, fragte er.
Monika Schumann konnte nicht gleich antworten. Sie setzte sich auf sein Bett und schaute ihn wortlos an. »Weißt du, Marc«, begann sie endlich, »der Papi kommt nicht nach Hause, weil sein Flugzeug entführt worden ist.«
»Von den Terroristen?«, fragte er sofort.
Es kam ihr vor, als ob Marc längst alles geahnt hätte. Sie nickte und musste schlucken. »Ja.«
Der Junge sah mit geweiteten Augen zu ihr empor. »Muss der Papi jetzt sterben?«
Sie schüttelte heftig den Kopf. »Nein – ganz bestimmt nicht. Dein Papi ist ja die Ruhe selbst. Der legt sich bestimmt nicht mit denen an.«
»Und außerdem«, sagte Marc ganz schnell, »ist er ja Kapitän von der Lufthansa – da trauen die sich doch überhaupt nicht, ihm was zu tun.«
In Monika Schumanns Augen begann es zu brennen. »Ja, mein Schatz«, brachte sie hervor, »es wird bestimmt alles wieder gut. Und jetzt schlaf schön – gute Nacht.«
Sie beugte sich zu ihm hinunter und küsste ihn sachte auf die Stirn. Dann ging sie leise aus dem Zimmer und über die knarrende Holztreppe wieder nach unten.
Im Wohnzimmer lief der Fernseher, die Luft war mit Rauch vernebelt. Gerade steckte sich Renate Vietor eine neue Zigarette an – bestimmt schon die zehnte an diesem Abend.
Über den Bildschirm flimmerten die Abendnachrichten. Eben meldete der Sprecher, dass die *Landshut* seit nun-

mehr 18 Stunden auf dem internationalen Flughafen von Dubai stehe. In einer kurzen Filmmontage war der Airport des Scheichtums zu sehen, dann das gekaperte Flugzeug, das einsam auf einer sonst leeren Asphaltfläche stand.

Monika Schumann war neben dem Sessel stehen geblieben, in dem ihre Besucherin saß. »Bisher sind die Verhandlungen ergebnislos geblieben«, erläuterte der Sprecher im Fernsehen.

Renate Vietor fasste nach Monika Schumanns Hand. Wortlos schauten die beiden Frauen einander an.

Auf dem Bildschirm war jetzt zu sehen, wie eine weitere Lufthansa-Maschine in Dubai landete. Es war die Boeing 707 *Köln* mit Minister Wischnewski und der Bonner Delegation. In dem Scheichtum war es bereits drei Stunden später als in der Heimat – halb drei Uhr nachts. Dennoch wurde die Bonner Delegation von Scheich Mohammed, dem Verteidigungsminister der Vereinigten Arabischen Emirate, und weiteren Würdenträgern am Fuß der Gangway empfangen.

»Scheich Mohammed al-Maktoum«, erklärte der Sprecher, »hob bei der Begrüßung besonders die mutige Haltung des Kapitäns der entführten Maschine, Jürgen Schumann, hervor. Ihm sei es immer wieder gelungen, während der Verhandlungen wichtige Informationen im Pilotenjargon durchzugeben.«

Es folgten weitere Nachrichten, aber die beiden Frauen wollten nichts mehr hören. Monika Schumann schaltete den Fernseher ab. Von fernher schlug eine Kirchturmuhr zwölf Mal.

Ungeachtet der späten Nachtstunde begaben sich Staatsminister Wischnewski und der Psychologe Salewski gleich nach ihrer Ankunft in den Tower von Dubai. Von hier oben hatte man einen guten Blick auf die entführte Maschine. Von Scheinwerfern angeleuchtet, stand die *Landshut* einsam auf dem Rollfeld, das ansonsten in tiefer Dunkelheit lag.

Neben der massigen Gestalt des deutschen Ministers wirkte Scheich Mohammed zierlich und jungenhaft. Wischnewski war sich jedoch bewusst, dass der Prinz ein Mann mit eisernen Prinzipien war. Und dass der traditionelle Burnus bei ihm keineswegs bloßer Folklore diente – Scheich Mohammed würde niemals eine Maßnahme gutheißen, die sich mit seiner Vorstellung von »Stolz und Ehre der Araber« nicht vereinbaren ließ.

Zielstrebig und gleichwohl mit der gebotenen Vorsicht brachte Wischnewski sein Anliegen vor. »Hoheit«, begann er auf Englisch, »alles darf passieren, nur kein Start. Notfalls müsste man vielleicht auch in Erwägung ziehen, die Geiseln mit Waffengewalt zu befreien.«

»Haben Sie so wenig Vertrauen in mein Verhandlungsgeschick, Herr Minister?« Der Scheich musterte ihn vorwurfsvoll aus dunklen Augen. »Außerdem ist es keine leichte Aufgabe, ein solches Flugzeug zu stürmen.«

»Hoheit, wir sind Ihnen außerordentlich dankbar, dass Sie uns aus humanitären Gründen in so hervorragender Weise unterstützen.« »Ben Wisch«, der auch als Emissär in Wüstenregionen niemals auf seinen dunklen Anzug verzichtete, lächelte den Prinzen freundlich an. »Ich möchte Sie nur daran erinnern, dass unsere deutschen Spezialisten sehr wohl wissen, wie man so eine Maschine von außen aufmacht.«

Scheich Mohammed schüttelte den Kopf, seine Gesichtszüge wurden hart. »Ihr Wunsch ist verständlich, Herr Minister«, sagte er, »aber die Entführer der Maschine sind Araber, und wir können keinesfalls zulassen, dass Ausländer auf unserem Boden Gewalt gegen Araber ausüben. Solange die Entführer keine Geiseln töten, ziehen wir es unbedingt vor, mit ihnen zu verhandeln.«
Wischnewski ließ sich keine Enttäuschung anmerken. Ohnehin hatte er mit einer günstigeren Antwort kaum rechnen können. »Hoheit«, setzte er in verbindlichem Tonfall erneut an, »darf ich dann nochmals auf Herrn Salewski hinweisen.« Er deutete auf den Deeskalationsexperten, der einige Schritte abseits stand. »Er ist Psychologe und auf solche Situationen spezialisiert. Gerade in den letzten Wochen hat er der deutschen Regierung wertvolle Dienste …«
Der Scheich fiel ihm ins Wort. »In die Mentalität der Entführer kann sich ein Araber besser hineinversetzen als ein Europäer. Und jetzt bitte ich um Ihr Verständnis: Es war ein langer Tag für mich, ich möchte schlafen.«
»Selbstverständlich, Hoheit.« Wischnewski deutete eine Verbeugung an.
Der Scheich befahl einem seiner Ordonnanzoffiziere, die deutschen Gäste in die VIP-Lounge zu bringen. Er selbst nahm sich eine zusammengerollte Wolldecke aus einem Regal und rollte sie in einer Ecke des Kontrollraums auf dem Boden aus. Verblüfft konnten Wischnewski und der Psychologe eben noch beobachten, wie sich der Prinz auf seinem kargen Lager zur Ruhe begab.
Sie folgten dem Offizier zu ihrer provisorischen Unterkunft. »Lassen Sie's für den Moment gut sein«, riet der

Minister seinem Begleiter, der sichtlich enttäuscht war. »Vielleicht ist der Scheich als Unterhändler wirklich besser, weil er dieselbe Sprache spricht.«
Salewski zuckte mit den Schultern. »Das kommt darauf an, Herr Minister – wenn der die falsche Verhandlungsstrategie verfolgt, nützt dieselbe Sprache wenig.«
Auch für die Gäste aus Deutschland war es ein langer Tag gewesen. In der Lounge griff Wischnewski gleichwohl noch einmal zum Telefon. In Deutschland war es bereits ein Uhr nachts, aber der Minister wusste, dass der Kanzler ohnehin nicht schlafen würde.
Bereits nach dem zweiten Läuten war Helmut Schmidt am Apparat. Wischnewski schilderte ihm kurz, wie seine Unterredung mit Scheich Mohammed verlaufen war. »Ich verstehe«, sagte der Kanzler. »Der Stolz der Araber lässt es nicht zu.«
»Ich werde weiter mein Möglichstes tun«, versicherte Wischnewski, »um ihn noch umzustimmen.«
»Ja, mach das.« Die Stimme im Hörer klang müde. »Jetzt können wir nur noch warten.«

22

Über dem Airport von Dubai rötete sich der Himmel – der dritte Tag der *Landshut*-Entführung begann.
Im Cockpit saßen die beiden Piloten auf ihren Sitzen, dahinter Mahmud auf dem First Observer Seat. Menschen können sich anscheinend an alles gewöhnen, dachte Vietor.

Ein Gefühl von absurder Normalität begann sich in der Maschine breitzumachen und schuf fast so etwas wie Vertrautheit zwischen Kidnappern und Geiseln. Als ob sie ein gemeinsames Abenteuer zu bestehen hätten – auf Leben und Tod.

Schumann und Mahmud rauchten.

»Was ist heute eigentlich für ein Tag?«, fragte der Kapitän.

In der Cockpittür erschien Gabi Dillmann mit einem Tablett voll dampfender Kaffeebecher. »Samstag, der 15.«, beantwortete sie Schumanns Frage. »Anna Maria hat heute Geburtstag – sie wird 28.«

Bevor Mahmud sich aufregen konnte, weil sie wieder mal unerlaubt Deutsch geredet hatten, verließ Gabi das Cockpit, und Schumann wiederholte auf Englisch: »Captain Mahmud, unsere Stewardess Anna Maria hat heute Geburtstag.«

Der Araber wirkte interessiert. »Ah – wie alt wird sie?«

Schumann sagte es ihm, und Mahmud begann Pläne zu schmieden. »Das könnten wir doch feiern?«

Der Kapitän ging sofort darauf ein. »Wir könnten beim Tower fragen, ob sie uns eine Geburtstagstorte bringen. Das würde auch die Passagiere etwas aufheitern.«

»Ja, klar, gute Idee!« Mahmud fuchtelte begeistert mit seiner Pistole. »Na, los schon – bestellen Sie die Torte.«

Weder Schumann noch dem Kidnapper schien die Absurdität der Situation bewusst zu sein. Jürgen Vietor schaute irritiert zu, sagte aber kein Wort. Natürlich hatte der Kapitän recht. Trotzdem war es ein gespenstischer Dialog, den Schumann nun mit dem Tower führte.

»Hier Lufthansa 181 – Tower, bitte melden.«

»Wir hören – sprechen Sie.«
»Eine unserer Stewardessen feiert heute ihren 28. Geburtstag. Könnten Sie uns vielleicht einen Kuchen oder so etwas bringen?«
Einen Moment lang blieb es im Lautsprecher still. »Okay, wir versuchen unser Bestes«, gab der Lotse dann zurück und schaltete ab.
Vietor wurde sich bewusst, dass auch er seinen Teil zu der entspannten Stimmung beitragen sollte. Er legte seinen linken Arm über die Rückenlehne seines Sitzes und wandte sich zu Mahmud um. »Feiert man bei Ihnen auch Geburtstage mit brennenden Kerzen auf dem Kuchen, Captain Mahmud?«
Der Terrorist lächelte versonnen. Seine Augen schweiften umher, so als ob vor ihm idyllische Geburtstagsszenen aus seiner Vergangenheit vorüberzögen. Plötzlich aber wurde sein Blick starr. Er sah unverwandt auf die Uhr, die der Kopilot am Handgelenk trug. Auf dem Ziffernblatt prangte das Markenzeichen des Herstellers – ein großes J inmitten eines stilisierten Zahnrads.
Augenblicklich verdüsterte sich Mahmuds Stimmung wieder. »Welcher Religion gehören Sie an?«, fragte er Vietor mit drohendem Unterton.
»Evan… I am evangelic.« Vietor wusste, dass es nicht das richtige Wort war, aber vor Schreck fiel ihm der passende Ausdruck nicht ein.
»Was soll das sein?« Mahmuds Miene wurde noch finsterer.
»Evangelic … lutheric!«, brachte Vietor hervor. Verdammt noch mal, wie hieß das nur auf Englisch? Der Schweiß brach ihm aus.

»Was ist das? Was ist das?«, schrie Mahmud. Er richtete seine Waffe auf Vietor.
Da stand mit einem Mal wieder Gabi Dillmann in der Cockpittür. »Protestant«, sagte sie zu Mahmud, und Vietor wiederholte erleichtert auf Englisch:
»Ja, genau – ich bin Protestant.«
Aber Mahmud schüttelte den Kopf wie jemand, der sich nicht länger für dumm verkaufen lässt. »Du bist Jude«, sagte er. »Du bist ein Zionist.«
»Nein, bin ich nicht – weder das eine noch das andere.«
Trotz seiner Panik kam der Wortwechsel Vietor unwirklich vor. Als Deutschem konnte es einem auch 32 Jahre nach dem Krieg noch passieren, dass man im Ausland als Judenhasser oder Nazi angefeindet wurde. Aber dass er selbst Jude sein sollte und »Zionist«? Wie kam Mahmud überhaupt auf diese Idee?
»Deine Uhr.« Der Terrorist deutete auf Vietors Handgelenk. »Was ist das?«
Jürgen Vietor starrte auf das Zifferblatt, als ob er es zum ersten Mal bemerken würde. »Das ist eine Junghans-Uhr. Eine deutsche Marke: Junghans!« Er riss sich die Uhr vom Handgelenk und reichte sie dem Terroristen.
Mahmud tippte mit dem Lauf seiner Makarow auf das Uhrenglas. »Und was ist das?« Er hob die Waffe erneut und zielte jetzt direkt auf Vietors Stirn. »Das ist eine jüdische Uhr!«, schrie er. »Ich knall dich ab! Das ist jetzt schon dein zweiter Fehler – dafür wirst du hingerichtet!«
Er packte Vietor beim Arm und zerrte ihn aus seinem Sitz. »Du wirst hingerichtet!«, schrie er erneut. Er stieß den Kopiloten aus dem Cockpit und durch den Gang bis in die Touristenklasse. »Hände hoch, Jude!«

Die Arme in die Luft gestreckt, musste Vietor im Gang zwischen den Passagieren stehen bleiben, während Mahmud die Junghans-Uhr schwenkte. »Ist das eine jüdische Uhr?« Er hielt sie einem Passagier unter die Nase. »Ist das eine verdammte Judenuhr?« Ohne die Antwort abzuwarten, zeigte er sie weiteren Geiseln. »Ist das da ein dreckiger Davidsstern?« Er war wieder kalkweiß im Gesicht, das zugleich vor Schweiß glitzerte. »Ist das eine Scheißjudenuhr?«

Die meisten Passagiere sahen angestrengt in die Luft oder zu Boden. Niemand antwortete auf Mahmuds Fragen. Nur der reiche Mann, der sich ganz zu Anfang der Reise beschwert hatte, weil seiner Frau angeblich schaler Champagner serviert worden war, ging mit geheucheltem Eifer auf Mahmuds Verdacht ein.

»Sie haben recht, Captain Mahmud«, bestätigte er, »das sieht tatsächlich wie ein Davidsstern aus.«

Mahmud fuhr herum und rannte erneut zu Vietor. Der Kopilot hatte unterdessen seine Arme sinken lassen, was die Wut des Terroristen nur noch mehr zu schüren schien. »Hände hoch, verdammter Jude! Du wirst jetzt erschossen!«

Vietor brach in Tränen aus. Seine Lippen zitterten, aber er wagte es nicht, um sein Leben zu flehen – aus Angst, dass Mahmud ihn dann erst recht auf der Stelle niederschießen würde.

Unterdessen hatte auch Schumann das Cockpit verlassen. Der Kapitän stand am Eingang der Touristenklasse und bat Mahmud mit leiser Stimme, ihn einen Moment lang anzuhören.

»Okay, okay.« Der Terroristen-Chef gab seinen Gehilfen

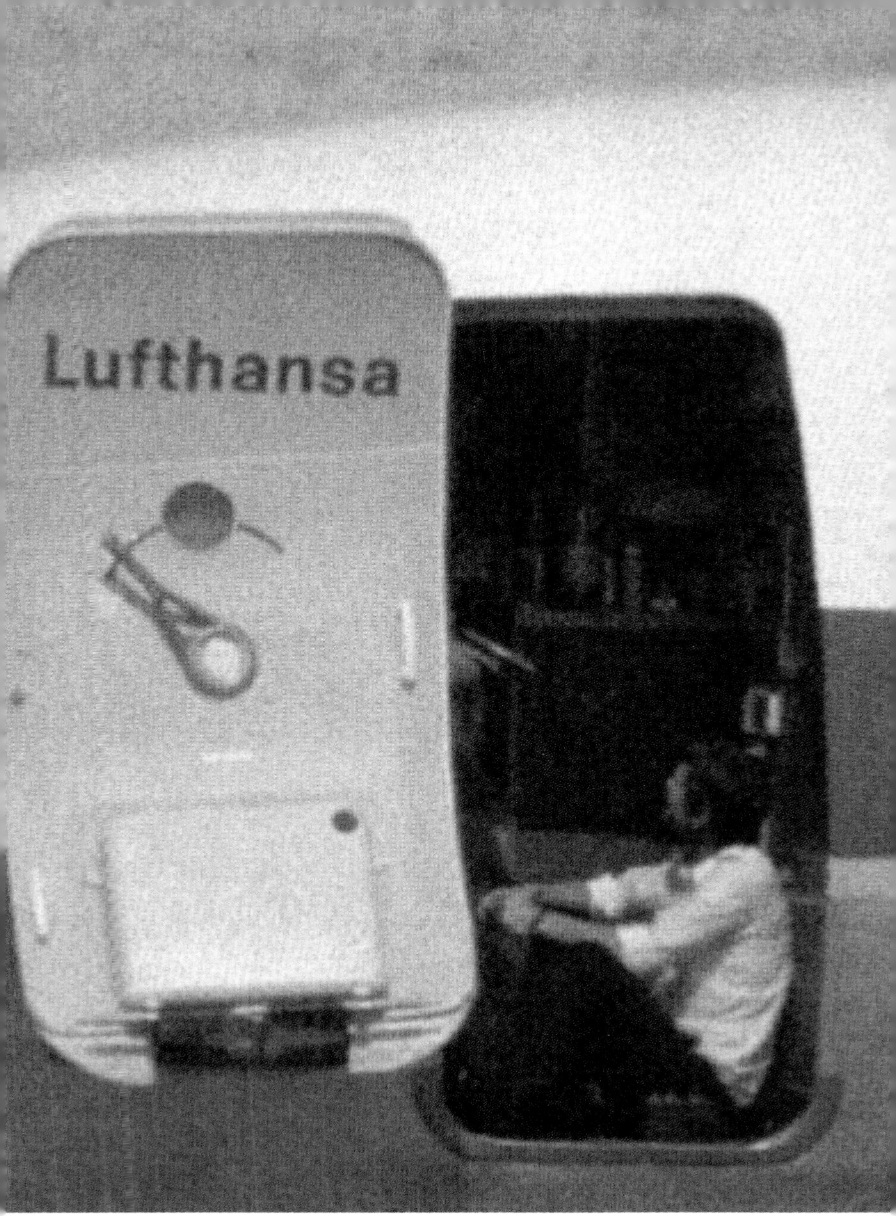

Lufthansa-Flugkapitän Jürgen Schumann wird von dem palästinensischen Entführer Zohair Youssif Akache, der sich den Kampfnamen Captain Mahmud zugelegt hat, mit der Pistole bedroht

Die entführte Lufthansa-Maschine Landshut
nach der Landung auf dem Flughafen in Dubai

oben: Das glückliche Ende der Entführung: Die befreiten Passagiere der Landshut *kehren nach Deutschland zurück*
unten: Bundeskanzler Helmut Schmidt dankt GSG-9-Einsatzleiter Ulrich Wegener für die erfolgreiche Befreiungsaktion

oben: Captain Mahmud (Said Taghmaoui) – hier im Cockpit mit Kapitän Schumann (Thomas Kretschmann) – übernimmt das Kommando über die Landshut

unten: Der Libanese Wabil Harb (Mohcine Nadifi) kontrolliert den hinteren Teil der Maschine

Die Passagiere der Landshut *müssen sehr schnell erkennen, dass das palästinensische Kommando Martyr Halimeh schwer bewaffnet und zu allem entschlossen ist, um die Befreiung der gefangenen RAF-Mitglieder zu erreichen*

oben: In Bonn bemühen sich Bundeskanzler Helmut Schmidt (Christian Berkel) und Staatsminister Hans-Jürgen Wischnewski (Jürgen Tarrach) um eine Lösung der dramatischen Situation
unten: Captain Mahmud erhöht laufend den psychischen Druck auf die Passagiere

oben: Nach der Ermordung von Kapitän Schumann muss Kopilot Jürgen Vietor (Simon Verhoeven) die Landshut *nach Mogadischu fliegen*
unten: Die Stewardess Gabriele Dillmann (Nadja Uhl) ist die wichtigste Stütze für die traumatisierten Passagiere

GSG-9-Einsatzleiter Ulrich Wegener (Herbert Knaup) bereitet auf dem Flughafen von Mogadischu die Erstürmung der Landshut *vor – die Operation Feuerzauber*

einen Wink – sie sollten dafür sorgen, dass Vietor stehen blieb, wo er stand, lautlos weinend und die Hände erhoben.
Schumann lotste Mahmud in die First Class und zog den Vorhang hinter ihnen zu. »Captain Mahmud«, sagte er, »bitte hören Sie mich an, bevor Sie irgendetwas unternehmen.« Er sprach sehr vorsichtig, denn ihm war bewusst, dass er leicht anstelle seines Kopiloten erschossen werden konnte, wenn er den jähzornigen Hijacker noch weiter reizte.

Im Tower des Flughafens von Dubai waren um diese frühe Stunde bereits wieder die arabischen und deutschen Entscheidungsträger versammelt. Scheich Mohammed und Staatsminister Wischnewski standen hinter den Lotsenpulten, jeder ein Fernglas vor den Augen. Sie beobachteten die Hawker Siddley 125, die soeben über der *Landshut* eine Schleife flog.
»Da ist er«, sagte Wischnewski, in weißem Hemd und Krawatte wie stets.
Neben ihm stand Lufthansa-Chefpilot Martin Gäbel. »Wer?«
»Schauen Sie selbst – der kleine Vogel da oben. Das ist Wegener.« Wischnewski reichte ihm das Fernglas.
»Der Chef unserer Antiterror-Elite, ich weiß.« Gäbel hielt sich das Fernglas vor die Augen und sah zu, wie die Hawker runterkam und auf der Landebahn aufsetzte. »Aber ohne seine Leute kann auch der Wegener nichts machen.«
»Abwarten!« Der Staatsminister bekam einen schwärmerischen Gesichtsausdruck. »Das ist ein harter Hund – der macht die Maschine notfalls alleine auf.«

In diesem Moment meldete sich die *Landshut* über Funk.
»Hier spricht Kapitän Schumann – Tower, hören Sie mich?«
»LH 181, sprechen Sie.«
»Unsere APU wird in Kürze ausfallen – wir haben kaum noch Sprit. Schicken Sie einen Tankwagen, wir brauchen mindestens ein paar hundert Gallonen, damit die Bordsysteme weiter laufen.«
Scheich Mohammed machte dem Lotsen ein Zeichen, und der reichte ihm das Mikrophon. »Später«, sagte der Araber, »Sie müssen sich noch gedulden.«
In den Lautsprechern war für einige Augenblicke nur Knacken und Rauschen zu hören, dann meldete sich eine heisere Stimme. »Nein! Hier spricht Captain Mahmud. Wir brauchen den Sprit auf der Stelle!«
Die APU, die Auxiliary Power Unit oder das Hilfstriebwerk, hielt Beleuchtung und Klimaanlage eines Flugzeugs in Betrieb, auch wenn die Triebwerke abgestellt war. Doch ohne Energieversorgung stellte auch die APU ihren Dienst ein.
Der Mann im Burnus warf Wischnewski einen raschen Seitenblick zu. »Captain Mahmud, hier spricht Scheich Mohammed al-Aktoum«, sagte er dann in sanftem Tonfall. »Sind Sie bereit, die Kinder freizulassen – als Gegenleistung für den Treibstoff?«
»Nein!«, brüllte Mahmud. »Nein! Wir wollen Treibstoff – und Ende!«
»Tut mir leid, dann müssen Sie sich gedulden.«
Die Funkverbindung wurde abgebrochen. »Wenn die APU ausfällt«, sagte Gäbel leise zu dem deutschen Minister, »dann wird es da drin so heiß wie in einem Backrohr.«

Kopilot Jürgen Vietor stand währenddessen noch immer im Gang der *Landshut*, von dem »Jungen« mit gezogener Pistole bewacht. Seine in die Luft gestreckten Arme schmerzten, aber er spürte es kaum. Die Tränen liefen ihm aus den Augen und würgten ihn in der Kehle. Er hatte erbärmliche Todesangst, er war drauf und dran, sich vor Panik in die Hosen zu machen.
Vom Cockpit her waren Fetzen des Wortwechsels zwischen Schumann und Mahmud zu hören – des Terroristen-Chefs, der ihn, Vietor, zum Tode verurteilt hatte, weil er eine Junghans-Uhr am Handgelenk trug, und des Kapitäns, der den irrsinnigen Hijacker unter Gefahr für sein eigenes Leben abzulenken versuchte. Toller Einsatz, Kapitän, dachte Vietor, aber nützen wird es mir auch nichts mehr.
»Uns bleiben noch zwei, maximal drei Stunden«, sagte Schumann gerade. »Ich zeige Ihnen, was passiert, wenn die APU ausfällt, okay?«
Mahmuds Antwort war in der Economy nicht zu hören, aber wahrscheinlich hatte er zustimmend genickt. Im nächsten Moment jedenfalls ging die Klimaanlage aus, die Lichter erloschen.
Wenige Sekunden darauf schaltete Schumann das Aggregat wieder ein. »Wenn die APU ausfällt, liefert die Batterie noch ungefähr 40 Minuten lang Strom für den Funkbetrieb – dann ist endgültig Schluss.«
»Okay, ich verstehe.« Mahmud klang ungewohnt nachdenklich.
»Eines noch, Captain Mahmud«, sagte Schumann im gleichen beiläufigen Ton eines uneigennützigen Beraters. »Wegen Charly Papa.«

»Wer ist Charly Papa?«

O mein Gott, dachte Vietor. Jetzt fängt er wieder mit mir an.

An Schumanns Stimme war zu hören, dass er während des Redens lächelte. »Na ja, das ist Pilotenjargon. Wir sagen C wie Charly und P wie Papa. Der Co-Pilot heißt deshalb bei uns Charly Papa.«

Mahmud sprang auf und rannte zurück in die Economy Class. »Ich bringe Charly Papa um!« Es klang zwar nicht mehr nach einem in heißem Zorn verkündeten Todesurteil, sondern mehr nach einem sadistischen Scherz. Aber Vietor fragte sich, ob das tatsächlich eine Verbesserung für ihn bedeutete.

»Captain Mahmud, bitte hören Sie mich an.« Schumann eilte hinter ihm her. »Ich bin vollkommen sicher, dass er nicht gewusst hat, was für ein Zeichen er da auf seiner Uhr hat.«

Der Terrorist baute sich vor Vietor auf und richtete die Waffe auf seinen Kopf. In der linken Hand hielt er die Armbanduhr. »Wusstest du, dass es ein zionistisches Zeichen ist?«

Vietor zwang sich mit seiner letzten Kraft, ruhig und entschieden zu antworten. »Ich wusste es nicht, Captain Mahmud«, sagte er.

Der Entführer warf die Uhr vor ihm auf den Boden. »Dann zerstöre sie! Hände oben lassen!«

Seine Arme waren längst so schwer und gefühllos wie zwei Steinsäulen, aber in diesem Moment achtete Vietor nicht darauf. Er fing an, wie ein Besessener auf seiner Armbanduhr herumzutrampeln. Doch der Kabinengang war mit Teppichboden ausgelegt, und so bekam die Uhr kaum ein paar Kratzer und Beulen ab.

»Gib sie mir«, befahl Mahmud mit überlegenem Grinsen. Er riss eine Notfallaxt aus ihrer Halterung an der Kabinenwand. Vietor bückte sich und hob seine Uhr auf. Als er sich wieder aufrichtete, war ihm mit einem Mal so schwindlig, dass er beinahe gegen Mahmud gefallen wäre. »Hinsetzen!«, kommandierte der Terrorist.
Der Kopilot fiel auf einen leeren Sitz. Mahmud legte die Uhr auf die Armlehne vor Vietor, hob die Axt und zertrümmerte die Junghans mit einem Schlag. Zahnräder und Federn stoben aus dem Gehäuse und regneten zu Boden. Mit großer Gebärde überreichte Mahmud dem Kopiloten die Überreste seiner Uhr. »Hier, Papa Charly – ein kleines Souvenir.«

23

In Dubai war es noch nicht einmal acht Uhr vormittags, doch die Sonne brannte bereits erbarmungslos. Auch vom Fenster der VIP-Lounge des Airports aus war die *Landshut* gut zu erkennen – ein glitzernder Riesenvogel, über dem die Luft vor Hitze flimmerte. Dahinter die Sanddünen der Wüste.
Staatsminister Wischnewski stand an der Bar der elegant eingerichteten Lounge und mixte sich eigenhändig einen Drink. Dafür war es zwar noch reichlich früh, aber diese ganze Geschichte zerrte an seinen Nerven. Mit dem Einverständnis der Entführer hatte der Kapitän der *Landshut* eben ein Telegramm an Bundeskanzler Helmut Schmidt

übermittelt: »Das Leben von 91 Männern, Frauen, Kindern an Bord des Flugzeugs hängt von Ihrer Entscheidung ab. Sie sind unsere letzte und einzige Hoffnung. Im Namen der Besatzung und der Passagiere. Schumann.«
Wolfgang Salewski trat neben ihn an den verchromten Tresen. »Herr Minister, wir müssen einen Weg finden, dem Scheich die Verhandlungsführung aus der Hand zu nehmen. Der macht einfach alles falsch, was man falsch machen kann. Denen geht die Klimaanlage aus – und dem Mann fällt nichts Besseres ein, als die Freilassung von Geiseln zu fordern. Das kann nicht funktionieren.«
Mit seinem Drink kehrte der Minister zu seinem Sessel zurück. »Ja, ihr mit eurer psychologischen Kriegsführung«, brummte er. »Ihr wisst sowieso immer alles besser.« Ob da nun ein Scheich am Mikrophon saß oder dieses Langhaar-Orakel, was machte das für einen Unterschied? Zu verhandeln gab es sowieso nichts, darin war sich Wischnewski mit seinem Kanzler einig.
Salewski war ihm zu der Sitzecke vor den Panoramafenstern gefolgt. »Herr Minister«, wandte er mit gelassenem Lächeln ein. »Psychologie ist keine Wahrsagerei. Verhandeln ist Handwerk. Regel Nummer eins: nie nein sagen.«
»Sondern?« Über den Rand seines Glases sah ihn Wischnewski mit emporgezogenen Augenbrauen an.
»Kommunizieren.«
»Klingt ja sehr überzeugend.«
Salewski wollte eben zu weiteren Erklärungen ansetzen, als die Tür aufging: Ulrich Wegener und sein Adjutant Leutnant Baum traten ein.
Der GSG-9-Chef eilte sogleich zu Wischnewski und grüß-

te ihn militärisch. »Herr Minister, Oberst Wegener meldet sich zur Stelle.«
Wischnewski erhob sich. »Guten Tag, Herr Wegener.« Er schüttelte dem Antiterrorspezialisten die Hand. »Schlechte Nachrichten«, fuhr er fort, »ich habe zwar einen hervorragenden Kontakt zum hiesigen Verteidigungsminister – Scheich Mohammed ist sehr freundlich zu uns. Aber eins ist trotzdem sicher: Sie sehen das als arabisches Problem an, das auch von Arabern gelöst werden muss.«
Während der Minister sprach, war Wegener näher ans Fenster getreten. Er zog ein kleines Fernglas hervor und beobachtete konzentriert die *Landshut* und die Umgebung des gekaperten Fliegers – das weithin leergeräumte Rollfeld, die Dünen mit den verschanzten arabischen Soldaten im Hintergrund. Eben fuhr ein kleiner Lieferwagen zu der Lufthansa-Maschine. Der Fahrer stieg aus und kletterte auf das Dach seines Wagens, während ihm der Beifahrer von der Ladefläche einzeln Kartons und Packungen mit Flaschen zureichte – Mineralwasser, Sekt, Verpflegung, zuletzt die eigens angeforderte Torte. Der Fahrer musste sich jedes Mal langmachen, damit die Terroristen oben in der offenen Kabinentür die Gegenstände entgegennehmen konnten. Im Fernglas sah Wegener deutlich ihre Gesichter – zwei Männer, und beide wirkten ziemlich erschöpft.
»Bevor Araber auf Araber schießen«, sagte hinter ihm der Minister, »muss eine sehr hohe Schwelle überwunden werden. Hören Sie überhaupt zu, Wegener?«
»Selbstverständlich, Herr Minister.« Der GSG-9-Chef drehte sich langsam um, das Fernglas noch in der Hand. »Hier ist was zu machen, so viel steht fest.«

Weitaus erschöpfter als die Entführer waren jedoch die Geiseln in der *Landshut*. Noch funktionierte die APU, aber in der Kabine wurde es gleichwohl immer wärmer und stickiger. Durch die offene Tür wehte unglaublich heiße Wüstenluft herein.
Die meisten Passagiere dösten vor sich hin, als der Vorhang zur First Class geöffnet wurde. Mahmud erschien in der Economy, gefolgt von der zweiten Stewardess Anna Maria Staringer. Sie trug eine gewaltige Nusstorte mit 28 brennenden Kerzen vor sich her.
Mit onkelhaftem Grinsen baute sich der Terrorist vor den Geiseln auf, seine Pistole wie üblich in der rechten Hand. »Liebe Passagiere«, rief er in überschwenglichem Tonfall, »heute hat Lufthansa-Stewardess Anna Maria Geburtstag. Wir haben eine Torte für sie bestellt. Los, Anna Maria, ausblasen!«
Die norwegische Stewardess pustete gehorsam die Kerzen aus. »Applaus für Anna Maria«, befahl Mahmud, und die Passagiere klatschten und riefen ihr Glückwünsche zu. Doch der Terrorist war noch nicht zufrieden. Wie aufgezogen lief er im Gang auf und ab und bedeutete den Passagieren, dass sie eifriger klatschen sollten. »Happy birthday to you«, sang Mahmud, »happy birthday, dear Anna Maria …« Mit der Waffe dirigierte er den Gesang der Passagiere und gab keine Ruhe, bis alle Geiseln in das Geburtstagsständchen einstimmten.
Die Stewardessen begannen Sekt in Bechern auszuteilen. Jürgen Vietor saß noch auf demselben Platz, an dem vorhin Mahmud vor seinen Augen die Uhr zertrümmert hatte. Der Terrorist hatte sein »Todesurteil« bisher nicht zurückgenommen, und Vietor verhielt sich so unauffällig wie

möglich, damit Mahmud nicht an seine Absicht erinnert wurde, ihn zu erschießen. Folgsam sang er das Geburtstagsständchen mit, doch als der Passagier zu seiner Rechten ihm ein Sektglas reichen wollte, wehrte der Kopilot erschrocken ab. »Ich darf das nicht«, sagte er leise.
»Doch«, beharrte sein Nachbar, »Das ist von Captain Mahmud. Der hat gesagt, Sie dürfen auch mittrinken.«
Mit zitternder Hand trank Vietor den lauwarmen Sekt und fragte sich, für wie lange er wohl diesmal begnadigt war. Und wen sich Mahmud als nächstes Opfer aussuchen würde.

Die Antwort ließ nicht lange auf sich warten. Nachdem die Tortenstücke aufgegessen, die Sektgläser geleert waren, versanken die Passagiere wieder in Halbschlaf und Apathie. Mahmud aber setzte sich mit seinem Kofferradio in die offene Kabinentür und schaltete einen arabischen Sender ein. Anscheinend hörte er Nachrichten.
Auch Jürgen Vietor wäre auf seinem Sitz in der Economy beinahe weggedämmert. Doch dann schreckte er auf: In dem arabischen Kauderwelsch waren vertraute deutsche Wörter aufgetaucht. »Lufthansa«, hörte der Kopilot, »Schleyer«, »Wischnewski« und – »Schumann«.
Das konnte nichts Gutes bedeuten, sagte sich Vietor. Warum sollte der Nachrichtensprecher den Namen des Kapitäns der gekaperten Maschine erwähnen? Dafür gab es eigentlich nur eine Erklärung …
Mahmud schaltete das Radio ab und kehrte in die Economy zurück. Seine Miene war wieder finster geworden, sein Blick so fahrig wie jedes Mal, wenn er nach jemandem Ausschau hielt, an dem er sich abreagieren konnte. Schon

mehrfach hatte er Gabi Dillmann im Vorübergehen zugeraunt: »Wenn ich nicht gleich jemanden erschieße, drehe ich durch.«

Mahmud riss den Vorhang zur Seite, rannte durch die First Class und ins Cockpit.

Dort saß Jürgen Schumann auf dem Pilotensitz und rauchte ein Zigarillo. »Was ist passiert, Captain Mahmud?«, fragte er, als er den kreidebleichen Terroristen hereinstürmen sah.

»Du hast Informationen rausgeschmuggelt, gib es zu!« Mahmud drückte ihm die Waffe an die Schläfe.

Schumann musste schlucken. Er drückte sein Zigarillo aus und überlegte verzweifelt, was er antworten sollte. Natürlich war er sich des Risikos bewusst gewesen, dass Mahmud ihm auf die Schliche kommen würde – aber er hatte einfach nicht anders handeln können.

»Du hältst mich wohl für blöd?«, tobte der Terrorist. »Du verdammter Idiot, du hast versucht, den Helden zu spielen. Glaube bloß nicht, dass ich, Captain Martyr Mahmud, bescheuert wäre. Ich weiß ganz genau, dass du Informationen nach draußen geschmuggelt hast – gib es endlich zu!«

Die Pistole an der Schläfe, hielt es Schumann für ratsam, die Wahrheit zu sagen. »Ja, ich habe was durchgegeben«, räumte er ein.

»Aufstehen!«, kommandierte der Terrorist. »Du hast deine Passagiere verraten.« Er stieß Schumann vor sich her durch den Gang – von der First Class in die Economy, wo die meisten Passagiere ihnen aufgeschreckt entgegensahen. Sie hatten Fetzen der Auseinandersetzung mitbekommen, und obwohl Mahmud für seine Verhältnisse fast ruhig wirkte, spürten wohl die meisten von ihnen, dass er kurz davor war, endgültig die Beherrschung zu verlieren.

»Geh bis zur Mitte des Gangs, dann dreh dich rum und sieh mich an«, befahl er Schumann.

Er selbst blieb auf der Schwelle zur ersten Klasse stehen, die Kapitänsmütze auf dem Kopf, die Makarow auf Schumann gerichtet.

»Euer Kapitän hat euch betrogen«, rief Mahmud theatralisch aus. Mit der Waffe deutete er auf Schumann. »Er hat Informationen aus diesem Flugzeug geschmuggelt. Er hat euer Leben gefährdet. Euer Kapitän ...«

Schweigend stand Schumann im Gang zwischen den Passagieren und sah Mahmud an.

»Wo hast du das gelernt?«, fragte der Terrorist lauernd.

Schumann schwieg weiterhin.

»Antworte, oder ich knall dich ab!«, brüllte Mahmud.

»Ich war bei der deutschen Luftwaffe, Captain Mahmud.«

»Ein Armeeflieger?«, höhnte der Terrorist. »Ein tapferer Soldat, der das Leben seiner Passagiere riskiert?«

Schumann senkte den Blick und schwieg.

»Antworte!«, schrie Mahmud.

»Ja, Captain Mahmud.«

»Das heißt ›Ja, Captain Martyr Mahmud, ja, Captain!‹«, brüllte der Araber.

»Ja, Captain Martyr Mahmud, ja, Captain«, wiederholte Schumann.

»Was, ›ja‹? Sag es, Soldat!«

Jürgen Vietor sah, dass sein Kollege Haltung zu bewahren versuchte, aber die Angst machte auch ihm mehr und mehr zu schaffen. Sein Gesicht war grau und mit Schweiß bedeckt. Seine Stimme klang brüchig. »Ja, Captain Martyr

Mahmud«, sagte er, »ich habe das Leben meiner Passagiere gefährdet, weil ich Informationen nach draußen geschmuggelt habe.«
»Allerdings, das hast du, das hast du!« Mahmud nickte zufrieden. »Was für eine Art von Soldat bist du? Los, zeig mir, was du gelernt hast!«
Verständnislos sah ihn Schumann an.
»Hab acht!«, brüllte der Terrorist.
Schmumann nahm militärische Haltung an. »Zu Befehl, Captain Martyr Mahmud, zu Befehl, Captain!«
»Linksum!«
»Zu Befehl, Captain Martyr Mahmud, zu Befehl, Captain!«
Schumann schwenkte nach links.
»Rechtsum!«
»Zu Befehl, Captain Martyr Mahmud, zu Befehl, Captain!« Der Kapitän gehorchte.
Mahmud fand sichtlich Gefallen an diesem neuen Beweis seiner Macht. Er ließ Schumann weiter im Gang exerzieren, nach links und rechts schwenken, vor- und zurückmarschieren, und auf jedes Kommando musste er antworten: »Zu Befehl, Captain Martyr Mahmud, zu Befehl, Captain!«
Der Schweiß lief Schumann über Gesicht und Körper. Mund und Kehle waren ihm längst schon ausgedörrt, aber Mahmud gab keine Ruhe. »Linksum«, kommandierte er.
»Zu Befehl, Captain Martyr Mahmud, zu Befehl, Captain!«
»Linksum!«
»Zu Befehl, Captain Martyr Mahmud, zu Befehl, Captain!«

»Linksum!«
Immer wieder musste sich Schumann um die eigene Achse drehen. Ihm wurde so schwindlig, dass er ums Haar vor Mahmud hingefallen wäre.
»Setz dich hin – in der First.« Der Terrorist deutete mit der Waffe über seine Schulter nach hinten.
»Zu Befehl, Captain Martyr Mahmud, zu Befehl, Captain!« Taumelnd ging Schumann an Mahmud vorbei in die erste Klasse. Dort kam ihm Gabi Dillmann entgegen. Die blonde Stewardess streichelte ihm rasch über die Schulter, um ihn ein wenig aufzumuntern. Sein Hemd war so nass, als ob er ins Wasser gefallen wäre. Und durch den klatschnassen Stoff hindurch hatte sie gespürt, wie Schumann zitterte.
O mein Gott, dachte Gabi wieder. Sie werden uns alle umbringen, wir kommen hier nicht mehr lebend raus! Aber sie durfte den Passagieren nicht zeigen, wie verzweifelt sie war – es war ihre verdammte Pflicht, die anderen bis zuletzt aufzumuntern.
Rasch ging sie zu ihrem Platz in der Economy, zog den Kopfstützenschoner von der Lehne und verbarg ihr Gesicht darin. Dann begann sie leise, aber heftig zu weinen.
Beinahe im gleichen Moment schaltete sich mit einem letzten Zischen die Klimaanlage ab: Die APU war mangels Treibstoff ausgefallen.

24

Nachdem die Air Condition ihren Dienst eingestellt hatte, stieg die Temperatur in der Flugzeugkabine rasch auf über 40 Grad Celsius. Jung und Alt lief der Schweiß aus allen Poren. Viele ältere Passagiere litten unter Atembeschwerden und Schwindelanfällen.

Gabi Dillmann kam in die Economy, das Mikrophon in der Hand. Sie hatte sich nicht mit ihrer Chefin abgesprochen, aber Hannelore Piegler hätte ihr sonst sowieso nur einen Maulkorb verpasst. »Bitte alle mal herhören«, sagte Gabi. Sie bemühte sich um ein aufmunterndes Lächeln. »Es ist so heiß hier drin – also, ich glaube, dass jetzt wirklich kein Platz für übertriebenes Schamgefühl ist. Ziehen Sie alles aus, was Sie irgendwie entbehren können. Wir sind in den letzten Tagen doch alle zusammengewachsen, und im Grunde genommen sehen wir doch alle gleich aus.«

Die Passagiere lachten nur müde. »Einige auch ein bisschen gleicher«, sagte ein jüngerer Mann mit Blick auf die Diskoschönheiten in der hinteren Reihe. Aber selbst die reagierten kaum mehr auf diesen Spruch.

Stattdessen zogen sich alle ihre T-Shirts über den Kopf oder knöpften ihre Hemden auf und streiften sie ab. Nicht lange, und die Männer saßen mit nacktem Oberkörper da, die Frauen, junge und alte, im Büstenhalter. Strumpfhosen wurden ausgezogen, Röcke hochgeschlagen, Hosen aufgekrempelt. Ein Mann riss sich kurz entschlossen die Hosenbeine über den Knien ab und saß in improvisierten Shorts da. Andere folgten seinem Beispiel. Die kleinen Kinder durften sich ganz nackt ausziehen – unter ihnen der dreijährige Steffen, dem Gabi das »Bussibär«-Heft geschenkt hatte.

Erstaunlich war, wie gut die Kinder mit der bedrohlichen Situation zurechtkamen. Es schien, als ob sie sich instinktiv so unauffällig wie möglich benahmen, um ihr Leben nicht noch mehr zu gefährden. Kein Kind quengelte, und nicht selten waren es sogar die Kleinen, die ihre verzweifelten Eltern durch ein Lächeln oder eine Bemerkung aufmunterten.

Nachdem alle Reisenden ihre Garderobe den Temperaturen angepasst hatten, griff Gabi Dillmann nochmals zum Mikrophon.

»Leider gibt es noch eine schlechte Nachricht. Das Wasser wird langsam knapp. Bis auf weiteres können wir die Becher nur noch halbvoll machen. Als Erstes bekommen die Alten und die Kranken, dann die Frauen und Kinder. Wir teilen das jetzt mal aus.«

Zusammen mit ihren beiden Kolleginnen gab sie Becher aus, die zur Hälfte mit warmem Wasser gefüllt waren. Einem älteren Mann, der schwer atmete und mit krebsroten Kopf in seinem Sitz mehr lag als saß, brachte sie überdies eine Sauerstoffflasche mit Maske. Auch der Terrier Robby, der die meiste Zeit unter dem Sitz seines Frauchens lag, bekam eine Schale Wasser. »Da, Kleiner«, sagte Gabi, »du kannst ja nichts dafür.«

Niemand protestierte dagegen, dass sie die kostbare Flüssigkeit an den Hund verschwendete. Im Gegenteil: Von den Gesichtern der Passagiere, die die kleine Szene verfolgt hatten, konnte man ablesen, dass sie diese Eigenmächtigkeit der jungen Stewardess guthießen. Gabi Dillmann stärkte Mut, Moral und Zusammenhalt ihrer Notgemein-

schaft – ganz einfach durch ihre unaufgeregte und mitfühlende Art.
Doch nicht alle Reisenden ließen sich von ihr zu Solidarität und Nächstenliebe anstiften. Der reiche Mann, der Gabi Dillmann gleich zu Anfang der Reise unangenehm aufgefallen war, blieb sich auch in der Wüstenhitze von Dubai treu. Seinen eigenen Becher hatte er bereits geleert, während seine Frau ihr Wasser kaum angerührt hatte. Er starrte auf ihren Becher, und als sie für einen Moment abgelenkt war, nahm er ihn blitzschnell und trank ihn leer.
Seine Frau sah ihn fassungslos an. Sie waren in mittlerem Alter und sicher schon etliche Jahre verheiratet. Dass sie einen rechthaberischen Egoisten zum Mann hatte, konnte ihr also nicht ganz neu sein. Dennoch schien für sie eine Welt zusammenzubrechen – so etwas hätte sie ihm trotz allem nicht zugetraut.
»Du … du … du …« Sie stotterte vor Entgeisterung. »Du hast mein Wasser getrunken.« Sie brach in Tränen aus. »Du … du … bist doch mein Mann!«
Schweigend sah er an ihr vorbei. Die Frau schluchzte jetzt hemmungslos, doch nach wenigen Augenblicken kam der »schöne Junge« zu ihnen gerannt. »Bitte, seien Sie ruhig«, sagte er leise. »Unser Captain verträgt keinen Lärm.«
Da stürzte Mahmud bereits aus der First Class zu ihnen herein. Er zielte mit seiner Pistole auf die schluchzende Frau und brüllte: »Halt's Maul, verflucht! Halt dein verficktes Maul, oder ich knall dich ab!«
Wie versteinert saß die Frau in ihrem Sitz. Die Tränen liefen ihr noch immer aus den Augen, aber sie gab keinen Ton mehr von sich. Ihr Mann schaute unbeteiligt an ihr

vorbei. Er schien sich weder um ihre Angst und Verzweiflung noch um den schreienden Terroristen zu bekümmern.
Als Mahmud wieder hinter dem Vorhang verschwunden war, begann die Frau aufs Neue zu schluchzen. Ihr Mann reagierte so wenig wie vorher, doch von den Sitzen vor und hinter ihr wurden ihr aufmunternde Worte zugemurmelt. Hände streichelten ihr über Haar und Schultern, um sie ein wenig zu trösten.

Am Samstag in aller Frühe sah sich Helmut Schmidt zusammen mit BKA-Chef Herold im Bundeskanzleramt das neueste Videoband der Schleyer-Entführer an. Der Gekidnappte wirkte mutlos und entkräftet. Die Wand hinter ihm war nun mit zwei bizarren Zeichen geschmückt – dem Symbol der RAF mit dem Zusatz »Kommando Siegfried Hausner« und dem Kürzel S.A.W.I.O. mit dem Schriftzug »Kommando Martyr Halimeh«.
S.A.W.I.O. stand für »Struggle Against World Imperialism Organization«, »Organisation zum Kampf gegen den Weltimperialismus«, hinter der die radikale Palästinenserorganisation PFLP stand – und hinter dieser, falls die Erkenntnisse der westlichen Geheimdienste zutrafen, der sowjetische KGB.
»Ich benutze diese Gelegenheit«, sagte Schleyer mit schleppender Stimme, »um mich bei meiner Familie, allen Freunden und Kollegen für ihre Unterstützung, ihre Bemühungen zu bedanken.« Es klang beinahe wie ein Abschiedsgruß. »Ich frage mich in meiner jetzigen Situation wirklich«, fuhr der Wirtschaftsführer dann aber energischer fort, »muss denn nun etwas geschehen, damit Bonn endlich zu

einer Entscheidung kommt? Schließlich bin ich jetzt fünfeinhalb Wochen in der Haft der Terroristen – und das alles nur, weil ich mich jahrelang für diesen Staat und seine freiheitlich-demokratische Ordnung eingesetzt und exponiert habe. Manchmal kommt mir ein Ausspruch – auch von politischen Stellen – wie eine Verhöhnung dieser Tätigkeit vor.«

Horst Herold schaltete das Videogerät ab. Schweigend sahen er und der Kanzler sich an. Menschlich waren Schleyers Groll und Verzweiflung nur allzu gut zu verstehen – so wie der inständige Appell des Flugzeugkapitäns, der Helmut Schmidt nicht weniger bedrückte.

Und doch kam ein Handel mit Mördern nicht in Frage. Der Staat durfte sich nicht erpressen lassen.

Gleich im Anschluss trafen wieder die Mitglieder der Kleinen Lage im Bundeskanzleramt zusammen. Es war acht Uhr morgens. Zu klären war, ob man die von den Entführern geforderten 15 Millionen bereitstellen und Hanns Eberhard Schleyer mit dem Lösegeld zum vereinbarten Treffpunkt schicken würde.

Helmut Schmidt und sein engster Beratungskreis tagten gut eine Stunde lang, ehe sie sich zu einer Entscheidung durchrangen: Am Vorabend hatte dpa von der geplanten Übergabe Kenntnis bekommen. Die Nachrichtenagentur hatte sich zwar bereit erklärt, die Meldung vorerst nicht zu verbreiten. Aber es gab offenkundig eine undichte Stelle. »Zu gefährlich«, entschied schließlich der Kanzler, »da können wir den Schleyer-Sohn nicht hingehen lassen.« Man würde jedoch die Entführer noch am heutigen Tag auffordern, realistische Übergabebedingungen vorzuschlagen: 130 Kilogramm Banknoten durch einen einzigen Boten an einem öffentlichen Ort überbringen zu lassen war offenkundig unmöglich.

Unmittelbar danach kam auch der Große Politische Beratungskreis wieder im Kanzleramt zusammen. Mit Zustimmung der Oppositionsführer Helmut Kohl und Franz Josef Strauß wurde zweierlei beschlossen: Die Kidnapper von Hanns Martin Schleyer und die Hijacker der *Landshut* strebten offensichtlich an, beide Entführungsfälle miteinander zu verknüpfen – dagegen sollten die deutschen Verhandlungsführer versuchen, diese Verbindung möglichst aufzulösen, also jeweils separat zu verhandeln. Und: Es sollten alle Möglichkeiten ausgeschöpft werden, um eine – notfalls gewaltsame – Befreiung der Geiseln in der Lufthansa-Maschine zu erreichen.

Noch während der Beratungskreis tagte, telefonierte Bundesjustizminister Hans-Jochen Vogel mit Hanns Eberhard Schleyer, um ihn über die Beschlusslage zu informieren. Der Sohn des Entführten erklärte sich damit einverstanden, unter den gegebenen Umständen auf ein Treffen mit den Entführern zu verzichten.

»Ich stehe für einen weiteren Übergabeversuch nur dann zur Verfügung«, fügte er hinzu, »wenn die Bundesregierung keine Gewaltaktion zur Befreiung der Geiseln im Flugzeug unternimmt. Bevor ich mich mit dem Lösegeld auf den Weg mache, brauche ich eine Erklärung des Kanzlers, dass alle Bedingungen der Terroristen erfüllt werden.«

Minister Vogel nahm dies zur Kenntnis und beendete das Telefonat. Wenige Minuten darauf zeigte sich bereits, wie richtig die Entscheidung der Verantwortlichen gewesen war, die Übergabe im Hotel Intercontinental abzublasen: Um 9 Uhr 40 verbreitete dpa nun doch die bis dahin zurückgehaltene Meldung. Der genaue Ort und Zeitpunkt der Lösegeldübergabe wurde ebenso genannt wie der Name des Übermittlers und die Höhe der Summe, die überbracht werden sollte.

Um zwölf Uhr mittags beobachteten Kriminalbeamte im Intercontinental auf dem Frankfurter Flughafen, dass sich im Foyer, in der Tiefgarage und in der unmittelbaren Umgebung mehr als 100 Journalisten aufhielten, außerdem zwei TV-Teams. Falls auch die Entführer anwesend waren, gaben sie sich jedenfalls nicht zu erkennen.

In Dubai wurde es bereits wieder Abend. Da in der *Landshut* die APU ausgefallen war, ließ sich auch die Innenbeleuchtung nicht mehr einschalten. Die Passagiere saßen im Halbdunkel, und die Hitze in der Kabine war noch immer kaum zu ertragen. Dabei waren die Türen wieder geöffnet worden – von der Wüste her wehte ab und an ein wenig kühlere Abendluft herein.

Die Geiseln hatten einen schlimmen Tag hinter sich. Am Nachmittag war die Temperatur im Flugzeug bis nahe 50 Grad Celsius gestiegen. Die Wasservorräte waren weitgehend erschöpft – nur noch die Alten, die Kranken und kleine Kinder bekamen etwas zu trinken. Von allen Seiten waren schwache Rufe nach Wasser zu hören. »Ich verdurste«, murmelte es immer wieder, doch die Stewardessen konnten allenfalls noch mit ein paar Schlucken warmen Wassers aufwarten.

Ältere Menschen mit starken Atem- und Kreislaufbeschwerden wurden abwechselnd mit Sauerstoff versorgt.

Der verwirrte alte Mann wollte ein ums andere Mal aufstehen und »nach oben gehen«, wie er erklärte, »um die Taschenlampe zu holen«. Das hatte er bei Stromausfall schließlich immer schon so gemacht. Auch seine Frau verlor mehr und mehr die Orientierung – Wassermangel ruft besonders bei alten Menschen sehr schnell geistige Konfusion hervor.

Doch auch wer normalerweise über eine robuste Konstitution verfügte, geriet in der *Landshut* allmählich an seine Grenzen.

Dafür sorgte schon der Gestank, der keineswegs nur von den hoffnungslos verstopften Toiletten ausging. Alles roch nach Schweiß und Angst, nach Fäkalien und sonstigen Ausscheidungen. Bedingt durch Aufregung und Stress, hatten viele der jüngeren Frauen ihre Tage bekommen. Und während der langen Stunden, in denen alle auf ihren Sitzen ausharren mussten, hatten sich nicht wenige Passagiere still und heimlich in die Hose gemacht.

Als sich Gabi Dillmann eben für einen Moment in die offene Kabinentür setzen wollte, um frische Luft zu schöpfen, stand hinter ihr die alte Frau auf. »Ja, gut, ich hol dir die Lampe«, hörte die Stewardess sie sagen. Gabi drehte sich um – und sah eben noch, wie die alte Frau im Gang neben ihrem Sitz das Bewusstsein verlor. Der »schöne Junge« fing sie auf. Zusammen mit einem Passagier trug er die Ohnmächtige zur offenen Tür.

Gabi bedeutete ihnen, die Frau in ihren Schoß zu betten. Sanft fuhr sie ihr mit der Hand über die faltige Stirn, das dünne weiße Haar.

Die alte Frau schlug die Augen auf. »So müde«, murmelte sie. »Ich bin ja so müde.«

Die Stewardess streichelte sie und lächelte zu ihr hinunter. Dann begann sie leise zu singen:

»Guten Abend, gut' Nacht,
Mit Rosen bedacht,
Mit Näglein besteckt,
Schlupf unter die Deck'.
Morgen früh, wenn Gott will,
Wirst du wieder geweckt.
Guten Abend, gut' Nacht …«

Während Gabi noch sang, trat Schumann zu ihr in die offene Tür. Er lehnte sich an den Rahmen und sah in den Sternenhimmel hinaus.
Die Stewardess angelte sich eine in Griffweite liegende Wolldecke, rollte sie zusammen und schob sie der alten Frau unter den Kopf. Dann stand sie auf und stellte sich zu dem Kapitän.
Er nahm sie in die Arme. »Danke für vorhin«, sagte er leise.
Sie lehnte ihren Kopf an seine Brust. »Der ist so ein Schwein.«
Schumann lächelte sie an und strich ihr liebevoll eine Haarsträhne aus der Stirn. »Psst«, machte er und legte ihr einen Finger auf den Mund. »Alles wird gut. Mit etwas Glück haben wir morgen früh sogar wieder Strom.«

25

Die Nacht zum Sonntag war sogar noch schlimmer als der Nachmittag davor. Es wurde zwar ein wenig kühler in der Kabine, aber der Wassermangel brachte die Geiseln beinahe um. Halbnackt, von ihren eigenen Ausscheidungen stinkend, umgeben vom unaufhörlichen Gejammer der Verwirrten und Verdurstenden, verloren auch die jüngeren Passagiere mehr und mehr ihren Lebensmut.

Gabi Dillmann hatte ihnen nicht verraten, dass der Kapitän mit dem letzten Batteriestrom eine »Ground Power« angefordert hatte – ein Notstromaggregat, das am Boden unter dem Flugzeugrumpf installiert werden musste. Ebenso wie Schumann fürchtete sie, dass die Passagiere erst recht in Panik geraten würden, wenn sie am Morgen zu sich kämen und feststellten, dass die Klimaanlage immer noch abgeschaltet war.

Doch glücklicherweise näherte sich im ersten Morgengrauen ein Servicewagen des Airports Dubai ihrer Maschine. Mahmud stellte sich in die offene Tür und beobachtete misstrauisch, was die Männer in den weißen Technikeroveralls da draußen anstellten. Zweifellos fürchtete er, dass die vermeintlichen Mechaniker in Wirklichkeit Soldaten sein könnten, die im nächsten Moment das Flugzeug stürmen würden. Aber offenbar war auch er durch die Hitze, durch Wassermangel und Schlafentzug geschwächt – jedenfalls begnügte er sich damit, einen Warnschuss in die Dunkelheit abzugeben, ließ die Techniker aber ansonsten gewähren.

So dämmerte langsam der Sonntag herauf – der vierte Tag,

seit die *Landshut* in Palma gekapert worden war. Unter dem Rumpf der Maschine arbeiteten fieberhaft die Techniker.

Im Tower des Flughafens lag Scheich Mohammed zusammengerollt auf seiner Wolldecke und schlief. Staatsminister Wischnewski aber hatte während der Nacht kein Auge zugemacht. Zusammen mit den beiden Lufthansa-Piloten Gäbel und Lutzau stand er in der Kontrollkanzel und beobachtete durch ein Fernglas angespannt, was sich draußen bei der *Landshut* tat.

»Die Ground Power läuft«, tönte es endlich aus dem Lautsprecher.

Der arabische Verteidigungsminister wurde geweckt und ließ sich von seinen Bediensteten über den Stand der Dinge informieren.

»Die Lichter gehen an«, meldete Chefpilot Gäbel und ließ sein Fernglas sinken. »Ein Glück, das Ding läuft wieder.«

Nur einen Augenblick später meldete sich die *Landshut* über Funk. »Hier ist Lufthansa 181 für Tower Dubai«, sagte Jürgen Vietor, »Funk-Check.«

»Hier Tower Dubai für LH 181 – Funk-Check okay«, antwortete der Lotse.

»Na, wenigstens etwas«, sagte Wischnewski zu seinem Assistenten. »Sorgen Sie für eine Telefonverbindung ins Kanzleramt.«

In Bonn war es noch stockdunkle Nacht, doch im Büro des Kanzlers herrschte bereits wieder rege Betriebsamkeit. Der Abteilungsleiter des Bundesnachrichtendienstes, der Helmut Schmidt vor zwei Tagen die Bilder vom Stockholm-Attentat vorgeführt hatte, war erneut mit einem Referenten erschienen. Auch Schmidts Staatssekretär Schüler war anwesend. Abermals hatten die Geheimdienstler brisantes Bildmaterial mitgebracht, doch diese Fotografien waren brandneu.

»Wir wissen seit längerem«, sagte der Abteilungsleiter, »von dem Trainingscamp für Terroristen, das Wadi Haddad im Südjemen unterhält. Heute in aller Frühe ist dort ein Konvoi mit acht Lastwagen sowjetischer Bauart losgefahren.«

Er machte seinem Referenten ein Zeichen. Der startete einen Projektor, und an der Wand des Kanzlerbüros erschien ein Satellitenbild, das Schritt um Schritt vergrößert wurde.

»Das sind Bilder aus dem Südjemen«, erklärte der Referent. »Vor genau drei Stunden aufgenommen, Herr Bundeskanzler.«

»Wir haben das gerade eben von einem befreundeten Dienst reinbekommen«, beeilte sich der Abteilungsleiter anzufügen.

»Hier sehen Sie die Hauptstadt Aden«, übernahm wieder sein Untergebener und deutete auf das Satellitenbild. »Der Konvoi mit den acht Lkws fährt geradewegs von dem Ausbildungslager nach Aden.« Auf dem Satellitenbild war nun das Camp mit den schweren Lastwagen zu sehen, die das Lager verließen und auf einer breiten Straße Richtung Süden fuhren.

»Diese Bilder lassen nur einen Schluss zu, Herr Bundeskanzler«, sagte der Abteilungsleiter. »Das Ultimatum dient allein dazu, Druck zu machen. Die Entführer haben nicht vor, in Dubai zu bleiben – die wollen nach Aden. Dort holen die dann die Geiseln aus der Maschine und verschleppen sie in ihr Lager in der Wüste. Und wenn sie erst mal

dort sind, dann könnten selbst die Israelis die nicht lebend wieder herausholen.«
Helmut Schmidt starrte auf das Satellitenbild. Die Umrisse des Lagers waren deutlich zu erkennen, darin die Silhouette einfacher Häuser und Hütten. Und der bedrohlich aussehende Konvoi, der auf die Straße nach Aden einbog.
Der Kanzler drückte seine Zigarette im Aschenbecher aus. »Und dann?«, fragte er knapp.
»Dann werden die den Druck auf Sie erhöhen, Herr Bundeskanzler«, antwortete der Abteilungsleiter. »Die erschießen jede Stunde eine Geisel – ich weiß nicht, wie lange Sie das durchhalten können.«
Helmut Schmidt fuhr sich mit der Hand über das Gesicht. »Das wäre das Ende«, sagte er.
Noch ehe einer der Anwesenden etwas antworten konnte, klingelte das Telefon auf dem Schreibtisch des Kanzlers. Helmut Schmidt drückte auf die Freisprechtaste. Die Vermittlung meldete, dass Staatsminister Wischnewski in der Leitung sei.
»Stellen Sie durch«, sagte der Kanzler.
Aus dem Lautsprecher tönte die Stimme seines offenbar gutgelaunten, wenn auch übernächtigten Emissärs. »Guten Morgen, Helmut! Ausnahmsweise mal eine gute Nachricht: Scheich Mohammed hat eingewilligt, dass Wegener seine Leute für den Sturm auf das Flugzeug trainiert.«
»Wenigstens etwas, Hans-Jürgen.«
»Und wenn du nichts dagegen hast«, fuhr Wischnewski fort, »hau ich mich jetzt mal für einen Moment aufs Ohr. Ich bin seit 50 Stunden auf den Beinen.«
»Klar, mach das«, sagte der Kanzler. »Danke – und schlaf gut.« Er schaltete das Telefon aus. »Uns bleiben«, sagte er

in die Runde, »sieben Stunden bis zum Ende des Ultimatums. Meine Herren, das ist unsere letzte Chance.«

Verbissen kämpfte währenddessen auch GSG-9-Chef Wegener um seine vielleicht allerletzte Chance. Wenn er schon nicht selbst mit seinen Männern die *Landshut* stürmen durfte, weil die »Ehre der Araber« das verbot, so würde er die Beduinen zumindest in Rekordzeit ausbilden.
Scheich Mohammed hatte in der Tat keine Mühen gescheut, um die Deutschen zu unterstützen. Er hatte ihnen die Basis seiner Luftwaffe drei Kilometer Luftlinie vom International Airport Dubai zur Verfügung gestellt, damit Wegener die Männer dort trainieren konnte. Sogar eine Boeing 737 war als Übungsflieger herbeigeschafft worden. Und die 30 Fallschirmjäger aus der Armee der Vereinigten Arabischen Emirate wirkten hellwach und hochmotiviert. Diverse Offizielle in Uniform oder Burnus beobachteten, wie Wegener ihnen vormachte, was sie beim Sturm auf die Maschine beachten mussten.
Obwohl der Tag gerade erst begonnen hatte, knallte die Sonne schon wieder gnadenlos vom Himmel und heizte die Stahlflächen des Fliegers wie Herdplatten auf.
»Noch einmal«, sagte Wegener auf Englisch zu den Fallschirmjägern. »Für die Türen am Bug und am Heck nehmen wir Leitern. Zu den Notausgängen in der Mitte kommen wir über die Flügel. Ich mach Ihnen das jetzt mal vor.«
Er ging zum Heck des Flugzeugs und schlich lautlos unter dem Rumpf voran, bis er zu den Tragflächen gelangte. »Sie dringen unterhalb des Flugzeugs von hinten vor«, kommentierte er dabei. Er tauchte unter dem Rumpf hervor

und stellte sich neben die Tragfläche. »Dann beginnt der Sturm auf die Maschine«, sagte er und schwang sich mit einem geschmeidigen Klimmzug auf den Flügel. Oben rannte er über die Tragfläche bis zum Notausgang des Fliegers und riss mit einem Ruck die Tür auf. »Das Ganze darf nicht länger als fünf Sekunden dauern«, rief er den Arabern von oben aus zu.

Er sprang von der Tragfläche. »Kommen Sie alle hierher. Ich zeige es Ihnen noch einmal.« Wegener wartete, bis sich alle 30 Mann um ihn versammelt hatten, dann führte er aufs Neue vor, wie man blitzschnell auf die Tragfläche und zum Notausgang der 737 gelangte. Das Blech des Flügels war so heiß, dass ihm Finger und Handflächen geröstet wurden. Aber er verzog keine Miene – in wenigen Stunden lief das Ultimatum ab, nichts anderes zählte jetzt.

26

Mahmud schien die Gefahr zu wittern, die sich für ihn und seine Kumpanen über der *Landshut* zusammenbraute. Nur eine halbe Stunde nachdem die Ground Power angeschlossen, die Funkverbindung wiederhergestellt worden war, schrie er bereits wieder ins Mikrophon:

»Hier spricht Captain Martyr Mahmud, lassen Sie augenblicklich die Maschine volltanken.«

»Negativ«, antwortete der Tower. »Sie müssen sich gedulden.«

Der Terrorist bekam einen erneuten Wutanfall. Er brüllte

so laut ins Mikrophon, dass längere Zeit nur das Pfeifen der Rückkopplung zu hören war.

»Negativ«, sagte Scheich Mohammed am Lotsenpult wieder. »Bitte sprechen Sie langsam und leise.«

»Auftanken«, kreischte der Entführer, »oder ich jage die Maschine in die Luft!«

»Sind Sie bereit, die Kranken, die Frauen und die Kinder freizulassen?«

»Nein!«, schrie Mahmud. »Niemand wird freigelassen. Lassen Sie volltanken – oder wir sprengen das Flugzeug.«

»Warten Sie«, sagte Scheich Mohammed, »wir müssen das besprechen. Sie hören wieder von uns.« Er brach die Verbindung ab.

Der deutsche Psychologe Salewski hatte diesem Wortwechsel mit wachsender Verzweiflung zugehört. Zusammen mit den beiden Lufthansa-Piloten Gäbel und von Lutzau durfte er sich zwar im Tower aufhalten, aber nach wie vor war es ihm untersagt, mit den Entführern direkt zu verhandeln. »Das ist Irrsinn«, sagte er leise, »er treibt sie in die Enge und bricht dann auch noch von sich aus das Gespräch ab.«

In der *Landshut* waren die Geiseln mit Wasser und einer notdürftigen Mahlzeit vom Airport Catering versorgt worden. Mahmud hatte angeordnet, dass alle sich wieder bekleiden sollten, wie es Allahs Geboten entsprach. Die Klimaanlage lief, eine trügerische Normalität kehrte in die Kabine zurück. Doch die Passagiere hatten sich von den Strapazen der vergangenen Nacht noch lange nicht erholt, als Mahmud einmal mehr den Vorhang zur Seite riss und in die Economy stürzte.

»Hände hoch!«, schrie er mit heiserer Stimme. »Alle die Hände hoch, sofort!« Er zielte mit der Makarow wahllos auf verschiedene Passagiere.

Die meisten von ihnen waren am Ende ihrer Kräfte. Obwohl aus den Düsen der Air Condition wieder kühlende Luft kam, hingen sie nur apathisch in ihren Sitzen. Kaum jemand sprach etwas. Alle hoben nur wie Marionetten ihre Arme. Selbst die drei anderen Terroristen sahen bloß passiv, fast teilnahmslos zu, während ihr Anführer wieder einmal durchzudrehen schien.

Mahmud deutete auf Schumann, der auf einem Gangplatz in der Touristenklasse saß. »Du bist die Null!«, schrie er.

Der Kapitän sah ihn verständnislos an.

Der Terrorist deutete auf Diana Schneider, die junge Disko-Schönheit, deren Gesicht in Grün und Blau schillerte. »Du bist die Eins!«

Willkürlich zielte Mahmud mit seiner Waffe auf einen jungen Mann, der schräg vor Diana saß. »Und du bist die Zwei!«

Gabi Dillmann war gerade erst für ein paar Minuten eingenickt, als der Terrorist hereingepoltert kam. Schlaftrunken und verstört sah sie in die Mündung von Mahmuds Pistole. »Du bist die Drei!«, kreischte er, das Gesicht vor Hass und Zorn verzerrt.

Er rannte weiter hin und her und verteilte Nummern an wahllos herausgegriffene Geiseln.

Gabi Dillmann verständigte sich durch einen raschen Blick mit dem Kapitän. Beiden begann zu dämmern, was Mahmud vorhatte.

Währenddessen war der Terrorist bereits wieder durch die ganze Maschine nach vorne gerannt. Im Cockpit riss er das

Mikrophon aus seiner Halterung. »Hier spricht Captain Martyr Mahmud«, schrie er. »Tower, ich setze Ihnen hiermit eine letzte Frist. Wenn die Maschine nicht bis neun Uhr aufgetankt ist, werde ich den Kapitän und zwei Passagiere unter 30 Jahren erschießen.«

»Sie kennen unsere Position«, gab Scheich Mohammed zurück, »lassen Sie die Kranken, die Frauen und Kinder frei – dann bekommen Sie Ihre Tankfüllung.«

Mahmud hörte auf zu schreien. Seine Ruhe wirkte allerdings noch gefährlicher. »Erfüllen Sie meine Forderungen – oder Schumann wird erschossen. Danach wird alle fünf Minuten ein Passagier getötet. Die beiden nächsten werden ein 18-jähriges Mädchen und ein 24-jähriger junger Mann sein.«

Salewski und die beiden Lufthansa-Piloten kamen überein, dass sie nicht länger warten durften. »Ich gehe den Minister wecken«, sagte Gäbel, »bleiben Sie mal besser hier, Salewski – Sie werden vielleicht doch noch gebraucht.«

Keine fünf Minuten später traf Wischnewski auf dem Tower ein. Er hatte in der VIP-Lounge in einem Sessel geschlafen – besonders erholsam war das nicht gewesen, aber »Ben Wisch« war hart im Nehmen. Sein Jackett war ein wenig zerknittert, seine Krawatte hing auf Halbmast, und auch seine Zuversicht sank, als er erkannte, was sich hier gerade abspielte.

»Noch achteinhalb Minuten bis zur ersten Hinrichtung«, verkündete Mahmud über Funk. »Die Leichen werden durch die Kabinentür auf das Rollfeld geworfen.«

Scheich Mohammed schien einzusehen, dass er mit seiner Verhandlungsstrategie gegen die Wand gefahren war. Er warf dem deutschen Minister einen nervösen Blick zu.

»Einen Moment, bitte«, sagte er zu Mahmud, »wir melden uns gleich wieder.«
Wischnewski trat neben den arabischen Verteidigungsminister ans Lotsenpult. »Alles darf passieren«, sagte er in beschwörendem Tonfall, »nur die Maschine muss hier bleiben.«
Der Scheich gab ihm keine Antwort. »Brauchen Sie Sprit, um zu starten?«, fragte er über Funk.
»Genau das ist mein Problem, Hoheit. Ich will jetzt einen vollen Tank – oder Sie bekommen Leichen serviert.«
Mit einer Geste des Bedauerns sah Scheich Mohammed seinen deutschen Staatsgast an. Dann erteilte er den Lotsen und seinen Ordonnanzoffizieren auf Arabisch einige rasche Befehle.
»Kerosin ist verfügbar«, meldete einer der Lotsen über Funk.
»Her damit, auf der Stelle«, kommandierte Mahmud, der noch immer ruhig und beherrscht klang.
»Noch etwas Geduld – wir müssen den Tankzug befüllen und losschicken.«
»Sie haben noch drei Minuten«, verkündete Mahmud. »Dann ist die erste Geisel tot.« Ein Knacken in der Leitung – diesmal war es der Terrorist, der die Verbindung unterbrach.

Doch Mahmud hatte nur das Mikrophon gewechselt: Wenige Sekunden, nachdem er Scheich Mohammed die Erschießung der ersten Geisel angekündigt hatte, ertönte seine heisere Stimme in den Bordlautsprechern. »Nummer eins – zum Cockpit.«
Diana Schneider sah ihre Sitznachbarin Jutta Jürgens an.

Die ältere Frau wollte ihr beruhigend zulächeln, aber es gelang ihr nicht. Diana zitterte am ganzen Leib. Und Jutta wäre es an ihrer Stelle nicht anders gegangen. Diejenigen Passagiere, die überhaupt noch wahrnahmen, was um sie herum passierte, waren sich stillschweigend einig: Die Nummerierung bedeutete, dass die Betreffenden nacheinander erschossen werden sollten. Und Diana war die Nummer eins.

Zitternd ging Diana durch den Gang in Richtung Cockpit. Mahmud erwartete sie an der vorderen Tür, die weit offen stand. Er befahl ihr, sich auf die Schwelle zu stellen, das Gesicht zum Tower gewandt. Mit der einen Hand hielt er ihr die Pistole an die Schläfe, mit der anderen hob er das Funkmikrophon vor seinen Mund. »Noch zwei Minuten.«

Auf dem Kopilotensitz im Cockpit saß Jürgen Vietor und hielt angespannt Ausschau. Warum zum Teufel schickten die nicht endlich den verdammten Sprit? Er konnte sich mühelos vorstellen, dass die GSG 9 eine gewaltsame Aktion probieren würde – aber nur, um Zeit zu gewinnen, konnten die da drüben doch nicht in Kauf nehmen, dass der irre Araber die Passagiere erschoss?

»Noch eine Minute«, sagte Mahmud. »Noch 59 Sekunden ... 58 ... 57 ... 56 ...«

Diana Schneider war vor Angst schon kaum mehr bei Bewusstsein. Sie wäre wohl einfach umgefallen, wenn der Terrorist im engen Türrahmen nicht so dicht neben ihr gestanden hätte, dass sie praktisch an ihm lehnte.

»33 ... 32 ... 31 ...«

Diana roch seinen Schweiß, seinen seit Tagen ungewaschenen Körper. Auch sie selbst roch sicherlich nicht viel besser, nach Schmutz und Schweiß und ihrem eigenen Blut.

Sie hätte jetzt weinen müssen, verzweifelt sein, weil ihr Leben zu Ende war, bevor es richtig begonnen hatte. Aber seit sie von Mahmud gefoltert worden war, seit sie vor ihm gekniet und er sie grün und blau geschlagen hatte, stand sie unter Schock und fühlte so gut wie überhaupt nichts mehr. Keine Schmerzen, keine Trauer. Nur diese elende, unbeherrschbare Angst.

»24 … 23 … 22 …«

»Captain Mahmud, Captain!«, schrie Vietor aus dem Cockpit. »Da kommt ein Tankzug. Nicht schießen – sie bringen uns den Sprit!«

Mahmud beugte sich weiter aus der Tür. Tatsächlich kam mit hoher Geschwindigkeit ein Tankzug auf sie zu. Der Terrorist nahm die Waffe von Dianas Schläfe. Als er einen Schritt zurücktrat, fiel das Mädchen ohnmächtig zu Boden. Mahmud schenkte ihr keine Beachtung mehr. Er ging in die First Class und warf sich in seinen Sitz.

Als Gabi Dillmann herbeigeeilt kam, um sich um die Bewusstlose zu kümmern, hörte sie ihn wieder einmal murmeln: »Wenn ich nicht bald jemanden erschieße, drehe ich durch.«

Kurz nach 15 Uhr Ortszeit beschloss Wegener, das Training der Fallschirmjäger zu beenden. Ein letztes Mal sollten die 30 Araber die Übungseinheit absolvieren – mehr konnte er in der Kürze der Zeit nicht tun. Das Ultimatum der Entführer lief in diesen Minuten ab, aber Minister Wischnewski hatte ihm erklärt, dass sie die Hijacker notfalls auch noch etwas länger hinhalten könnten. Auf keinen Fall durften sie einen überstürzten Angriff mit vollkommen unzulänglich ausgebildeten Soldaten riskieren. Und

ohnehin konnten sie nicht losschlagen, bevor die Aktion von den allerhöchsten arabischen Stellen abgesegnet worden war.
Wegener stand in laufender Funkverbindung mit Wischnewski. Um elf Uhr mitteleuropäischer Zeit hatte der Bundeskanzler Fernschreiben an Scheich Zayed, den Präsidenten der Vereinigten Arabischen Emirate, und Scheich Rashid, Vizepräsident des Staatenbundes und Herrscher von Dubai, übermittelt. Darin bat er sie, eine gewaltsame Befreiung der *Landshut*-Geiseln durch die Fallschirmjäger ihrer eigenen Armee aus humanitären Gründen zu genehmigen. Kurz darauf ließ sich Helmut Schmidt mit Scheich Zayed verbinden und trug dem Herrscher mehr als eine Dreiviertelstunde lang seine Bitte und die Hintergründe vor.
Währenddessen befahl Wegener seinen arabischen Rekruten, sich noch einmal unter die Übungsmaschine zu begeben. Die Stoppuhr in der Hand, gab er das Kommando zum Sturm. »Los!«
Wie sie es an diesem Vormittag eingeübt hatten, kamen unter jedem der sechs Eingänge der 737 fünf Soldaten hervor. Sie legten Aluminiumleitern an den vorderen und hinteren Eingängen an, zwei Mann sicherten eine Leiter, drei rannten hinauf. Währenddessen zogen sich je drei Männer an den Flügeln empor und eilten auf die Notausgänge zu.
»Aufmachen!«, befahl Wegener. Die Soldaten öffneten die Türen, rissen sie auf und stürmten in die Maschine.
Der GSG-9-Chef drückte auf die Stoppuhr. »18 Sekunden«, sagte er zu dem arabischen Offizier, der ihm während des Trainings nicht von der Seite gewichen war. »Kein perfektes Team, aber es könnte funktionieren.« Tatsächlich

waren die Fallschirmjäger allesamt sehnige, durchtrainierte junge Männer, außerdem lernbegierig und von rascher Auffassungsgabe.
Wegener bemerkte den Blick des arabischen Offiziers: Seine Handflächen waren mit blutigen Blasen übersät, seit er den Soldaten vorexerziert hatte, wie sie auf die Tragflächen gelangen konnten. »Sie sollten das verbinden lassen«, sagte der Araber.
»Alles okay«, wehrte Wegener ab. »Jetzt schnell zum Tower.«
Sie eilten zu dem bereitstehenden Jeep und fuhren mit hohem Tempo zum Airport zurück. Ihnen folgte der Mannschaftswagen mit den 30 Fallschirmjägern.
Jetzt oder nie, dachte Wegener. Noch hatte er von Wischnewski kein Okay bekommen, und das war ohnehin ziemlich sonderbar: Seit mindestens einer halben Stunde hatte er von dem Minister nichts mehr gehört.
Als sie im Tower eintrafen, erkannte Wegener mit einem Blick, was passiert war: Draußen auf dem Rollfeld stand die *Landshut* zwar noch in ihrer alten Position, doch die Triebwerke waren bereits angelassen, die Türen geschlossen.
Scheich Mohammed stand inmitten des Raums, ein tragbares Telefon am Ohr. Aufgeregt sprach er hinein, verstummte schließlich und nickte widerstrebend.
Wegener trat zu Wischnewski, den beiden Piloten und dem Psychologen Salewski. »Alles vorbei«, sagte der Minister eben.
Die *Landshut* rollte an. »Verdammt noch mal, das dürfen wir nicht zulassen!«, schrie Wegener. »Sperrt die Rollbahn, tut irgendwas!«

»Zu spät«, sagte Wischnewski. »Der Herrscher persönlich hat entschieden. Eben hat er seinen Minister angewiesen, den Start freizugeben.« Er deutete auf Scheich Mohammed, der mit starrer Miene auf Arabisch Befehle erteilte.
Mit einer abrupten Bewegung riss der junge Araber noch einmal das Funkmikrophon an sich. Er rief einige beschwörende Sätze, doch er bekam keine Antwort mehr.
»Was hat er gesagt?«, fragte Wischnewski einen Übersetzer, der sich ständig zu seiner Verfügung hielt.
»Im Namen Gottes, des Barmherzigen, lasst wenigstens die Kinder frei.«
Scheich Mohammed sank auf einen Stuhl, sein Gesicht war grau vor Müdigkeit und ohnmächtigem Zorn.
Weit draußen auf der Startbahn beschleunigte die *Landshut* und hob kurz darauf ab.

27

Unter dem Flugzeug zogen das blaue Meer und malerische Buchten vorbei. Eine traumhafte Landschaft, wie für ewige Ferien. Doch die Geiseln in der *Landshut* waren in einem Alptraum gefangen, aus dem es offenbar keinen Ausweg mehr gab.
Im Cockpit saßen Schumann und Vietor auf ihren Pilotensitzen. Der Kopilot steuerte. Hinter ihnen, jetzt wieder betont entspannt und siegesgewiss, Mahmud auf dem First Observer Seat. Er zog einen Zettel aus der Hosentasche. Im Augenwinkel erkannte Vietor, dass es eine handschrift-

liche Liste ihrer bisherigen Flugziele war. Daneben standen jeweils Richtungsangaben. Offenbar hatten sie die Liste abgearbeitet – bis auf ein allerletztes Ziel, das am Ende der Liste stand.

»Wir fliegen nach Aden«, verkündete Mahmud.

Während Schumann den Kurs berechnete, ging Vietor ein beunruhigender Gedanke durch den Kopf: Unser gesamter angeblicher Irrflug – alles ein abgekartetes Spiel? Die Liste in Mahmuds Hand ließ eigentlich nur diesen Schluss zu: Ihr Ziel war von vornherein der kommunistische Südjemen gewesen.

Der Kapitän zog ein Buch aus der Ablage hinter seinem Sitz, schlug einige Daten nach. »Flight Level 330«, sagte er zu seinem Kollegen. »Halt dich 180 Grad Richtung Ras Madrakah. Treibstoff reicht gerade so bis Aden.«

Sie beschrieben eine langgestreckte Kurve und flogen nun ins Landesinnere. Meer und Strände blieben hinter ihnen zurück wie ein unerreichbarer Traum. So weit man sehen konnte, erstreckte sich unter ihnen nur noch Sand- und Geröllwüste. Eine Mondlandschaft. Um den Jemen zu erreichen, mussten sie das Sultanat Oman an der Westküste der Arabischen Halbinsel in voller Länge überfliegen.

Schumann griff zum Funkmikrophon. »Hier ist Lufthansa 181 – Air Control Oman, bitte melden.«

»Hier Air Control Oman.«

»LH 181 bittet um Landeerlaubnis für Aden.«

»Hier Air Control Oman, bitte warten Sie, LH 181 – wir checken das für Sie.« Geraume Zeit waren nur Störgeräusche zu hören. Dann meldete sich die Luftraumüberwachung des Sultanats erneut. »Hier Air Control Oman für Lufthansa 181. Aden ist gesperrt – Landung unmöglich.«

Mahmud beugte sich über Schumanns Schulter und schaltete das Funkgerät ab. »Wie auch immer«, sagte er, »wir landen in Aden.«

Im Kanzleramt tagte wiederum die Kleine Lage.
Verkehrs-Staatssekretär Ruhnau stand mit einem Zeigestock vor der Landkarte und erläuterte die Flugroute der *Landshut*. »Die fliegen Richtung Südwesten. Sieht so aus, als wollten sie nach Aden. Die Flugzeit beträgt etwa vier Stunden – so gegen 19 Uhr Ortszeit müssten die dort eintreffen.«
Helmut Schmidt klopfte sich eine große Prise aus der Schnupftabakdose und saugte sie sich in die Nase. »Wenn die im Jemen runtergehen, ist alles aus.« Ernst schaute er in die Runde. Alle Anwesenden dachten an die Erkenntnisse, die der Bundesnachrichtendienst dem Kanzler vorgetragen hatte: Die Geiseln sollten in ein palästinensisches Terrorcamp in der Wüste Jemens gebracht werden, wo sie selbst für die beste Antiterroreinheit der Welt unerreichbar wären. Schmidt wandte sich an Außenminister Hans-Dietrich Genscher. »Was sagen die Sowjets?«
Der bedächtige Liberale wiegte den Kopf. »Wir haben heute früh unseren Botschafter mit einer Demarche in den Kreml geschickt.«
»Und?«, hakte Schmidt ungeduldig nach.
»Keine Reaktion.«
»Das war ja wohl klar.« Der Kanzler ging von Schnupftabak zu Zigaretten über. »Was können wir jetzt noch tun?« In eine Rauchwolke gehüllt, sah er von Genscher zu seinem Staatssekretär. »Schüler?«
»In Ostberlin anklopfen«, schlug der vor. »Im Südjemen

sind jede Menge DDR-Bürger. Angeblich helfen die beim Ausbau des Innenministeriums.«
»Stasi?« Als Schüler nickte, verzog Helmut Schmidt das Gesicht. »Na gut, dann schickt den Gaus los. Hauptsache, irgendeiner hilft – meinetwegen auch die Herren in Ostberlin!«
Der Ständige Vertreter der BRD in der DDR, Günter Gaus, war im Grunde ein Botschafter des einen Deutschlands in der Hauptstadt des anderen – auch wenn er aus politischen Gründen nicht so genannt werden durfte: Die Bonner Regierung akzeptierte die DDR zwar als souveränen Staat, aber nicht als Ausland, sondern sah sie als Territorium an, mit dem man eine staatliche Wiedervereinigung anstrebte.
»Vielleicht bringen die ja die Jemeniten zur Vernunft«, sagte Schüler ohne rechte Überzeugung.
Der Kanzler erhob sich aus seinem Sessel und ging unruhig im Schmidt-Rottluff-Zimmer auf und ab. »Die oder wer auch immer, das ist mir egal!«, rief er aus. »Sonst werden die Geiseln in das Terrorcamp verschleppt – und dann können wir alle nach Hause gehen.« Er blieb neben seinem Staatssekretär stehen. »Wo ist der Wegener jetzt?«
»Mit Wischnewski auf dem Weg nach Aden.«
»Gut«, sagte Helmut Schmidt und ignorierte die Anzeichen wachsender Unruhe bei seinem Außenminister. »Ich will, dass auf jeden Fall auch die GSG 9 in der Nähe ist.«
Der Innenminister meldete sich zu Wort. Von Anfang an war er entschieden dafür eingetreten, die Geiseln notfalls gewaltsam zu befreien. »Wir könnten Wegeners Truppe nach Akrotiri schicken, zum Nato-Flughafen auf Kreta.«
Helmut Schmidt warf einen raschen Blick in die Runde. »Also gut. Setzt die GSG 9 in Marsch.«

Um kurz vor 16 Uhr Ortszeit befand sich die *Landshut* noch etwa 60 Kilometer nordöstlich von Aden. Die Piloten hatten bereits mit dem Sinkflug begonnen – die Halbinsel lag deutlich sichtbar vor ihnen. Die Hauptstadt selbst und der Flughafen lagen unmittelbar am Rand des Meeres.

»Wir landen, wir landen«, trällerte Mahmud. Seit sie auf dem Weg nach Aden waren, wirkte der Terrorist geradezu unheimlich gelassen und siegesgewiss. So als ob er den schwierigsten Teil seiner Mission hinter sich hätte und ab jetzt nichts mehr passieren könnte.

»Wie hoch sind die Berge wohl?« Jürgen Schumann deutete auf das Gebirgsmassiv im Nordwesten der Stadt.

»Weiß nicht so genau«, gab der Kopilot zurück. »Vielleicht 2000 Fuß. Ich war hier jedenfalls schon einmal, ist allerdings 'ne Weile her – zwölf Jahre. Auf Weltreise mit der *Deutschland*, unserem Marine-Schulschiff, damals als Lehroffizier.« Er lächelte versonnen. »Greif doch mal in meine Jacke«, sagte er, »und gib mir meinen Schlüsselbund.«

Die Jacke hing hinter ihm am Garderobenhaken. Schumann drehte sich um, holte den Bund heraus und reichte ihn Vietor. Der Kopilot nahm seine Schlüssel, nestelte einen kleinen Emailanhänger ab und legte ihn so auf die flache Hand, dass Schumann ihn sehen konnte.

»Das Wappen der *Deutschland*«, erklärte er, »den Anhänger hab ich seit damals immer bei mir.« Er hängte ihn vor sich ans Instrumentenbrett. »Verrückt, was – jetzt komm ich auf die Weise wieder hierher.«

In sicherer Höhe steuerte er die *Landshut* über den schroff emporragenden Gebirgszug hinweg. Oben auf dem Gipfel

erkannten sie einen Schäfer mit seiner Herde, der ihnen nachwinkte, den Kopf in den Nacken zurückgelegt.
»Die Sorgen möchte ich haben«, sagte Schumann. »Ich versuch's noch mal.«
Sie hatten jetzt den Ozean unter sich. Während Vietor den Landeanflug einleitete, griff Schumann erneut zum Mikrophon. »Hier ist Lufthansa 181 – Tower Aden, bitte melden.«
»Hier Tower Aden – LH 181, sprechen Sie.«
»Lufthansa 181 erbittet Landeerlaubnis für Aden Airport.«
»Negativ, LH 181!« Die Stimme im Lautsprecher klang erregt. »Aden Airport ist geschlossen.«
Jürgen Vietor flog eine große Schleife über dem Golf von Aden. Auf der Instrumententafel vor ihm erzitterte der Emailanhänger im Rhythmus der Flugvibration.
»Ich wiederhole: Aden Airport ist geschlossen.« Der Lotse im Tower unter ihnen klang jetzt ernsthaft besorgt.
Vietor flog den Airport an. Aus einer Höhe von 1000 Fuß waren Rollfeld und Abfertigungsgebäude deutlich zu erkennen. Ebenso wie die Trucks und Panzerfahrzeuge, mit denen die Landebahnen blockiert waren.
»Captain Mahmud«, sagte Schumann, »wir können hier nicht runter. Die haben die Pisten zugeräumt.«
Der Terrorist warf einen Blick auf den Airport unter ihnen. Dann griff er zum Funkmikrophon. »Hier spricht Captain Martyr Mahmud von der Operation ›Kofre Kaddum‹ der Halimeh-Einheit der Organisation zum Kampf gegen ...«
Der Lotse fiel ihm ins Wort. »Die Landebahn ist gesperrt. Sie haben keine Landeerlaubnis.«
Die Funkverbindung wurde unterbrochen. Schumann hatte unterdessen ausgerechnet, wie lange ihr Treibstoff noch

reichte. »Der nächste Airport ist Djibuti auf der anderen Golfseite – aber so weit kommen wir nicht mehr. Unser Sprit reicht höchstens noch für 15 Minuten.«
»Schau dir das an«, sagte Vietor, »das da unten werden immer mehr.«
Tatsächlich fuhren immer weitere Lastwagen, Panzer und Omnibusse auf das Rollfeld. Die Verantwortlichen im Airport Aden schienen finster entschlossen, eine Landung der gekaperten Maschine mit allen Mitteln zu verhindern.
Mahmud starrte nach unten. Seine Siegerlaune war wie weggeblasen – auf einmal wirkte er wieder düster und angespannt. »Wir landen«, befahl er.
»Die Hauptlandebahnen sind alle dicht«, sagte Vietor zum Kapitän, »die Notlandebahnen auch.«
»Und das Flugvorfeld«, ergänzte Schumann, »genauso.«
Der Kopilot deutete auf einen hellen Streifen, der sich zwischen den beiden Landebahnen hinzog. »Siehst du den Sandstreifen da – das ist unsere einzige Möglichkeit.«
Schumann atmete tief durch. »Das wird verdammt eng. Aber anders geht es nicht.« Er drehte sich zu Mahmud um und erklärte ihm, was sie vorhatten.
Währenddessen rief Schumann über den Bordfunk Gabi Dillmann ins Cockpit. »Wir haben eine Crash-Landung vor uns, Gabi.« Er schaute sie ernst an. »Kümmert euch um die Passagiere, ja? Ich mach gleich eine Durchsage.«

In der Economy schreckten die Passagiere aus ihrem Dämmerzustand auf, als sich Jürgen Schumann über die Bordlautsprecher meldete. »Meine Damen und Herren, hier spricht Ihr Kapitän. Wir werden in etwa zehn Minuten auf dem Flughafen Aden eine Notlandung machen. Bitte blei-

ben Sie ruhig und befolgen Sie die Anweisungen des Kabinenpersonals.«
Verstört sahen die Reisenden einander an. Dieser Alptraum schien niemals mehr enden zu wollen. Und immer wenn man glaubte, dass nun nichts Schlimmeres mehr kommen könnte, bahnte sich schon die nächste Katastrophe an.
Gabi Dillmann meldete sich über das Bordmikrophon. »Als Erstes setzen Sie bitte die Brillen ab. Dann nehmen Sie alle spitzen Gegenstände, die Sie noch in den Taschen oder an der Kleidung haben, heraus. Kugelschreiber, Broschen, Kämme – auch die Gebisse müssen Sie bitte herausnehmen, die können Sie bei der Landung nämlich verschlucken. Wir gehen jetzt durch die Reihen. Alles wird in einem Beutel eingesammelt, und nach der Landung bekommen Sie alles zurück.«
Die drei Stewardessen gingen durch die Kabine, ließen Plastikbeutel von Sitz zu Sitz reichen, und jeder musste auch noch seine letzten Habseligkeiten abgeben. Sodann nahmen die Stewardessen Decken und Kleidungsstücke aus den Gepäckfächern.
»Wir geben Ihnen jetzt alle verfügbaren Gegenstände, mit denen Sie Ihren Kopf abpolstern können«, sagte Gabi durch. »Geben Sie bitte acht, dass sich auch in den Jacken, die wir jetzt austeilen, keine spitzen oder harten Gegenstände mehr befinden. In den Sitztaschen Ihres Vordersitzes finden Sie eine schematische Darstellung der Safety-Position, die Sie bei der Landung einnehmen müssen: Kissen vors Gesicht, Kopf zwischen die Beine, Knie festhalten.«
Verängstigt nahmen die Passagiere die Plastikkarte mit den Sicherheitsanweisungen heraus. Diana Schneider begann

erneut am ganzen Leib zu zittern. Das zerstrittene reiche Ehepaar bereitete sich jeder für sich auf die Notlandung vor. Obwohl sie möglicherweise nur noch wenige Minuten leben würden, hatten sie keinen Blick füreinander, kein versöhnliches Wort. Birgit Röhll dagegen fasste die Hand ihres Sohnes Stefan und lächelte ihn so zuversichtlich an, wie sie irgend konnte. »Schumann ist ein erfahrener Captain«, sagte sie, »die schaffen das.«
»Wenn ich ›runter‹ rufe«, sagte Gabi über Bordfunk, »drücken Sie die Rückenlehnen vor, und dann gehen Sie mit Ihrem Kopf bitte runter. Und achten Sie darauf: Bei der Landung kann es mehrere Stöße geben – richten Sie sich auf keinen Fall nach dem ersten Stoß auf, und versuchen Sie nicht, sich abzuschnallen oder gar aufzustehen.«
Jutta Jürgens, die blonde Sparkassenleiterin und Strand-Schönheitskönigin, umklammerte das Medaillon mit dem Schwarzweißbild ihres Sohnes Mike. Ebenso gefasst wie Lyvia Vamos, die ältere Dame, die das KZ überlebt hatte, folgte sie den Anweisungen der Crew. In der Maschine war es so still geworden wie in einer Kirche. Nur der verwirrte alte Mann rief um Hilfe, weil er sein Gebiss verloren hatte und auch seine Brille nicht mehr fand. Alle anderen Passagiere hielten den Atem an, während die *Landshut* ihre letzte Schleife über dem Golf von Aden flog.

Am Horizont versank die Sonne bereits wieder im Meer – kurz vor 19 Uhr Ortszeit. Vielleicht mein letzter Sonnenuntergang, dachte Vietor.
»Sprit jetzt unter 700 Kilo«, meldete Schumann. »Verbleibende Flugzeit: vier bis fünf Minuten.«
Vietor schaltete das Funkgerät ein. Auch wenn die da unten

bestimmt nicht mehr einlenken würden – eine letzte Notfallmeldung mussten sie noch absetzen. »Lufthansa 181 an Tower Aden«, sagte er, »das ist eine Notlandung. Wir sind eine entführte deutsche Maschine. Dies ist ein Notfall – wir haben nicht mehr genug Treibstoff, um einen anderen Flughafen zu erreichen.«

»Negativ, LH 181. Sie haben keine Landeerlaubnis. Aden Airport ist gesperrt.«

Vietor holte tief Luft. »Wir kommen jetzt runter – selbst wenn Sie auf uns schießen.«

Sie waren nur noch 150 Meter über Grund. Vietor begann mit dem Sinkflug, während Mahmud nochmals nach dem Funkmikrophon griff.

»Hier spricht Kommandant Mahmud. Wir landen jetzt. Es gibt kein Zurück mehr.«

Er bekam keine Antwort. Es spielt auch keine Rolle mehr, dachte Vietor. Er begann, Klappen und Fahrwerk auszufahren.

In der Touristenklasse saßen alle, Passagiere, Stewardessen und Bewacher, angeschnallt auf ihren Sitzen. Manche waren aschfahl im Gesicht, andere so feuerrot wie kurz vor einem Schlaganfall. Einige bewegten ihre Lippen zu stummen Gebeten. Der Schweiß lief ihnen nur so herunter, und zugleich zitterten sie vor Todesangst.

Nur der »schöne Junge« hatte sich noch nicht auf seinen Platz gesetzt und vorschriftsmäßig gesichert. Er stand am Vorhang zur First Class und sah mit abwesendem Blick um sich, als ob er sich fragte, wie er in diese absurde Situation geraten sei.

»Sie müssen sich jetzt auch hinsetzen und anschnallen«,

sagte Gabi Dillmann zu ihm, »Sie riskieren sonst Ihr Leben.« Es kam ihr völlig unwirklich vor, dass sie sich um das Wohlergehen eines Verbrechers sorgte, der sie alle in den Tod schicken würde, ohne mit der Wimper zu zucken. Aber er ist nicht einfach ein Verbrecher, sagte sie sich dann, vor allem anderen ist er ein Mensch. Und ihre Aufgabe war es, sich um die Menschen in ihrem Verantwortungsbereich zu kümmern, soweit das in ihrer Macht stand.

Der »Junge« nickte ihr zu, setzte sich auf seinen Platz und legte den Gurt an. In seinem Gürtel steckte die Pistole, die er natürlich auch während der Notlandung nicht ablegen würde. Seine beiden Kumpaninnen, die »Dicke« und die »Kleine«, hatten sich bereits ohne besondere Aufforderung auf ihre Plätze gesetzt und vorschriftsmäßig angeschnallt. Aber zweifellos hatten auch sie die Handgranaten nach wie vor bei sich, mit denen sie seit Beginn der Entführung ihre Geiseln in Schach hielten. Ihre Gesichter waren ausdruckslose Masken – aber Gabi Dillmann glaubte zu spüren, dass auch die beiden jungen Frauen ihre Panik nur mit Mühe im Zaum hielten.

»Bereit zur Landung«, sagte Schumann über Bordlautsprecher.

»Runter jetzt!«, schrie Gabi, so laut sie konnte.

Alle Passagiere nahmen augenblicklich die Safety-Position ein. Nur der alte Mann blieb aufrecht sitzen und rief mit klagender Stimme um Hilfe, weil sein Gebiss und seine Brille verschwunden waren.

»Es war ein schönes Leben«, sagte Vietor vorn im Cockpit zu seinem Kollegen. »Aber verdammt kurz. Mach's gut.« Sie reichten einander die Hände. Sie waren 50 Fuß über

dem Wasser, keine zwei Minuten vor dem Touch Down. Mahmud hinter ihnen keuchte. Er war kalkweiß im Gesicht und mit Schweiß überströmt.
»Good bye«, sagte Vietor über die Schulter zu ihm. Da fiel ihm auf, dass Mahmud nicht angeschnallt war. »Anschnallen!«, rief er dem Terroristen zu. Buchstäblich im letzten Moment zog er die Maschine noch einmal hoch und startete durch.
Schumann schrie: »Bist du wahnsinnig? Das geht nicht – wir haben kein Fuel mehr!«
»Das ist mir scheißegal!«, brüllte Vietor zurück. »Der soll sich anschnallen. Der fliegt sonst durch die Scheibe.«
»O Mann«, stöhnte Schumann. »Diese Marineflieger.«
Während Vietor erneut zur Landung ansetzte, drehte sich Schumann zu Mahmud um: Der Terrorist versuchte verzweifelt, sich den Gurt anzulegen. Aber seine Hände zitterten so sehr, dass der Kapitän ihm helfen musste.

28

Tausendmal geübt, und doch kam es Vietor unwirklich vor, fast wie ein Wachtraum. Das lag vielleicht auch an diesem glühendroten Sonnenball, der im Meer versank, während sie auf den Sandstreifen zwischen all den Panzern und Trucks zurasten. Er war hochkonzentriert, jede seiner Bewegungen so exakt wie bei einem Automaten. Und doch hatte er den Eindruck, neben sich zu stehen, sich selbst über die Schulter zu sehen.

Die Sandpiste war aus der Nähe betrachtet erbärmlich schmal. Einzelne Dornbüsche wuchsen aus Mulden empor. Hart setzten sie auf, rasten mit irrsinnigem Tempo über den buckligen Grund, wirbelten eine gigantische Wolke Sandstaub hinter sich auf.
Sowie sie aufgesetzt hatten, legte Vietor die Gashebel auf null. Er zog die Speedbreak und die Klappen auf den Tragflächen. Gleichzeitig öffnete er den Reverser für die Schubumkehr, zog ihn bis zum Anschlag nach hinten und trat mit voller Kraft in die Bremse.
Die *Landshut* holperte wie ein waidwunder Riesenvogel über den Sand. Waren sie nicht immer noch viel zu schnell? Erschreckend nah vor ihnen stand eine Art Holzschuppen quer über der Piste. Wenn da irgendwas Brennbares drin gelagert wurde …
»Schieß die Feuerlöscher ab!«, schrie Vietor seinem Kollegen zu.
Schumann legte die roten Hebel um. Draußen quoll Löschschaum aus den Turbinen und mischte sich mit dem Sandstaub, der hinter ihnen turmhoch in der Luft hing.
»Verflucht, wir sind zu schnell!«, schrie Vietor.
Im nächsten Moment war die Holzbaracke vor ihnen, im übernächsten waren sie drüber hinweggewalzt. Holzbalken, Bretter, Dachpappefetzen wirbelten durch die Luft. Aus den Trucks und Omnibussen, die links und rechts auf den Landebahnen standen, sprangen Männer und rannten schreiend davon: Die *Landshut* raste zwischen den beiden Pisten dahin, so bedrohlich nahe, dass ihre Flügel die kreuz und quer geparkten Fahrzeuge beinahe berührten.
300 Meter hinter der ehemaligen Holzbaracke kamen sie endlich zum Stehen. Vietor stieß das Fenster auf, um nach-

zuschauen, was sich da draußen tat. Von hinten raste die Staublawine über sie hinweg, füllte die Kabine mit Sandstaub und raubte ihnen den Atem. Hustend, mit tränenden Augen saßen Vietor, Schumann und Mahmud im Cockpit und fühlten sich doch, als ob ihnen eine Zentnerlast von der Brust genommen worden wäre.
Von der Economy her hörten sie, wie die Passagiere in Jubel ausbrachen. Die Leute applaudierten und riefen Schumanns und Vietors Namen.
Die beiden Piloten und Mahmud spähten nach draußen. Die *Landshut* stand etwa 600 Meter vom Flughafengebäude entfernt. Noch ehe der Sandstaub sich gänzlich gelegt hatte, war ihre Maschine mit Soldaten umzingelt. 300 Mann, schätzte Vietor, mit Panzern und Einsatzfahrzeugen, die in etwa 100 Meter Distanz einen Ring um sie bildeten.
Die Dunkelheit nahm nun sehr rasch zu. Bald waren nur noch die Scheinwerfer der Jeeps und Trucks zu erkennen – der restliche Airport versank in tiefer Nacht.
Mahmud machte keine Anstalten, die Initiative zu ergreifen. Er hing auf dem Flugbeobachtersitz, offenbar noch ziemlich mitgenommen von ihrer Crash-Landung. Aber sie mussten jetzt als Erstes mit den Soldaten da draußen Kontakt aufnehmen, sagte sich Vietor – bevor die auf dumme Gedanken kamen.
Er nahm das Megaphon aus einem Fach in der Cockpitwand und ging zur vorderen Tür. Vorsichtig öffnete er die Luke und spähte in die Nacht hinaus. Dann hielt er sich das Megaphon vor den Mund. »Dies ist ein deutsches Flugzeug«, rief er auf Englisch. »Wir mussten notlanden. Nicht schießen – wir kommen in friedlicher Absicht.«

Niemand antwortete ihm. Außer dem Ring aus Scheinwerfern war in der Dunkelheit nichts zu sehen.
Mahmud erschien neben Vietor in der Tür. Er nahm das Megaphon und brüllte auf Arabisch hinein. Kurz darauf lösten sich etliche Schatten aus der Dunkelheit zwischen den Lichtkegeln und kamen näher. Vier Offiziere in malerischen Uniformen und weitere vier Männer in traditionellen Gewändern – Regierungsvertreter, wie sich aus ihrem Auftreten unschwer ablesen ließ.
Es begann eine erregte Diskussion. Mahmud redete auf die Offiziellen ein, die hörten ihn mit steinernen Gesichtern an und antworteten mit einem ebenso langen Wortschwall. Vergeblich versuchte Vietor zu erraten, was jeweils gesagt wurde. Nur eines war klar: Die Dinge liefen überhaupt nicht so, wie Mahmud das erwartet haben mochte. Falls es nach der Blockade der Landebahnen noch eines Beweises bedurft hatte, dass sie in Aden nicht willkommen waren, so schienen die Regierungsvertreter und hochrangigen Offiziere ihn nun zu liefern.
Vietor kehrte ins Cockpit zurück. Der Kapitän saß noch auf dem Pilotensitz, nur den Gurt hatte er abgelegt. Er rauchte einen Zigarillo und schaute angespannt in die Nacht hinaus.
»Irgendwas läuft hier für Mahmud schief«, sagte er leise zu seinem Kollegen. »Er hat sich das hier ganz anders vorgestellt, wenn du mich fragst.«
Vietor nickte zustimmend. Bevor er antworten konnte, kam Mahmud zu ihnen ins Cockpit gestürmt. »Wir müssen sofort wieder starten!«, schrie er.
Schumann blieb fast der Mund offen stehen. »Das … das ist vollkommen unmöglich«, sagte er. »Wir können auf gar

keinen Fall gleich wieder los. Wir haben gerade eine Notlandung im Sand hingelegt. Die Maschine ist im Moment definitiv nicht flugtauglich. Jetzt zu starten wäre glatter Wahnsinn, Captain Mahmud.«
Der Terrorist wischte mit einer Handbewegung alle Einwände beiseite. »Jemenitische Ingenieure werden das Flugzeug checken. Der Tank wird gefüllt, und dann müssen wir wieder starten.«
Schumann und Vietor wechselten einen verzweifelten Blick. Die Notlandung eben war bereits lebensgefährlich gewesen. Doch ein erneuter Start ohne sorgfältige Inspektion von Turbinen und Fahrwerk wäre glatter Selbstmord.

Auch Wadi Haddad, der Mahmud und seine drei Kumpanen mit der *Landshut*-Entführung beauftragt hatte, gewann zu dieser Zeit den Eindruck, dass bei der *Landshut*-Mission irgendetwas gewaltig schieflief. Von seinem Büro in Bagdad aus versuchte er seit mehreren Stunden, einige wichtige Kontaktleute ans Telefon zu bekommen. Aber wie durch einen Spuk waren alle, an die er sich wenden wollte, verreist, erkrankt oder gänzlich verschollen.
»Kein Schwanz zu erreichen!«, wütete Haddad auf Arabisch und knallte den Hörer auf die Gabel. »Die lassen sich alle verleugnen – die jemenitische Botschaft, die Iraker, die PLO! Irgendwas ist da in Aden völlig aus dem Ruder gelaufen!«
Auf der anderen Seite seines Schreibtischs saßen zwei seiner palästinensischen Gehilfen. Sie zogen die Köpfe ein und wünschten sich weit fort von ihrem Meister, der Anfälle von übler Laune auch schon mal mit der Pistole an zufällig anwesenden Personen abreagierte.

»Lasst mich allein!«, befahl er nun, und die beiden sprangen auf und waren im nächsten Moment verschwunden.
Wadi Haddad, bereits seit 1970 Agent des sowjetischen Geheimdienstes KGB, zog seinen Taschenkalender hervor und schlug die Nummer seines Moskauer Führungsoffiziers nach. Der hatte ihm eingeschärft, ihn nur im alleräußersten Notfall über diese Verbindung zu kontaktieren. Aber wenn es jemals einen Notfall gegeben hatte, dann doch wohl jetzt.
Der Plan hatte vorgesehen, dass Mahmud die entführte Maschine nach Aden brachte, die deutschen Geiseln dort in Trucks verladen und in mehrere Trainingscamps verschleppt wurden, die die PFLP in der jemenitischen Wüste unterhielt. Der westdeutschen faschistischen Regierung bliebe dann nichts anderes mehr übrig, als die inhaftierten Genossen im Austausch gegen die Geiseln freizulassen. Warum aber bei allen zionistischen Teufeln hatte die jemenitische Regierung dann auf einmal entschieden, den Airport von Aden für die Lufthansa-Maschine zu sperren?
Haddad wählte die russische Geheimnummer. Es klingelte endlos, doch zu seiner Erleichterung wurde schließlich abgenommen. »Hier ist Abu Hani«, meldete er sich mit seinem Kriegsnamen, »ich muss sofort Petrov sprechen.«
Seine Erleichterung hielt nicht lange an. »Petrov ist nicht da«, erklärte eine unpersönliche Stimme in miserablem Englisch.
»Was heißt das – nicht da?«
»Es heißt, was es heißt«, erläuterte der namenlose Assistent und legte auf.
Wadi Haddads Zorn wich der Niedergeschlagenheit. Offenkundig war er vom KGB nur benutzt worden – für ein

Spiel, in dessen Regeln und Ziele er nicht eingeweiht worden war. So wie er selbst allerdings schon mehr als einmal westliche Terroristengruppen wie beispielsweise die deutsche RAF benutzt hatte, um sie für den palästinensischen Freiheitskampf einzuspannen.

Hätte ihm nicht von Anfang an klar sein müssen, dass die Sowjetführung nie und nimmer einwilligen würde, die Lufthansa-Maschine in Aden landen, die Geiseln dort ins Landesinnere verschleppen zu lassen? Leonid Breschnew und KGB-Chef Andropow hätten für alle Welt sichtbar als die schurkischen Hintermänner dagestanden, die mit Terroristen zusammenarbeiteten, um eine westliche demokratische Regierung zu schwächen. Denn der kommunistische Südjemen war ein sowjetischer Vasallenstaat, vollkommen abhängig von Moskau.

Welches Interesse die Sowjets an der Flugzeugentführung haben konnten, lag auf der Hand: Bundeskanzler Helmut Schmidt war ein entschiedener und einflussreicher Befürworter einer starken Nato. Er misstraute den Sowjets und lehnte jede einseitige Abrüstung des westlichen Militärbündnisses ab. Stürzte die derzeitige Bonner Regierung über einen spektakulären Entführungsfall, so wäre das aus Kreml-Sicht zweifellos sehr zu begrüßen – zumal auf geheimdienstlichen Kanälen längst nach Moskau durchgesickert war, dass Helmut Schmidt beabsichtigte, am 28. Oktober bei einer Konferenz in London die geheime Atomwaffenaufrüstung der Sowjetunion öffentlich zu machen.

Doch um die Regierung Schmidt in Schwierigkeiten zu bringen, war es keineswegs erforderlich, dass die *Landshut*-Geiseln in den Jemen verschleppt wurden. Hierfür reichte es aus, wenn Mahmud und seine Gehilfen lediglich

glaubten, dass sie in Aden mit offenen Armen aufgenommen würden. Wurden die erschöpften und verstörten Terroristen gezwungen, den Jemen schleunigst wieder zu verlassen, so blieb ihnen nichts anderes übrig, als die Maschine, die Geiseln und sich selbst irgendwo in der Luft zu sprengen – ein tödlicher Absturz, der auch die Regierung Schmidt mit sich reißen würde, ohne auch nur den Schatten eines Verdachts auf den Kreml fallenzulassen.
Falls Wadi Haddad an diesem 16. Oktober zu dem gleichen Schluss kam, war es für ihn und vor allem für das Terrorkommando in der *Landshut* jedenfalls zu spät.

29

Anstelle der angekündigten Ingenieure, die das Flugzeug durchchecken sollten, erschienen lediglich zwei jemenitische Mechaniker in schmutzigen Overalls. Mit Taschenlampen leuchteten sie von außen Rumpf und Fahrwerk der *Landshut* an – ihre Inspektion dauerte keine fünf Minuten. Vietor und Schumann sahen von der vorderen Tür aus zu, wie sie um die Maschine herumschlenderten und nachlässig hier und dort den Lichtstrahl hinlenkten.
Schließlich kamen die beiden zu ihnen an die Tür und erklärten in gebrochenem Englisch: »Wir haben das ganze Flugzeug gecheckt – alles ist in Ordnung.«
»Das soll wohl ein Witz sein«, sagte Schumann zu Vietor. »Das ist völlig unmöglich, und die haben auch gar nicht richtig nachgesehen.«

Vietor stimmte ihm zu. »Lass uns lieber noch mal selbst nachschauen.«
Der Kapitän ging in die First Class, wo Mahmud allein saß und abwesend vor sich hin starrte. Er sah aus, als ob er völlig die Orientierung verloren hätte. Ganz offenkundig hatte er mit allem gerechnet – nur nicht mit diesem feindseligen Empfang in Aden.
»Captain Mahmud«, sagte Schumann, »wir haben gerade eine ziemlich harte Notlandung hingelegt. Die jemenitischen Techniker behaupten zwar, dass mit der Maschine alles okay sei, aber als Kapitän kann ich mich damit nicht begnügen. Ich möchte die Maschine selbst checken.«
Mahmud hatte anscheinend Mühe, sich auf den Wortwechsel mit Schumann zu konzentrieren. Sein Blick war fahrig, der Schweiß lief ihm noch immer aus den Haaren. »Okay, check die Maschine«, sagte er. »Aber schwör mir, dass du zurückkommen wirst. Wenn du abhaust, jage ich das Flugzeug in die Luft.«
»Okay, okay«, gab Schumann zurück. »Sie können sich auf mich verlassen, Captain Mahmud.«
Er steckte eine Taschenlampe ein, nahm eine Decke aus einem Gepäckfach, zurrte sie an der vorderen Luke fest und ließ sich so auf den Boden hinab.
Wenn Vietor sich später diesen Moment ins Gedächtnis rief, in dem sich Schumann buchstäblich aus der *Landshut* abseilte, fiel ihm auch nachträglich nichts Besonderes auf. Kein verstecktes Zeichen, kein besonderer Blick, keinerlei Nervosität bei seinem Kollegen.
Unten hörte Vietor ihn rufen: »Die Fahrwerke sehen so weit noch ganz gut aus – sogar ziemlich passabel. Keine Schäden festzustellen.«

Vielleicht hatte Schumann ja gehofft, dass er auf einen Defekt an Rumpf oder Fahrwerk stoßen würde, der es ihnen unmöglich machte, sofort wieder zu starten. Es wäre in gewisser Weise das Beste gewesen, was ihnen in dieser Lage hätte passieren können.

Doch der Kapitän konnte bei seiner Inspektion keinen Schaden entdecken, der sie wirklich gezwungen hätte, in der Wüste von Aden am Boden zu bleiben.

Und so fasste er wohl blitzschnell einen neuen Plan: Er ging bis zum Heck der Maschine, wo er von den Luken und Fenstern der *Landshut* aus nicht mehr zu sehen war. Dann hob er beide Hände und lief auf die Kette der Soldaten zu, die das Flugzeug umstellt hatten. »Ich muss mit Ihrem Kommandanten sprechen«, sagte er auf Englisch zu den Bewaffneten, die ihre Gewehre drohend auf ihn richteten.

Sie schienen ihn nicht zu verstehen. Er versuchte es wieder und wieder. Ihm war bewusst, dass er nur wenige Minuten wegbleiben konnte. »Ich bin der Kapitän der entführten Maschine. Do you speak English? Parlez vous Français? Bringen Sie mich zu Ihrem Vorgesetzten, schnell.«

Endlich wurde ein jemenitischer Offizier aufmerksam. Er trat zu seinen Leuten und fragte Schumann in gebrochenem Englisch: »Was wollen Sie?«

Schumann sagte aufs Neue seinen Spruch auf. »Ich bin der Kapitän der gekaperten Maschine. Wir mussten notlanden, wir können nicht wieder starten, auf keinen Fall! Bitte lassen Sie mich mit einem Verantwortlichen sprechen.«

Der Offizier sah ihn unsicher an. »Bitte«, wiederholte Schumann. »Es geht um das Leben von 90 Menschen.«

Der Jemenit gab sich sichtlich einen Ruck. Er ging Schumann voran zum Tower. Von zwei Soldaten mehr abgeführt als eskortiert, eilte der Kapitän hinter ihm her.

Der Kontrollraum oben im Tower war überfüllt mit Männern in Zivil und Uniform. Lotsen, Offiziere, Regierungsvertreter. Auch zwei Europäer hielten sich hier auf – hellhäutige Männer in schlechtsitzenden Anzügen, die offensichtlich aus dem Ostblock stammten. DDR-Bürger, Stasi – dieser Gedanke lag nahe, denn die Volksrepublik Jemen war ein moskautreuer kommunistischer Staat.

Schumann wurde zu einem hochrangigen jemenitischen Offizier geführt – Luftwaffengeneral Scheich Ahmed Mansur, Kommandant der Sondereinheit, die den Flughafen kontrollierte.

»Was auch immer die Entführer verlangen«, sagte der Kapitän, »ich bitte Sie im Namen der Menschlichkeit, auf ihre Forderungen einzugehen.«

Scheich Ahmed Mansur empfand aufrichtigen Respekt vor dem Deutschen. »Ihre Landung war ein Bravourstück«, sagte er, »und ich bewundere Ihren Mut, Captain. Aber ich bedaure: Jeden anderen Wunsch kann ich Ihnen erfüllen – doch es ist unmöglich, dass die Passagiere bei uns aussteigen und die Entführer von jemenitischem Boden aus verhandeln.«

»Aber der Rumpf unserer Maschine ist höchstwahrscheinlich durch die Notlandung beschädigt«, beharrte Schumann. »Die Turbinen sind mit Sand verschmutzt, sie werden nicht mehr richtig funktionieren. Es ist viel zu gefährlich, die Maschine jetzt zu starten – es wäre reiner Selbstmord!«

Der General schüttelte bedauernd den Kopf. »Es tut mir leid.«

Verzweifelt wollte Schumann einen weiteren Einwand vorbringen, doch Scheich Ahmed Mansur schnitt ihm das Wort ab. »Nichts zu machen. Wir haben einen klaren Befehl von ganz oben.«

Der deutsche Kapitän gab sich geschlagen. »Ich gehe jetzt zurück«, sagte er. »Ich bin sicher, sie werden mich umbringen.«

Wie zum Beweis meldete sich in diesem Moment Mahmud über Funk. »Captain Schumann ist geflohen«, schrie er mit überkippender Stimme. »Bringen Sie ihn unverzüglich zurück – oder ich jage das Flugzeug in die Luft.«

»Und wenn er zurückkommt?«, fragte der Lotse.

»Dann wird er erschossen!«, kreischte Mahmud und brach die Verbindung ab.

Schumann eilte zum Ausgang des Tower. Zwei Soldaten verstellten ihm den Weg. Als er an ihnen vorbei wollte, hoben sie drohend ihre Gewehre. »Ich muss sofort zu meiner Maschine zurück!«, rief er. »Sie haben es doch gehört, die wollen das Flugzeug sprengen, wenn ich nicht sofort komme.«

Die Soldaten starrten ihn nur an – offenbar verstanden sie kein Wort Englisch.

Schumann wandte sich an die beiden Stasi-Männer, die nahe der Tür an einem Schreibtisch saßen. »Können Sie das denen nicht klarmachen?«, fragte er. »Wenn ich nicht zurückgehe, sprengen die die Maschine mit allen Geiseln in die Luft.«

Die Stasi-Offiziere wechselten einen raschen Blick. »Tut mir leid«, sagte der eine mit starkem sächsischem Akzent. »Wir sind nur Beobachter.«

»An Ihrer Stelle«, fügte der zweite Ostdeutsche hinzu,

»würde ich nicht zurückgehen – der hat damit gedroht, Sie zu erschießen.«
»Das ist mir egal«, rief Schumann. »Ich bin der Kapitän, ich bin für die Passagiere verantwortlich.«
Der erste Stasi-Mann machte einem jemenitischen Offizier ein Zeichen. Der wies die Soldaten an, den Ausgang freizugeben, und Schumann rannte hinaus. Von den Soldaten wiederum eskortiert, kehrte er auf schnellstem Weg zum Flugzeug zurück.

Von der vorderen Luke aus beobachtete Mahmud, wie der Kapitän zurückgebracht wurde. »Sie haben ihn eingefangen«, sagte er zu Vietor. »Setz dich auf deinen Platz, Charly Papa.«
Der Kopilot begab sich in die Economy und ließ sich auf einen freien Sitz fallen. Er verstand nicht, was Schumann da draußen so lange gemacht hatte. Aber er spürte, dass es seinen Kollegen das Leben kosten würde.
Mahmud riss das Bordmikrophon aus seiner Halterung. »Euer Kapitän ist ein Deserteur!«, schrie er. »Er hat euer aller Leben riskiert, um sein eigenes verdammtes Leben zu retten. Aber sie haben ihn wieder eingefangen und bringen ihn zurück. Ich werde ihn erschießen – den verfluchten Verräter!«
Auf Befehl des »Jungen« war die Hecktreppe ausgefahren worden. Wie versteinert saßen die Geiseln auf ihren Sitzen, niemand sagte ein Wort, niemand wagte auch nur zu atmen. Auf der Stahltreppe waren Schumanns Schritte zu hören.
Als er vom Heck her in die Economy trat, war sein Gesicht grau vor Angst. Langsam ging er auf den Terroristen-

Chef zu, der auf der Schwelle zur First Class stand und mit der Makarow auf ihn zielte.

»Hände hoch«, sagte Mahmud.

Schumann hob die Hände.

»Auf die Knie!«

Schumann kniete sich hin, die Arme weiterhin in die Luft gestreckt. Mahmud beugte sich vor und drückte die Mündung seiner Waffe auf Schumanns Stirn.

Gabi Dillmann, die direkt neben ihm auf dem Gangplatz saß, brachte nicht die Kraft auf, ihn anzusehen. Sie verbarg ihren Kopf unter einer Jacke und hielt sich verzweifelt die Ohren zu. Mit Ausnahme des verwirrten alten Mannes wusste wohl jeder Erwachsene im Flugzeug, was jetzt geschehen würde. Eltern hielten ihren kleinen Kindern Augen und Ohren zu. Viele bewegten wieder ihre Lippen zu stummen Gebeten.

»Dies ist ein Revolutionsgericht«, verkündete Mahmud. »Ich klage dich des Verrats an – des Verrats an den Passagieren und an mir. Du hast riskiert, dass alles hier in die Luft fliegt. Du hast mich schon einmal betrogen. Ein zweites Mal vergebe ich dir nicht.«

Schumann schluckte krampfhaft. »Entschuldigen Sie ...« Sein Gesicht war noch immer grau und schweißnass.

»Bekennst du dich schuldig oder nicht?«, brüllte Mahmud.

»Verzeihen Sie, Captain Martyr Mahmud, es gab Schwierigkeiten, zur Maschine zurückzukommen, aber sonst gab es kein Problem.«

Die Pistole auf Schumanns Stirn gedrückt, schlug Mahmud ihm mit der anderen Hand links und rechts ins Gesicht. »Ich wiederhole: schuldig oder nicht schuldig?«

»Verzeihen Sie, hören Sie mich bitte an – das einzige Problem war …«

In diesem Moment drückte der Terrorist ab. Die Kugel traf Schumann an der Nasenwurzel und zerfetzte seinen Hinterkopf. Tödlich getroffen sank der Pilot in sich zusammen. Der Teppichboden unter der Leiche färbte sich rot.

Völlig verstört saßen die überlebenden Geiseln auf ihren Plätzen. Mahmud steckte seine Waffe weg und zündete sich eine Zigarette an. Er sah mit einem wohlgefälligen Grinsen auf den Toten zu seinen Füßen herunter und wirkte mit einem Mal ganz entspannt.

Die drei anderen Terroristen blieben äußerlich unbeteiligt. Der »Junge« und die »Kleine« lehnten an den Kabinenwänden. Die »Dicke« hockte auf einer Armlehne und ließ sich einen Apfel schmecken.

Gabi Dillmann begann zu schluchzen. Sie hatte verzweifelt versucht, sich zusammenzunehmen, aber es war einfach zu viel. Ihre Nerven hielten nicht mehr stand. Der Schuss donnerte wieder und wieder in ihren Ohren. Hemmungslos weinend saß sie neben der Leiche des Mannes, an dessen Stärke und Mut sie sich in den letzten Tagen immer wieder aufgerichtet hatte.

Mit einem Mal beugte sich Mahmud über den Toten hinweg und setzte der Stewardess seine Waffe an die Schläfe.

»Hör auf zu heulen!«, schrie er.

Sie schloss die Augen, hielt den Atem an, versuchte alles Erdenkliche – aber es ging nicht. Die Tränen flossen einfach weiter. Das Schluchzen zerriss ihr fast die Kehle. Aus ihrem Mund kamen halberstickte Schreie, einer nach dem anderen, wie angestrengt sie die auch zu unterdrücken versuchte.

»Noch ein Schrei, und du bist auch tot«, sagte Mahmud. Gabi Dillmann wurde starr wie Stein. Sie schaute geradeaus, ohne etwas zu sehen. Sie atmete ganz flach, und nicht mehr der leiseste Schluchzer drang aus ihrem Hals.
Außer dem krachenden Laut, mit dem die »Dicke« ihre Zähne in den Apfel schlug, war im Flugzeug kein Geräusch mehr zu hören. In tödlicher Stille saßen alle da. Bis der dreijährige Steffen aufblickte und unbekümmert ausrief: »Papa hat Bum gemacht!«
Als würde ein Bann von ihnen genommen, kamen alle wieder zu sich. Alle – bis auf den toten Kapitän. Mahmud richtete sich auf, schob seine Waffe in den Gürtel und ging nach vorn zum Cockpit. Die anderen Terroristen lachten miteinander, zeigten auf die Leiche – anscheinend erzählten sie sich Witze, die allesamt mit einer Erschießung endeten.
Erst jetzt wagte es Gabi, ihren Kopf vorsichtig nach rechts zu drehen und den Toten anzuschauen. Er lag vornübergekrümmt, das Gesicht auf dem Teppich, der mit Blut getränkt war. Sein Hinterkopf war ein blutiger Brei. Die Stewardess verlor jetzt vollends die Fassung. Von Weinkrämpfen geschüttelt, sah sie auf den Kapitän hinab. Wir werden hier alle sterben, dachte sie wieder.
Lyvia Vamos zu ihrer Linken streichelte mitfühlend ihren Arm. Auch viele andere Passagiere, die in den letzten Tagen immer wieder von der jungen Stewardess ermutigt und getröstet worden waren, fuhren ihr teilnahmsvoll über Kopf und Arme, tätschelten ihre Schultern.
Jemand reichte ihr einen Becher. Schluck um Schluck trank Gabi Dillmann das lauwarme Wasser. Sie zwang sich, an nichts anderes zu denken, sich lediglich auf das Trinken zu

konzentrieren. So erlangte sie langsam ihre Fassung zurück.
Sie musste stark sein. Sie musste es sein, an der sich die Passagiere aufrichteten – und nicht umgekehrt. Jetzt, da Jürgen Schumann tot war, erst recht.

30

Nach der Notlandung hatten sie die Klimaanlage gedrosselt, damit nicht erneut die APU ausfiel, ehe der Tank wieder aufgefüllt wurde. In der Kabine herrschte zwar keine Backofenhitze, aber es war stickig warm. Und die Leiche begann sich bereits zu zersetzen.
Fliegen hatten sich auf dem zerfetzten Hinterkopf des toten Kapitäns niedergelassen. Blut und Hirnmasse verklebten den Teppich, auch die Sitze im näheren Umkreis waren bespritzt. Ein schwerer, Brechreiz erregender Leichengeruch machte sich breit.
Die Passagiere, die in direkter Nachbarschaft des Leichnams saßen, bedeckten ihre Nasen oder wandten sich beim Atmen so weit wie möglich ab.
Selbst der »Dicken«, die sonst kaum zu beeindrucken schien, wurde der Gestank anscheinend zu arg. Sie deutete auf den Vater des kleinen Steffen, der nahe bei der Leiche saß. »Hilf mir mal«, sagte sie auf Englisch. »Wir müssen ihn aus dem Weg schaffen.«
Sie bückte sich schnaufend und fasste den Toten bei den Armen. Der junge Vater musste Schumanns Beine tragen –

so schleppten und schleiften sie den Leichnam ins Heck der Maschine. Im hinteren Eingangsbereich öffnete die »Dicke« den Garderobenschrank. Aufrecht stellten sie den Toten hinein, nur die Tür wieder zu schließen erwies sich als schwierig – ein ums andere Mal rutschte Schumanns Hand in den Spalt. Endlich gelang es ihnen, die Tür zuzudrücken. Blut sickerte unten aus dem Schrank und tropfte auf den Teppich.

Ungerührt nahm die Terroristin ein paar Erfrischungstücher aus dem Regal und wischte sich notdürftig die Hände ab. Steffens Vater aber war am Ende seiner Kräfte. Alles an ihm stank nach Leiche – zumindest kam es ihm so vor. Mit Mühe schaffte er es bis zur Toilette, wo er sich vor die Schüssel kniete und würgend erbrach.

Während in Aden die *Landshut* betankt wurde und die Startvorbereitungen begannen, kämpften die Piloten der *Köln* vergeblich um eine Landeerlaubnis für den jemenitischen Airport. Die Regierungsmaschine mit Wischnewski und Wegener an Bord erhielt nicht einmal die Genehmigung, den Südjemen zu überfliegen.

In der Maschine hielten der Staatsminister, der Antiterror-Chef und die Lufthansa-Piloten Gäbel und von Lutzau Kriegsrat.

»Wir könnten versuchen, im Nordjemen zu landen«, schlug Wischnewski ohne rechte Überzeugung vor. Die Jemenitische Arabische Republik wurde zwar nicht von moskautreuen Kommunisten regiert, aber dafür waren die politischen Verhältnisse im nördlichen Teilstaat verworren und instabil. Auf Stammeskämpfe folgten immer wieder Grenzscharmützel mit dem südlichen Nachbarn, der sich

das einstige Königreich Jemen in ungewissen Abständen einzuverleiben versuchte.
»Und wie weiter von dort?«, wollte Wegener wissen.
»Mit dem Auto nach Aden. Fahrtzeit ungefähr neun Stunden.«
Der GSG-9-Kommendant runzelte die Stirn. »Auch das noch. Geht das nicht weniger umständlich?«
Wischnewski sah Chefpilot Gäbel fragend an. Der hob die Schultern und ließ sie wieder fallen. »Ohne Landeerlaubnis geht gar nichts.«

Von umständlichen Prozeduren genervt zeigte sich zur selben Zeit auch Helmut Schmidt im Bonner Kanzleramt. »Das ist doch alles Irrsinn«, machte er sich im Kleinen Krisenstab zu abendlicher Stunde Luft. »Die *Landshut* steht in Aden, und wir wissen nicht, was dort passiert, und dürfen da nicht mal hin!« Sein Blick schweifte durch den Raum und blieb am Verteidigungsminister haften. »Ist wenigstens die GSG 9 unterwegs?«
Georg Leber fühlte sich sichtlich unbehaglich. »Es hat da noch ein paar Schwierigkeiten mit der Luftwaffen-Maschine gegeben.«
»Welche denn?«, fragte der Kanzler, und seine Stimme nahm den allseits gefürchteten Unterton an.
»Die musste erst von Köln-Wahn zur Werft nach Kiel fliegen.« Leber machte ein Gesicht, als ob er sich selbst mindestens nach Kiel wünschte.
»Und was soll sie da?«
»Na ja, da muss erst noch das deutsche Hoheitszeichen überpinselt werden, bevor sie außerhalb der Nato …«
Der Kanzler schnitt ihm das Wort ab. »Habt ihr verdammt

noch mal in Köln keine Leiter, Farbe und Pinsel?« Unter seinem Blick schien Leber zu schrumpfen. »Ich hatte sofortigen Abflug angeordnet!«, zürnte Helmut Schmidt. »Seid ihr noch ganz bei Trost? Bin ich Chef einer Regierung, für die der Krieg nicht am Montag stattfinden darf?«
Alle schwiegen und senkten den Blick wie gescholtene Schüler.
Schließlich wagte es Verkehrs-Staatssekretär Ruhnau, das Wort zu ergreifen. »Die Lufthansa hat noch eine 707 in Bereitschaft. Die könnte sofort starten.«
»Ja, macht das«, ordnete der Kanzler an. »Wegeners Männer rein in die Maschine und los. Bis die in der Nähe sind, haben wir hoffentlich auch eine Landeerlaubnis für Aden. Und jetzt entschuldigen Sie mich, meine Herren: Ich muss mit Breschnew und Honecker telefonieren.«
Er eilte aus dem Schmidt-Rottluff-Zimmer. Staatssekretär Schüler sprang auf und lief hinter ihm her.

In der *Landshut* herrschte währenddessen eine Stimmung zwischen Panik und Apathie. Alle Geiseln waren Augenzeugen der Erschießung ihres Kapitäns gewesen. Obwohl der Tote in den Garderobenschrank geschafft worden war, hing in der Maschine ein kaum erträglicher Verwesungsgeruch. Schmeißfliegen schwirrten in der Kabine umher.
Auch Vietor konnte nur mit Mühe die Mutlosigkeit verbergen, die ihn immer fester im Griff hielt. Mahmud hatte ihm großzügig gestattet, sich für ein paar Minuten in die offene vordere Tür zu setzen. Die Betankung der Maschine war schon fast beendet. Unmittelbar danach würden sie weiterfliegen, hatte Mahmud verkündet. Aber genau das musste Vietor mit allen Mitteln verhindern.

Das Flugzeug war ramponiert, anders konnte es nach der Crash-Landung gar nicht sein. Auch wenn weder die jemenitischen Techniker noch Schumann im Dunkeln auffällige Schäden festgestellt hatten, waren Fahrwerk und Turbinen zweifellos in einem mehr als bedenklichen Zustand. Zumindest mussten sie warten, bis der Morgen dämmerte – in der Nacht von dieser Sandpiste zu starten wäre glatter Selbstmord.
Während Vietor in der Türöffnung saß, kam ein jemenitischer Offizier zu ihm an die Maschine. Er trug eine Uniform mit drei Sternen und sprach fließend Englisch. »Wir helfen Ihnen bei allen technischen Problemen«, rief er zu Vietor hinauf, »aber Sie müssen so schnell wie möglich starten.«
Warum sie es so eilig hatten, die Lufthansa-Maschine loszuwerden, verriet er nicht. Aber er machte dem Kopiloten unmissverständlich klar, dass die Jemeniten in diesem Punkt nicht mit sich reden ließen. Nach wie vor hielten sie die *Landshut* mit Soldaten und Panzern umzingelt. Doch die betonierte Startbahn zur Linken der Lufthansa-Maschine hatten sie bereits wieder von Trucks, Bussen und Panzern freigeräumt.
Vietor dachte sich rasch ein paar Schliche aus, um die Startvorbereitungen möglichst in die Länge zu ziehen. Er schaltete die APU aus und behauptete, dass die Maschine mit einem Schlauch betankt werden müsse, weil für Druckbetankung nicht genügend Strom verfügbar sei. Die Jemeniten fielen auf den Trick herein und brauchten einige Zeit, bis sie einen Schlauch aufgetrieben hatte. Als der Tankwagen umrangiert wurde, blieb er im Sand stecken. Dann wieder musste eine Leiter herbeigeschafft werden, damit

man auf die Tragflächen klettern und die Maschine von oben betanken konnte. Aber das alles brachte nicht mal zwei Stunden Aufschub – wenig nach Mitternacht war die *Landshut* vollgetankt und so startklar, wie eine Maschine sein konnte, die eine Notlandung in der Wüste hinter sich hatte.

Die Terroristen schienen zu spüren, dass die Geiseln durch die Ermordung ihres Kapitäns völlig demoralisiert waren. Sie versuchten sogar, die Hinrichtung zu rechtfertigen. »Unser Kommandant konnte nicht anders«, behauptete die »Kleine«, »nachdem Schumann ihn zweimal verraten hat. Aber der Kapitän hat bestimmt nichts gemerkt«, versicherte sie. »Er hat geglaubt, Captain Martyr Mahmud wollte ihn nur schlagen. Und erst als sein Kopf von dem Schlag herumgeflogen ist, hat unser Kommandant geschossen – Schumann hat nichts gesehen und war sofort tot.«

Gabi Dillmann stand immer noch unter Schock. Sie hörte sich die Beteuerungen der »Kleinen« an und fühlte sich sogar ein wenig getröstet. Durch den Tod des Kapitäns schien die Verbindung zwischen Entführern und Geiseln in gewisser Weise noch enger zu werden – als ob die Terroristen sich plötzlich daran erinnerten, dass auch sie früher einmal Gefühle wie Trauer und Angst gekannt hatten.

Die beiden Palästinenserinnen und der »Junge« erzählten den Geiseln ein wenig von ihrer Vergangenheit. Der »Junge« hatte einmal davon geträumt, Ingenieur zu werden. Sie lachten über diese Träume wie über Kindereien. »Wir haben keine Angst vorm Sterben«, sagten sie. »Wir sind sowieso schon lange tot. Märtyrer für die Freiheit unseres Volkes.«

In seinem Büro im Kanzleramt saß Helmut Schmidt mit BKA-Chef Herold an seinem Besprechungstisch. »Dieses Telex«, sagte der Kanzler, »ist gerade von unserer Ständigen Vertretung in Ostberlin reingekommen. Der DDR-Botschafter in Aden teilt mit, dass es an Bord der *Landshut* großen Ärger gegeben hat. Die sollen ein männliches Mitglied der Besatzung erschossen haben.«
Er reichte das Telex an Herold weiter, der es rasch überflog. »Die Entführer werden nervös«, sagte er dann, »aber das bestätigt nur meine Theorie: Die wollten von Anfang an nach Aden, der ganze Irrflug war getürkt. Aber was sie nicht wussten: Die Sowjets hatten niemals vor, Wadi Haddad die Verschleppung der Geiseln in seine Terrorcamps zu gestatten.«
Nachdenklich sah der Kanzler vor sich auf den Tisch. »Anfangs hatte ich meine Zweifel, aber mittlerweile glaube ich, dass Sie recht haben, Herold. So blöd sind die Sowjets nicht, dass sie sich als Drahtzieher einer derart schmutzigen Angelegenheit entlarven lassen.«
Herold nickte mit ernster Miene. »Um Sie in Schwierigkeiten zu bringen, Herr Bundeskanzler, brauchen die Sie nicht zum Austausch in Aden zu zwingen. Wenn die Entführer jetzt irgendwo in Afrika die Nerven verlieren und die Maschine in die Luft sprengen, haben die genauso ihr Ziel erreicht.«
»Zurücktreten müsste ich so oder so«, bestätigte der Kanzler.
Aber noch hatten die Terroristen ihr Spiel nicht gewonnen. Die 707 *Köln* mit Wischnewski, Wegener und dem Psychologen Salewski an Bord war am Abend im saudiarabischen Dschidda gelandet. Die zweite 707 mit Wege-

ners GSG 9 war unterwegs zum Golf von Aden. Wenn die Terroristen in dieser Nacht den Jemen wieder verließen, bekam Wegener vielleicht doch noch seine Chance.
»Wohin können die jetzt noch?«, fragte Schmidt seinen obersten Kriminalbeamten.
»Viele Möglichkeiten haben sie nicht mehr«, gab Herold zurück. »Am wahrscheinlichsten ist wohl Mogadischu.«

Der Mond stand noch hoch am nachtdunklen Himmel über der Wüste von Aden, als Jürgen Vietor die Triebwerke der *Landshut* anließ. Wieder bliesen sie eine riesige Wolke Sandstaub in die Luft. Es war zwei Uhr Ortszeit – der 17. Oktober hatte begonnen, der fünfte Tag seit Beginn der Entführung. Langsam holperte die Maschine los und erklomm mit heftigem Rucken die betonierte Piste.
Mahmud saß nun auf dem Kopilotensitz, die Kapitänsmütze des Toten auf dem Kopf.
»Sie sind jetzt mein Vize«, sagte Vietor zu ihm.
»Aye, Charly Papa.« Mahmud schien sich von der Schockstarre ein wenig erholt zu haben, die ihn nach dem feindseligen Empfang in Aden befallen hatte. Allerdings wirkte er nun wieder äußerst nervös – offenbar hatte er keinerlei Plan, wohin sie jetzt fliegen sollten.
»Können Sie ein Flugzeug steuern?«, fragte Vietor.
»Ich habe eine Lizenz für eine Cessna«, verkündete der Terrorist.
Ein Hobbyflieger, dachte Vietor. Auch das noch. »Hören Sie zu«, sagte er dann, »was wir hier machen, ist purer Selbstmord. Ob Sie mich erschießen oder ob wir am Ende der Landebahn ins Meer stürzen – das macht schon keinen Unterschied mehr. Also meinetwegen los.«

Sie hatten die Startposition erreicht. Vietor löste die Bremse und gab Vollgas. Die Temperaturanzeigen schnellten nach oben – in den gelben Bereich, bis kurz vor Rot. Zugleich gewann die Maschine nur beunruhigend langsam an Fahrt. Mehrfach knallte es in den Turbinen.

»Sie hören es selbst«, sagte Vietor zu seinem neuen Kopiloten. »Die Turbinen arbeiten nicht richtig – da ist Sand in den Triebwerken.«

Mahmud zuckte mit den Schultern. Allmählich gewann die *Landshut* an Tempo. Doch erst gut 100 Meter vor den roten Lichtern, die das Ende der Startbahn signalisierten, begann sich die Nase der Maschine zu heben. Mühsam hievte sich der angeschlagene Riesenvogel in den Nachthimmel hinauf.

Kurz darauf hatten sie eine Flughöhe von 2000 Fuß erreicht. »Geschafft«, sagte Vietor und wollte sich schon ein wenig entspannen – da fiel sein Blick auf den Emailleanhänger mit dem *Deutschland*-Wappen, das an der Instrumententafel hing. »Verdammt, die Berge!«

Draußen war es noch stockfinster. Vietor riss das Funkmikrophon zu sich heran. »Tower Aden, Tower Aden, hier Lufthansa 181. Fliegen wir in Richtung Berge? Welche Höhe brauchen wir mindestens, um sie sicher zu überfliegen?«

»Positiv«, antwortete der Lotse. »Minimum ist 2500 Fuß.«

»Verflucht, verflucht, verflucht. Wir donnern gegen den Scheißberg!« Panisch riss er die Maschine hoch.

Der Schäfer oben auf dem Berggipfel wollte seinen Augen nicht trauen. Schlaftrunken hatte er am Lagerfeuer gesessen, am Rand seiner friedlich dösenden Schafherde. Da schob sich mit einem Mal der Schatten eines gigantischen

Vogels vor den silbrigen Mond. Wenige Meter über ihm flog mit ohrenbetäubendem Donnern ein Flugzeug über den Berg hinweg. In Todesangst blökend, rannten die Schafe durcheinander. Der Schäfer war aufgesprungen, fassungslos starrte er dem Flugzeug hinterher. Derweil rannten seine Hunde wild bellend hin und her, um die in alle Richtungen geflohenen Tiere zur Herde zurückzutreiben.
Mahmud schien kaum mitbekommen zu haben, dass sie gerade um Haaresbreite einer Katastrophe entgangen waren. Er rauchte eine Zigarette und studierte die Flugkarte.
»Okay, Charly Papa«, verkündete er schließlich, »wir fliegen nach Mogadischu.«
Oder in die Hölle, dachte Vietor. Er deutete auf die Instrumententafel vor ihnen. »Sehen Sie das, Captain Mahmud?«
Die Nadelanzeigen sprangen hin und her. Eine nach der anderen fiel aus.
Das war's dann wohl, dachte Vietor. Er schaltete auf eine Notfrequenz und griff zum Funkmikrophon. »Mayday, mayday.« Er erhielt keine Antwort. Versuchte es auf einer anderen Frequenz – das gleiche Resultat. Tödliches Schweigen.
»Wir haben keinen Funkkontakt mehr«, sagte er.
Mahmud starrte ihn ausdruckslos an. »Wir fliegen nach Mogadischu«, wiederholte er.
Vietor wandte sich um und holte ein Kurslineal aus dem Schrankfach. Er legte es auf der Karte an, zog eine gerade Linie zwischen Djibuti und Mogadischu und berechnete ihren Kurs. Bis nach Somalia war es nur ein Katzensprung auf die andere Seite des Golfs von Aden. Doch die Hauptstadt des afrikanischen Landes lag 2000 Kilometer weiter im Süden.

Der Terrorist sah ihm schweigend zu. Wenn er eine Zigarette fertig geraucht hatte, zündete er sich an der Kippe gleich die nächste an. Er schien mit seinen Nerven genauso am Ende wie Vietor.

»Flugzeit noch gut zwei Stunden«, sagte der Pilot schließlich.

Falls sie es überhaupt noch bis Mogadischu schaffen würden. So oder so, dachte Vietor, hatte soeben die letzte Etappe ihres Irrflugs begonnen.

31

Verlassen lag der Flughafen von Mogadischu am Rand des Indischen Ozeans. Er unterschied sich nicht allzu sehr von dem Airport, den die *Landshut* vor ein paar Stunden hinter sich gelassen hatte: zwei Landebahnen, dahinter Sanddünen und dann schon das Meer. Neben dem Tower und einer Handvoll flacher Hangars aus Wellblech erhob sich ein zweistöckiger Betonkasten, dessen Fassade von der salzigen Luft zerfressen war.

In roter Farbe prangte auf der Vorderfront des schäbigen Empfangsgebäudes der Schriftzug »MOGADISHU WELCOME«.

Eben ging die Sonne auf. Falls der Tower überhaupt besetzt war, schienen die Lotsen zu schlafen. Jedenfalls bemerkte niemand die Boeing 737, die sich von Norden her im Sinkflug näherte und um 6 Uhr 34 Ortszeit auf der holprigen Betonpiste landete.

Erst als die *Landshut* langsamer werdend auf das Empfangsgebäude zurollte, erwachte der Airport zum Leben. Aus Hallen und Schuppen stürzten Männer hervor. Schreiend liefen sie durcheinander, sprangen in Jeeps und rasten in verschiedene Richtungen los. Ein einsamer Einwinker näherte sich der Maschine und wies sie an, am Ende der Landebahn stehen zu bleiben, etwa 300 Meter vom Empfangsgebäude entfernt.

Kurz darauf erschien ein Flughafenangestellter in Zivil. Den Kopf weit nach hinten gelegt, rief er höflich in Richtung Cockpitfenster: »Was können wir für Sie tun, Sir?«

»Wir brauchen die Funkfrequenz für den Tower«, gab Vietor zurück. Die Absurdität dieses Wortwechsels sollte ihm erst viel später bewusst werden. Die manuelle Landung der angeschlagenen *Landshut* – mit einem durchgedrehten Amateur-Kopiloten, dafür ohne Funkkontakt, ohne funktionierende Anzeige, ohne Instrumentenlandesystem – hatte seine letzten Kraftreserven erschöpft. Wenn Mahmud ihm jetzt angedroht hätte, ihn zu erschießen, hätte er wahrscheinlich nur gedacht: Dann ist wenigstens endlich Ruhe.

Die somalischen Behörden waren von der Landung der entführten Maschine gänzlich überrascht worden. Es dauerte geraume Zeit, bis der freundliche Angestellte zurückkehrte und ihnen einen Zettel mit der handgeschriebenen Tower-Frequenz überreichte: 118,1.

Mahmud riss das Mikrophon an sich und schrie in der gewohnten Weise los: »Hier spricht Captain Martyr Mahmud von der Operation ›Kofre Kaddum‹ der Halimeh-Einheit der Organisation zum Kampf gegen den Weltimperialismus.«

»Negativ, Sir.« Das Funkgerät hatte Vietor während des Flugs wieder instandsetzen können, aber vor Mahmud irrsinnigem Geschrei kapitulierte die Technik nach wie vor. Der Terrorist probierte es noch zweimal, dann übernahm Vietor das Mikrophon. »Ich bin der deutsche Kopilot«, erklärte er auf Englisch. »Es war nicht meine Absicht, hier zu landen. Wir stehen unter dem Kommando von Captain Martyr Mahmud.«

Zu seiner Verblüffung schien der Mann im Tower immer noch nicht zu verstehen. Die Nachricht von der Entführung der *Landshut* und ihrem dramatischen Irrflug war offenbar nicht bis Mogadischu durchgedrungen. »Bitte gedulden Sie sich«, sagte der Lotse, »ich muss mich erst mit meinen Vorgesetzten besprechen.«

Kurz darauf fuhren zwei Jeeps mit Soldaten vom Empfangsgebäude zu ihnen herüber. In einem Abstand von etwa 20 Metern umzingelten sie die Maschine – allerdings mit den Rücken zur *Landshut*, die Gewehre nach außen gerichtet, als ob sie Befehl hätten, den Flieger gegen etwaige Angreifer zu verteidigen.

Noch ein paar Stationen vorher hätte Mahmud unweigerlich gewütet und mit der Sprengung der Maschine gedroht, wenn die Soldaten nicht zurückgezogen würden. Jetzt aber schaute er nur mit gerunzelter Stirn aus dem Cockpitfenster und kümmerte sich dann nicht weiter um die Bewaffneten.

Etwa eine halbe Stunde verging, bis sich der Tower erneut meldete. »Hier spricht General Abdullahi, der Polizeichef von Somalia. Der Geschäftsträger der westdeutschen Botschaft ist bei mir und möchte mit Ihnen sprechen. – Bitte übernehmen Sie, Sir«, fügte er hinzu.

Doch bevor der Stellvertreter des deutschen Botschafters, Dr. Michael Libal, etwas sagen konnte, ergriff Mahmud das Wort. »Herr Repräsentant des westdeutschen imperialistischen Regimes«, sagte er, »hören Sie mir zu. Ich habe eine wichtige Nachricht für Helmut Schmidt.«

Bereits um 6 Uhr 30 mitteleuropäischer Zeit tagte in Bonn wieder die Kleine Lage. Minister, Staatssekretäre und BKA-Chef Herold warteten im Schmidt-Rottluff-Zimmer auf den Kanzler, der durch ein Telefonat aufgehalten worden war.
Als er schließlich eintrat, wirkte er todernst und noch angespannter als in den letzten Tagen. »Meine Herren«, begann er, »der Geschäftsträger unserer Botschaft in Mogadischu hat soeben gemeldet, dass die *Landshut* heute früh in Somalia gelandet ist. Die Entführer haben ein neues Ultimatum gestellt: Sie verlangen jetzt die Freilassung der Gefangenen bis heute 17 Uhr Ortszeit. Ich fürchte, das ist das letzte Ultimatum.«
Nun erst nahm er auf seinem Sessel Platz. Für einen kurzen Moment schwieg er erschöpft. Dann klopfte sich der Kanzler eine Prise Schnupftabak aus der Dose und fuhr energischer fort: »Jetzt heißt es also handeln. Wo ist Wischnewski im Moment?«
»Heute Nacht in Dschidda gelandet«, meldete Ruhnau.
»Und die GSG 9?«
»Auf Kreta.«
»Beide sollen sofort los. Wischnewski direkt nach Mogadischu. Wegeners Männer zum nächstgelegenen befreundeten Standort – wo ist das?«
Wieder wusste Ruhnau Rat. »Dschibuti, an der Nordgren-

ze von Somalia. Das könnte klappen – wenn uns die Franzosen helfen.«
»Also los«, ordnete Helmut Schmidt an. »Jetzt zählt jede Minute. Und treibt mir einen Experten auf, der uns alles, was wir wissen müssen, über Somalia erzählt.«

Am Vormittag beschloss das Bonner Kabinett, dass die Geiseln im Einverständnis mit der somalischen Regierung gewaltsam befreit werden sollten. Eingesetzt werden sollten notfalls somalische Kräfte, möglichst mit deutscher Unterstützung oder zumindest Beratung – am besten aber allein die Spezialisten der deutschen GSG 9.
Der Somalia-Experte aus dem Außenministerium, den der Kanzler angefordert hatte, zeichnete ein vergleichsweise helles Bild der politischen Lage in Mogadischu. Vor den Mitgliedern des Kleinen Krisenstabs erläuterte er: »Bis vor einem Vierteljahr hätte es in ganz Afrika kaum einen ungünstigeren Punkt für uns gegeben. Sie erinnern sich an die Rolle, die Uganda bei der Entführung der Air-France-Maschine nach Entebbe gespielt hat – Wadi Haddad, der Drahtzieher, saß damals in Mogadischu. Heute zieht er zwar wieder die Strippen, aber wir haben dennoch Glück.«
Der Kanzler trommelte mit der Rechten ein Stakkato auf den Besprechungstisch. Der Außenamtsexperte beeilte sich, zur Sache zu kommen.
»Das hier ist die Provinz Ogaden«, sagte er und zeigte auf der Wandkarte, was er meinte. »Sie wird überwiegend von Somalis bewohnt, aber sie gehört zum Nachbarland Äthiopien. Beide Länder haben sozialistische Regime und sind mit Moskau verbündet. Vor drei Monaten nun hat der so-

malische Präsident Siad Barre Äthiopien direkt angegriffen – bis dahin hatte er sich immer damit begnügt, bei seinem Nachbarn Unruhen zu schüren. Aber sein Plan, sich die Provinz Ogaden in offenem Kampf einzuverleiben, steht vor dem Scheitern – Moskau nämlich hat sich in diesem Krieg auf Äthiopiens Seite geschlagen und beliefert das dortige Derg-Regime mit Waffen. Und infolgedessen ...«

»Verstanden, danke.« Der Kanzler nickte dem Experten zu. »Präsident Barre braucht jetzt nichts dringender als Verbündete im Westen, die ihm mit Kriegsmaterial aushelfen.«

Der Justizminister räusperte sich vernehmlich. »Ich weise vorsorglich darauf hin«, sagte Hans-Jochen Vogel, »dass wir grundsätzlich keine Waffen in Spannungsgebiete liefern.«

Der Kanzler faltete die Hände vor sich auf dem Tisch. »Jochen, ich verstehe deinen Einwand«, sagte er. »Ich verstehe und achte ihn. Du hast in den letzten Wochen mehr als jeder andere in dieser Runde dafür getan, dass wir auf dem Boden des Grundgesetzes geblieben sind.«

Der Justizminister sah Helmut Schmidt erwartungsvoll an. Aber die von Vogel erhoffte Zusicherung blieb aus. Stattdessen erhob sich der Kanzler bereits wieder und eilte zur Tür. »Meine Herren, ich bitte um Ihr Verständnis, wenn ich jetzt allein mit General Barre sprechen werde.«

Am frühen Nachmittag trafen der Bonner Ministerialdirigent Hans Joachim Hegelau und der BKA-Beamte Alfred Klaus in Stuttgart-Stammheim ein. Andreas Baader wollte sich über die Entführung der *Landshut* äußern. »Die RAF«, sagte er gleich zu Anfang ihres Gesprächs, »hat diese Form des Terrorismus bis jetzt abgelehnt.« Er selbst und die anderen in Stammheim einsitzenden RAF-Mitglieder distanzierten sich entschieden von Aktionen gegen unbeteiligte Zivilisten.

»Es gibt zwei Linien im Kampf gegen den Staat«, erklärte Baader. »Die Bundesregierung hat durch ihre Haltung dieser extremen Form zum Durchbruch verholfen.« Was sie selbst, die erste RAF-Generation, unternommen hätten, seien keine terroristischen Aktionen gewesen. Terrorismus fange für ihn erst bei der Gewalt gegen Zivilisten an, wie sie die *Landshut*-Entführer praktizierten. »Gegenüber dem, was jetzt läuft, hat die RAF eine gemäßigte Politik verfolgt. Auch die Schleyer-Entführer und andere, nach denen gefahndet wird«, fuhr Baader fort, »sind uns persönlich gar nicht mehr bekannt. Wenn das BKA behauptet, die Aktionen würden aus dem Gefängnis gesteuert, dann trifft das allenfalls im ideologischen Bereich zu.«

Seine beiden Zuhörer nahmen das zur Kenntnis. Eine angebotene Zigarette lehnte der Häftling ab. Stattdessen drehte er sich während des Gesprächs zahlreiche Zigaretten selbst.

Ministerialdirigent Hans Joachim Hegelau fragte: »Welchen Einfluss haben Sie, etwa als Symbolfigur, noch?«

Baader antwortete, dass er zwei grundsätzliche Möglichkeiten sehe – »einmal die weitere Brutalisierung und zum anderen einen geregelten Kampf, im Gegensatz zum totalen Krieg. Man kann noch versuchen, eine Entwicklung zum Terrorismus hier zu verhindern, obwohl es Strömungen anderer Art gibt. Das ist letztlich der Grund für den Gesprächswunsch gewesen. Der Terrorismus ist nicht die Politik der RAF.«

Den befragenden Beamten kam Baader unkonzentriert und fahrig vor. Zum Abschluss des Gesprächs sagte er: »Zwischen dem Staat und den Gefangenen gibt es zurzeit einen minimalen Berührungspunkt des Interesses. Freigelassene Häftlinge sind im Verhältnis zu toten Gefangenen auch für die Bundesregierung das kleinere Übel.«
Letztlich sollte seine Botschaft wohl besagen: Die RAF-Häftlinge distanzierten sich von den Mitteln, durch die sie freigepresst werden sollten – aber ihrem Austausch gegen die *Landshut*-Geiseln stimmten sie gleichwohl zu.

Die beiden Frauen saßen nebeneinander auf der Couch und sahen wie versteinert auf den Fernsehschirm, über den die Abendnachrichten flimmerten.
In einem Filmbeitrag wurde gezeigt, wie ein westdeutsches Regierungsflugzeug auf einem heruntergekommenen afrikanischen Flughafen ausrollte.
»Um 13 Uhr 44 Ortszeit«, erklärte der Nachrichtensprecher, »ist der Sonderbeauftragte der Bundesregierung, Hans-Jürgen Wischnewski, auf dem Flughafen in Mogadischu gelandet. Er hat sich augenblicklich zu Staatspräsident General Siad Barre begeben, um über das weitere Vorgehen zu beraten. Von unserem Korrespondenten in Nairobi erhielten wir vor wenigen Minuten die folgenden Bilder.«
Die eine der beiden Frauen schaute die andere besorgt an. Doch die sah weiter unverwandt zum Fernseher. Ihr hübsches Gesicht, gerahmt von blonden Haaren, war in den zurückliegenden Tagen hager geworden. Beide Frauen sahen übernächtigt und erschöpft aus.
Auf dem Monitor waren nun die unscharfen Bilder eines

Films zu sehen, der offenbar aus großer Entfernung aufgenommen worden war: Die *Landshut* einsam auf dem Rollfeld von Mogadischu.

Ein Ambulanzwagen näherte sich der Maschine. Über eine Notrutsche an der hinteren Tür wurde ein länglicher Gegenstand nach draußen befördert. Er war in Decken gehüllt, so dass nicht genau zu erkennen war, worum es sich handelte.

»Seit 6 Uhr 34 Ortszeit«, erläuterte der Sprecher, »steht die Maschine der Lufthansa hier auf dem Flughafen von Mogadischu. Gegen 8 Uhr 30 verlangten die Entführer einen Krankenwagen. Dann wurde die Leiche des ermordeten Besatzungsmitglieds über eine Rutsche aus der Maschine gelassen. Somalische Offizielle entdeckten in der Hose des Toten einen deutschen Taschenkalender. Zur Stunde ist noch nicht klar, ob es sich um den Kapitän oder den Kopiloten der entführten Maschine handelt.«

Die blonde Frau auf der Couch schlug die Hände vors Gesicht. Die andere drückte ihre Zigarette aus und nahm ihre Gefährtin tröstend in den Arm. »Monika«, sagte Renate Vietor, »noch wissen wir nicht sicher, ob es wirklich dein Jürgen ist, den sie umgebracht haben.«

Der kleine Dominik, der in einer Zimmerecke gespielt hatte, schaute ängstlich zu ihnen herüber. »Mami, bist du traurig?«

»Nein, mein Schatz«, antwortete Monika Schumann, »die Mami hat nur Rauch in die Augen bekommen.«

Doch die Erwähnung des Taschenkalenders hatte sie wie ein Blitzschlag getroffen. Es musste sich um ihren Kalender handeln, den sie ihrem Mann am Morgen mitgegeben hatte, weil er seinen Urlaub anmelden wollte.

Dominik und Marc würden als Halbwaisen aufwachsen. Monika Schumann sank in sich zusammen und begann hemmungslos zu weinen.

32

Während sich die Gefangenen in Stuttgart-Stammheim innerlich auf ihre Freilassung vorbereiteten und sich ihr neues Leben im kommunistischen Südjemen oder in der Volksrepublik Nordvietnam ausmalten, quälte sich in der Innenstadt von Mogadischu eine somalische Regierungslimousine durch den chaotischen Verkehr. Uralte Fords und rostige Cadillacs aus den USA, Fahrradrikschas, knatternde Mopeds und sogar Eselskarren verstopften die Straßen. Fußgänger in bunten Gewändern schlängelten sich zwischen den Fahrzeugen durch. Alle Fahrer hupten unaufhörlich, aber so gut wie nichts ging voran.
Im Fond der Limousine schaute Staatsminister Wischnewski immer wieder unruhig auf seine Armbanduhr. »Mann, Mann«, sagte er zu seinem Assistenten, »noch zweieinhalb Stunden, bis das Ultimatum abläuft – und wir stecken hier im Stau!«

Unterdessen bereiteten die Entführer in der *Landshut* bereits alles für die Sprengung der Maschine vor. Mahmud und seine Kumpanen hatten offenbar ebenso wie Jürgen Vietor oder Gabi Dillmann den letzten Funken Hoffnung verloren, dass die deutsche Regierung noch einlenken und

die Forderungen der Terroristen bis 17 Uhr Ortszeit erfüllen würde.
Auch den Passagieren wurde schlagartig klar, dass ihr Leben an diesem 17. Oktober mit einer gewaltigen Explosion zu enden drohte – Mahmud erschien in der Economy und hielt eine theatralische kleine Rede. »Passagiere!«, rief er aus. »Eure Regierung weigert sich, unsere Forderungen zu erfüllen. Deshalb werden wir jetzt alle zusammen sterben. Wummmmmmmsss!« Mit beiden Armen malte er die Silhouette einer apokalyptischen Detonation in die Luft. »Frauen!«, rief er dann. »Zieht eure Strumpfhosen aus und gebt sie meinen Leuten. Alle Nylons aus, sofort!«
Verängstigt sahen die Passagiere einander an. »Was hat er gesagt?«, fragten einige nach, die nicht genügend Englisch konnten.
»Alle Frauen sollen ihre Strumpfhosen ausziehen.«
Obwohl niemand verstand, weshalb die Terroristen Strumpfhosen benötigten, um die Maschine zu sprengen, reagierten viele Geiseln schockiert. Hastig zogen die Frauen ihre Nylons aus, während der »Junge«, die »Dicke« und die »Kleine« bereits durch die Reihen gingen, um die Strümpfe einzusammeln. Die Terroristen hatten sich mit Scheren ausgerüstet und schnitten die Fuß- und Gesäßteile von den Strumpfhosen ab.
Zur gleichen Zeit ging Mahmud durch die Maschine und befestigte mit geübten Bewegungen an den Trennwänden der Economy eine sonderbare graue Masse. Auf den ersten Blick sah das Zeug wie Teigfladen oder überdimensionale Kaugummis aus.
Dann dämmerte den Geiseln, was es mit diesen unförmigen Fladen auf sich hatte, und die Neuigkeit wurde flüs-

ternd von Reihe zu Reihe weitergegeben: »Plastiksprengstoff …«
Mahmud klebte die graue Masse links und rechts an die Wände zur First Class und steckte jeweils ein Sprengblättchen hinein. Diese verband er mit etwa eineinhalb Meter langen Drähten, dann klappte er in der ersten Reihe der Touristenklasse zu beiden Seiten des Gangs einen Tisch aus. Auf den Tischplatten plazierte er die Zündvorrichtungen, die er zum Abschluss mit den losen Enden der beiden Drähte verband.
Mahmud hantierte stumm und konzentriert, mit ruhigen Bewegungen, wie ein Handwerker, der seine Kunst liebt und beherrscht.

Als Staatsminister Wischnewski endlich in den Audienzsaal des Präsidentenpalastes vorgedrungen war, blieben bis zum Ablauf des Ultimatums nicht mal mehr zwei Stunden. Auf pompösen Sesseln, umgeben von gewaltigen Skulpturen und Wandgemälden, saßen er und General Barre einander gegenüber. Auch der somalische Protokollchef war zugegen, der glücklicherweise fließend Deutsch sprach.
»Herr Präsident«, sagte der Sonderbeauftragte der westdeutschen Regierung, »es ist unsere gemeinsame Aufgabe, diese 90 Menschenleben zu retten – wenn es sein muss, mit Waffengewalt.«
Der Protokollchef übersetzte Wischnewskis Worte und gab dann die Erwiderung des Generals weiter. »Der Präsident fragt, was Sie unter einer gewaltsamen Befreiung verstehen, Herr Minister.«
»Wir haben Spezialisten aus Deutschland«, antwortete

Wischnewski, »die wissen, wie man so ein Flugzeug von außen aufmacht.«
Erneut entstand eine Pause. Der Protokollchef übersetzte, der Präsident rückte den massigen Leib in seiner bühnenreifen Uniform zurecht und schüttelte dann heftig den Kopf.
»Der Präsident meint, das sei unmöglich.«
Wischnewski schielte nach seiner Armbanduhr. 20 nach drei. »Sagen Sie dem Präsidenten, dass wir Ihren Männern Gelegenheit geben könnten, das auch so schnell wie möglich zu lernen.«
Wieder übersetzte der Protokollchef. Doch diesmal schaute Barre weiter nur starr geradeaus, so als ob er unvermittelt ertaubt wäre.
»Wenn Sie uns helfen«, setzte Wischnewski hinzu, »wird sich das sehr positiv auf unsere Beziehungen auswirken – wie unser Kanzler ja bereits angedeutet hat.«
Der Protokollchef gab das weiter. Diesmal bewegte der Präsident zumindest seine Augenlider – offenbar dachte er nach.
Dann endlich sprach er einige wenige Worte, und der Protokollchef verkündete: »Der Präsident hat eine Entscheidung getroffen. Er erlaubt Ihren Experten, die Sicherheitstruppe von Somalia zu unterstützen.«
Wieder sah der Staatsminister auf seine Uhr. »Herr Präsident, ich danke Ihnen«, sagte er. »Uns bleiben noch eine Stunde und 32 Minuten. Wir dürfen keine Zeit mehr verlieren.«

Doch es verging mehr als eine halbe Stunde, bis sie sich durch das Verkehrschaos von Mogadischu zum Airport zurückgekämpft hatten. Von unterwegs hatte Wischnewski Oberst Wegener verständigt. Gegen 16 Uhr 15 trafen beide Männer im Flughafengebäude ein.

Die deutsche Delegation war in einem kargen Raum unter dem Kontrollturm untergebracht worden. Die Ausstattung beschränkte sich auf einen Holztisch, ein paar Stühle und ein Telefon. Wischnewski und Wegener stürmten in den Raum, wo Polizeichef Abdullahi bereits auf sie wartete. Der somalische Offizier wirkte äußerst angespannt. Seine Hand zitterte, als er die beiden Deutschen begrüßte.

»Hello«, sagte der Staatsminister, »that's Colonel Wegener and I am Hans-Jürgen Wischnewski. Call me Hans.«

Der Polizeichef lächelte. »Sie können Deutsch mit mir sprechen, Mr. Hans. Ich habe in Ostberlin studiert.«

Wischnewski lockerte seine Krawatte. »Umso besser. Neuigkeiten von der Maschine?«

Die Miene des Somalis verdüsterte sich erneut. »Alle zehn Minuten meldet sich der Kommandant der Terroristen über Funk und gibt durch, wie lange es noch bis zur Sprengung der Maschine dauert. Punkt fünf Uhr will er das Flugzeug in die Luft jagen.«

»Dazu darf und wird es nicht kommen.«

Der Polizeichef schien weniger überzeugt. »Was können wir jetzt machen, Mr. Hans?«

Wegener antwortete für den Minister. »Vor allem darf die Maschine auf keinen Fall hier weg.« Er zog ein weißes Blatt aus seiner Hemdtasche und zeichnete mit raschen Strichen die Umrisse des Flugzeugs und die Position der sechs Eingänge auf. »Es kommt darauf an, unbemerkt unter die Maschine zu gelangen«, erklärte er, »und dann möglichst schnell durch die sechs Eingänge in die Maschine

einzudringen. Dafür nehmen wir Stoßtrupps von je fünf Mann, insgesamt also 30 …«
Abdullahi fiel ihm ins Wort. »Okay, okay – das müssen Sie sofort mit meinen Leuten trainieren.«
»Eine Maschine haben Sie doch hier zum Üben – eine 737?«, fragte der GSG-9-Chef.
Der Adjutant des Polizeichefs nickte. »Kein Problem.«
Wischnewski klopfte Wegener auf die Schulter. »Gut, dann mach das mal.« Er ging zur Tür. »Ich muss in der Zwischenzeit sehen, wie wir die über das Ultimatum wegbekommen.«

33

In der *Landshut* gingen die Terroristen wieder von Reihe zu Reihe – diesmal, um die Geiseln zu fesseln. Nacheinander mussten die Passagiere aufstehen, in den Gang treten und die Arme auf dem Rücken kreuzen. Die »Dicke« und der »Junge« schnürten ihnen die Hände mit den Beinteilen der zerschnittenen Nylonstrumpfhosen zusammen. Während der »schöne Junge« gleichmütig und routiniert seine Pflicht tat, vergnügte sich seine Kumpanin damit, die Fesseln so fest zuzuziehen, dass es den Geiseln die Blutzirkulation abschnürte.
Als sie die junge Diana Schneider fesselte, schrie die vor Schmerzen auf. Die »Dicke« drohte ihr mit der Faust. »Halt's Maul, Schlampe!«
Als ob er nur auf dieses Stichwort gewartet hätte, erhob

sich auch der verwirrte alte Mann von seinem Sitz. »Jetzt muss ich aber wirklich gehen«, sagte er entschieden. »Ich muss doch noch das ganze Geld auf die Bank bringen.« Er öffnete das Gepäckfach und wollte eben nach seinem Hut greifen, als ihn die Dicke bei den Armen packte und grob in seinen Sitz zurückstieß.

»Halt dein verdammtes Maul!«, schrie sie wieder und starrte den erschrockenen Alten wütend an.

Der reiche Mann, der seiner Frau den letzten Schluck Wasser weggetrunken hatte, rief in heller Empörung: »Kann der alte Sack sich nicht mal zusammenreißen? Der bringt uns noch alle in Gefahr!«

Gabi Dillmann wies ihn zurecht. »Kümmern Sie sich lieber um sich selbst«, riet ihm die Stewardess. »Ist doch gut für den alten Mann – so bekommt er wenigstens nicht mit, was hier passiert.«

Währenddessen war auch Jutta Jürgens, die ältere Schönheitskönigin, gefesselt worden und sank mit auf dem Rücken verschnürten Armen in ihren Sitz zurück. Erschrocken sah sie, dass sich ihr Medaillon verdreht hatte. Sie hatte es extra vor sich an der Rücklehne aufgehängt, damit sie immer das Foto ihres lachenden Sohnes im Blick hatte. Doch jetzt war nur die Rückseite zu sehen, und mit ihren gefesselten Händen konnte sie es nicht wieder umdrehen. Juttas Herz begann heftig zu schlagen. Zum ersten Mal, seit ihre Maschine entführt worden war, spürte sie Todesangst.

Auf der Schwelle zur First Class erschien wieder einmal Mahmud. »Noch 25 Minuten«, verkündete er, »dann – wummmss!« Er riss die Arme empor und starrte mit einem Ausdruck irrer Begeisterung in die Höhe.

Nicht allein die vorrückende Uhrzeit machte Ulrich Wegener Sorgen. Er stand auf einem staubigen Platz hinter den Wellblechhallen des Airports und verlor mehr und mehr seine Zuversicht, dass es diesmal mit der Befreiungsaktion etwas werden könnte.

Die Übungsmaschine, die ihm der Polizeichef zur Verfügung gestellt hatte, war eine Boeing 720 – zum Training des Sturms auf eine 737 allenfalls sehr bedingt geeignet.

Schlimmer war, dass bei den Leitern, die die Somalis herbeischafften, mehr als die Hälfte der Sprossen fehlten. Doch bei jedem Einwand, den Wegener vorbrachte, rief der Adjutant des Polizeichefs nur »No problem!« und schickte seine Leute weg, damit die sich um die Lösung kümmerten.

Tatsächlich kehrten sie nach einiger Zeit mit Holzlatten, Hammer und Nägeln zurück und machten sich daran, umständlich die Leitern auszubessern. Währenddessen lief das Ultimatum aus – und dazu, das Erklimmen der Tragflächen oder das Anschleichen unter dem Rumpf zu üben, waren sie noch nicht einmal gekommen. Und wenn sich Wegener diese trägen somalischen Soldaten so anschaute, dann konnte er sich kaum vorstellen, dass die imstande wären, in wenigen Sekunden so ein Flugzeug aufzumachen und zu stürmen.

Nachdem sie alle Passagiere mit den Nylonstrümpfen gefesselt hatten, schoben die Terroristen einen Rollwagen mit Duty-Free-Waren in die Touristenklasse – Whiskey- und Kognakflaschen, Flakons mit Parfüm und Eau de Toilette.

Mahmud nahm eine Spirituosenflasche, schlug ihr an der

Türkante den Hals ab und kippte ihren Inhalt über dem ersten Passagier aus. Es war der Vater des kleinen Steffen, der gezwungen worden war, beim Wegschaffen der Leiche des Kapitäns zu helfen. »Damit du besser brennst«, erklärte der Terroristenchef. Den Rest aus der Flasche schüttete er über den dreijährigen Jungen.

Die anderen Entführer folgten seinem Beispiel. Die »Dicke« goss Schnaps über die Passagiere rechts des Gangs, Mahmud über die Geiseln zur Linken. Der »Junge« und die »Kleine« tränkten derweil den Teppichboden mit Alkohol. Wiederum schien die »Dicke« ein besonderes Vergnügen an ihrer Aufgabe zu finden. Hingebungsvoll übergoss sie vor allem die Kinder und versicherte gutgelaunt immer wieder: »Jetzt sterben wir alle zusammen.«

»20 Minuten noch«, setzte Mahmud hinzu. »Dann sehen wir uns alle im Jenseits wieder.«

Jürgen Vietor saß, gefesselt wie alle anderen, auf demselben Sitz, auf dessen Armlehne Mahmud die Junghans-Uhr mit der Axt zertrümmert hatte. »Das fehlte gerade noch«, sagte er leise zu sich selbst, »dass der Scheißtyp im Himmel auf uns wartet.«

Neben ihm saß ein Mann Mitte fünfzig, dessen Gesicht vor Schweiß glitzerte und mit roten Flecken übersät war. Er hatte seine Taschenuhr an der Rücklehne vor sich befestigt und starrte auf die voranrückenden Zeiger. »Diese verdammten Nullen in Bonn«, sagte er in jammerndem Tonfall. »Die kriegen den Arsch nicht hoch – und wir krepieren hier.«

»Wie lange haben wir denn noch?«, fragte Vietor.

»Keine 20 Minuten.«

Mit Lippen und Zähnen versuchte währenddessen in der

hinteren Reihe Jutta Jürgens, das Medaillon mit dem Foto ihres Sohns wieder umzudrehen. Endlich gelang es ihr – strahlend lachte ihr kleiner Mike sie wieder an.

Der wirkliche Mike stand um diese Zeit vor dem Bonner Kanzleramt und hielt ein Plakat hoch. »Herr Bundeskanzler«, stand darauf, »ich will meine Mutti wiederhaben!«

Den elfjährigen Jungen begleiteten sein Vater und ein rundes Dutzend weiterer Angehöriger von Geiseln aus der entführten Maschine. Fotografen und Kameramänner umringten das Häuflein stiller Demonstranten. Ein Fernsehreporter näherte sich mit seinem Mikrophon und fragte: »Was möchten Sie mit dieser Aktion erreichen?«

Horst Jürgens, der Ehemann von Jutta, rang sich zu einer Antwort durch. »Wir erwarten eine Entscheidung«, sagte er mit brüchiger Stimme. »Ich möchte mir nachher nicht vorwerfen, dass ich die letzte Chance, das Leben meiner Frau und der anderen Geiseln zu retten, nicht genutzt hätte.«

Ein Sekretär aus dem Bundeskanzleramt, gefolgt von zwei Polizisten, trat vor die Demonstranten. »Könnten Sie mir bitte kurz zuhören. Ein Ministerialdirigent steht jetzt bereit, Sie über die aktuelle Situation in Mogadischu zu informieren. Wenn Sie mir bitte folgen würden.«

Die Demonstranten wurden zu einem Eingang in dem mit Stacheldraht bewehrten Zaun geführt. Ihnen folgte eine schmale Frau, deren Gesicht durch eine große Sonnenbrille verdeckt wurde. Ihre blonden Haare waren mit einem schwarzen Tuch verhüllt, auch ihr Mantel war schwarz.

Ehe sich die Journalisten einen Reim auf diese Erscheinung gemacht hatten, schloss sich hinter ihr die Tür im Sicherheitszaun. Drinnen wurde sie von einem Assistenten des Kanzleramts-Staatssekretärs erwartet. »Frau Schumann? Darf ich Ihnen mein tiefempfundenes Mitgefühl aussprechen.« Unter der Sonnenbrille rann eine Träne hervor. Der Assistent verbeugte sich förmlich vor der Witwe des ermordeten Kapitäns. »Ich bin beauftragt, Sie direkt in das Büro des Bundeskanzlers zu bringen.«

Auch Gabi Dillmann konnte ihre Tränen nur mit Mühe zurückhalten, als sie sich im Cockpit über das Funkmikrophon beugte. Ihre Hände waren weiterhin gefesselt. Ihre Haare, ihre Kleidung waren getränkt mit hochprozentigem Alkohol.

»Bitte, sprich nur.« Mahmud wies mit einem Lächeln auf das Mikrophon.

»Danke, Captain Martyr Mahmud«, sagte die Stewardess. Sie schloss die Augen, um sich zu sammeln, ihre Gefühle unter Kontrolle zu bringen. »Man hat mir zum letzten Mal erlaubt«, sagte sie dann, »mich aus dem Cockpit zu melden. Ich hoffe, dass Sie mich im Tower verstehen und diese Mitteilung an die Verantwortlichen weitergeben – auch an den Bundeskanzler.«

Im Cockpit der Regierungsmaschine saß währenddessen Rüdiger von Lutzau, Gabi Dillmanns Verlobter. Er war turnusmäßig dran, alles mitzuschreiben, was zwischen dem Tower und der *Landshut* gesprochen wurde. Wegen des blechern klingenden Lautsprechers erkannte er erst mit Verspätung, wer die Sprecherin war.

»Ich möchte der deutschen Regierung sagen«, fuhr Gabi fort, »dass es ihr Fehler ist, dass wir sterben werden – und wir werden sterben. Ich weiß, dass die es tun werden. Sie haben schon alle gefesselt. Und das ist, wie wir es auf Deutsch sagen, ein Himmelfahrtskommando. Ihnen ist das eigene Leben gleichgültig, und ihnen ist das Leben der anderen Leute gleichgültig. Und auch der deutschen Regierung ist unser Leben gleichgültig. Wir werden jetzt sterben. Ich habe versucht, es so gut, wie es geht, zu ertragen, aber die Angst ist so mächtig. Aber wir möchten, dass Sie wissen – die deutsche Regierung hätte alles tun können, alles, damit wir am Leben bleiben. Wir verstehen die Welt nicht mehr.«

Sie unterbrach sich und rang erneut um Fassung. »Mein Name ist Gabi Dillmann«, sprach sie mit erstickter Stimme weiter, »und ich wollte einfach reden, wollte meinen Eltern und meinem Freund – sein Name ist Rüdiger von Lutzau – sagen, dass ich so tapfer wie möglich sein werde, dass ich hoffe, dass es nicht zu sehr wehtut. Bitte sagt meinem Freund, dass ich ihn sehr liebe, und sagt meiner Familie, dass ich sie auch liebe.« Sie schluchzte krampfhaft. »Warum helft ihr uns nicht?«, fuhr sie fort. »Ich verstehe das nicht, wirklich nicht. Könnt ihr mit eurem Gewissen weiterleben, können Sie wirklich leben, mit Ihrem Gewissen für den Rest Ihres Lebens? Ich weiß es nicht. Wir werden alle versuchen, so tapfer wie möglich zu sein, aber es ist nicht leicht. Ich bete zu Gott, bitte, wenn da irgendeine Chance ist, irgendeine Möglichkeit, helft uns. Es ist nur noch wenig Zeit übrig. Wenn es eine Möglichkeit gibt, bitte helft uns.«

Im Cockpit der 707 schrie von Lutzau auf und schlug verzweifelt die Hände vor sein Gesicht.

34

Nach mehreren niederschmetternden Versuchen gab Wegener das Blitztraining der somalischen Einsatzkräfte auf. Er ließ sich zurück zum Tower fahren, wo Wischnewski und Polizeichef Abdullahi schon auf ihn warteten. Am Kontrollpult saß der Psychologe Salewski, mit dem somalischen Verkehrsminister in ein Gespräch vertieft.

Der GSG-9-Chef machte Wischnewski ein Zeichen – er musste ihn unter vier Augen sprechen.

»Das wird nichts«, meldete er, »die richten höchstens ein Blutbad an.« Anders als die durchtrainierten Kämpfer in Dubai seien die somalischen Soldaten in schlechter körperlicher Verfassung. Sie schafften es kaum, sich auf die Tragflächen zu hieven, und jede einzelne ihrer Bewegungen signalisierte, dass sie nicht das geringste Interesse hatten, für die Rettung der deutschen Geiseln auch nur einen Finger krumm zu machen. Geschweige denn, ihr Leben zu riskieren.

Abdullahi hatte ihr Gespräch beobachtet und den Sinn anscheinend erraten. Als sie zu ihm traten, wirkte er noch beunruhigter als zuvor schon. »Wir haben geübte Männer«, sagte Wischnewski zu ihm, »die wir nur herrufen müssten. Wir könnten daraus eine gemeinsame Operation machen.«

Der Polizeichef kaute auf seiner Unterlippe. »Wer übernimmt die Verantwortung, Mr. Hans, wenn das Flugzeug in die Luft gejagt wird?«

Der Staatsminister streckte ihm seine Hand hin. »Ich übernehme die Verantwortung«, versicherte er. »In diesem Fall übernehme ich die volle Verantwortung.«

Zögernd schlug Abdullahi ein. »Okay. Aber ich muss erst mit dem Präsidenten sprechen.«
Er eilte zum Ausgang. Wenn der Präsident sich jetzt stur stellte, war alles aus, sagte sich Wischnewski. Er sah sich nach Salewski um. Jetzt oder nie war die Stunde des »Wahrsagers« gekommen.

Um 16 Uhr 53 Ortszeit griff der somalische Verkehrsminister mit zitternder Hand zum Mikrophon. Salewski nickte ihm beruhigend zu.
Wischnewski, der neben den beiden im Tower stand, war kaum weniger aufgeregt als der somalische Politiker. Aber der »Wahrsager« hatte ihm versichert, dass die Entführer auf den Vorschlag eingehen würden. »Im Grunde sind die Terroristen da drüben im Flieger doch alle noch Kinder«, hatte Salewski erklärt. »Und deshalb werden wir sie auch kriegen.«
Der Somali holte tief Luft. »Captain Martyr Mahmud, hier ist der Verkehrsminister der Republik Somalia. Ich muss mit Ihnen sprechen. Bitte antworten Sie mir.«
Sofort meldete sich die *Landshut*. »Hier ist Captain Martyr Mahmud. Herr Verkehrsminister, bitte sprechen Sie.«
Der Politiker musste sich erst die Kehle freiräuspern. »Sie befinden sich als unsere Gäste auf somalischem Boden«, brachte er dann hervor. »Da nur noch sieben Minuten verbleiben, möchte ich Sie bitten, uns weitere 30 Minuten zu geben, damit wir das Gelände räumen und alle Dinge und Personen im Umkreis der Maschine evakuieren können. Bitte, geben Sie uns eine weitere halbe Stunde.«
»Da muss ich mich erst mit meiner Einheit besprechen«, antwortete Mahmud. Aber wieder war seine Antwort so

rasch gekommen, als ob die Bitte des Ministers seinen eigenen Wünschen entspräche.
»Tun Sie das, Sir«, gab der Somali zurück.

Die letzte Minute des Ultimatums brach an. Die Geiseln in der *Landshut*, allesamt gefesselt und mit Alkohol übergossen, begannen zu beten. Anfangs bewegten die meisten nur stumm die Lippen, dann sprach Diana Schneider mit lauter Stimme die ersten Worte des Vaterunsers.
»Vater unser, der Du bist im Himmel …«
Vorn im Cockpit diskutierten die vier Terroristen auf Arabisch. Ihre heiseren Stimmen drangen bis in die hintersten Reihen der Economy. Offenbar waren auch sie erregt und von Angst erfüllt.
Da Diana nicht wusste, wie das Gebet weiterging, wiederholte sie immer wieder die erste Zeile. »Vater unser, der Du bist im Himmel …«
Ausgerechnet der verwirrte alte Mann fiel schließlich in ihr Gebet ein und setzte es ohne zu stocken fort. »Geheiligt werde Dein Name. Dein Reich komme.«
Viele weitere Passagiere stimmten nun mit ein.

»Dein Wille geschehe, wie im Himmel so auf Erden.
Unser tägliches Brot gib uns heute.
Und vergib uns unsere Schuld,
wie auch wir vergeben unseren Schuldigern.
Und führe uns nicht in Versuchung,
sondern erlöse uns von dem Bösen.
Denn Dein ist das Reich und die Kraft und
die Herrlichkeit in Ewigkeit.
Amen.«

Die ganze Kabine war nun vom Gemurmel der Betenden erfüllt. So bemerkten die Geiseln nicht, dass ihre Entführer anscheinend eine Entscheidung getroffen hatten. Vorn im Cockpit griff Mahmud zum Funkmikrophon.
»Hier ist Captain Martyr Mahmud.«
»Bitte, Captain Martyr Mahmud, sprechen Sie.«
»Weil Sie nicht imstande sind, das Gelände rechtzeitig zu evakuieren«, verkündete der Terrorist, »erkläre ich mich aus Respekt vor dem Herrn Präsidenten Siad Barre, der somalischen Regierung und dem somalischen Volk damit einverstanden, das Ultimatum um 30 Minuten zu verlängern. Vielen Dank, Mr. Tower.«

Als Helmut Schmidt in sein Büro im Kanzleramt trat, stand die Witwe des ermordeten Kapitäns am Fenster, mit dem Rücken zu ihm. Ihre Schultern zuckten, die ganze schmale Gestalt zitterte wie im Krampf.
Er fürchtete, dass er außerstande sein würde, auch nur ein Wort zu ihr zu sagen. Welche Worte konnten dem Schmerz und der Trauer gerecht werden, die Monika Schumann fühlte? Welche Floskel konnte den Zorn zum Ausdruck bringen, den der Kanzler selbst empfand? Aber er durfte und würde sich niemals von Gefühlen leiten lassen.
Langsam drehte sie sich um zu ihm. Selbst die übergroße Sonnenbrille vermochte nicht zu verbergen, dass sie weinte. Dass sie hinter den schwarzen Gläsern von Schmerz, Angst und Erschöpfung wie zerfressen war.
Helmut Schmidt ging auf sie zu. Er wusste nicht, wohin er schauen sollte – in ihr Gesicht, auf den Boden, auf ihre Hand, die sich ihm mit krampfhaftem Beben entgegenstreckte.

Er umschloss ihre Rechte mit beiden Händen. So standen sie voreinander und sahen sich wortlos an.
Nach einem scheinbar endlosen Moment des Schweigens klingelte das Telefon. Helmut Schmidt murmelte eine Entschuldigung und eilte zu seinem Schreibtisch.
»Herr Bundeskanzler«, sagte die Vermittlung, »Staatsminister Wischnewski aus Mogadischu.«
»Durchstellen. Hans-Jürgen?«
»Wir haben eben die Erlaubnis von Präsident Barre bekommen – unsere Männer dürfen ran.«
Der Kanzler amtete tief durch. »Das ist die beste Nachricht, seitdem du hier weg bist«, sagte er. »Ich danke dir, Hans-Jürgen.«
Er legte den Hörer auf und wandte sich zu Monika Schumann um. »Noch am heutigen Abend«, sagte er, »werden deutsche Spezialisten eine Polizeiaktion zur Befreiung der Geiseln durchführen. Wenn das gelingt – dann hat Ihr Mann das mit dem Einsatz seines Lebens überhaupt erst möglich gemacht.«
Monika Schumann wollte etwas antworten, aber die Stimme versagte ihr. Stumm schüttelte sie den Kopf und ging zur Tür.

35

In Mogadischu dämmerte der Abend. Die Flughafenbeleuchtung wurde eingeschaltet. Als gedrungene Silhouette hob sich draußen auf dem Rollfeld die *Landshut* von der Umgebung ab. Im Tower wandte sich Staatsminister Wischnewski an den GSG-9-Chef. »Wann können Ihre Männer frühestens hier sein?«, fragte er.
Wegeners Stimmung war in kürzester Zeit von rabenschwarz zu rosarot umgeschwenkt, als der Minister ihm die Nachricht überbracht hatte: Die Somalis ließen eine deutsche Befreiungsaktion auf ihrem Boden zu.
»Ich hab sie eben erreicht«, sagte der Antiterror-Kommandant, »als sie im Landeanflug auf Djibuti waren – sie sind direkt wieder durchgestartet. Um 19 Uhr hiesiger Zeit müssten die hier sein.«
»Also in gut anderthalb Stunden.« Wischnewski wandte sich an seinen Deeskalationsexperten, der sich ebenso wie der deutsche Geschäftsträger Dr. Libal seit Stunden hier im Tower zur Verfügung hielt. »Das mit der halben Stunde Aufschub haben Sie gut gemacht, Salewski, aber jetzt brauchen wir noch eine Verlängerung.«
Salewski lächelte entspannt. »Okay, dann sagen wir denen jetzt einfach, dass unsere Regierung austauschen will.«
Wischnewski stutzte. »Aber das ist doch Betrug?«
Salewski zuckte mit den Schultern. »Es geht schließlich um Menschenleben – da ist Betrug wohl das kleinere Übel.«
Wegener stieß einen leisen Pfiff durch die Zähne aus. »Also gegen Sie möchte ich nicht Poker spielen«, sagte er zu dem Psychologen.

Der nahm das Kompliment mit einem Lächeln zur Kenntnis.
Nach äußerer Aufmachung und Lebensphilosophie konnten zwei Männer kaum unterschiedlicher sein als Wegener und Salewski – hier der durchtrainierte, durch und durch militärische Oberst, dort der lässige Blondschopf mit dem hippiehaften Look. Und doch ergänzten die beiden sich ideal bei dieser Mission.
»Ich würde vorschlagen«, sagte Salewski, »dass Dr. Libal sich jetzt an die Entführer wendet.« Er instruierte den Geschäftsträger, der in seinem zerbeulten Anzug und mit dem Bartschatten im Gesicht eher einem abgebrannten Abenteurer als einem deutschen Diplomaten ähnelte. Nach einer Nacht Bereitschaftsdienst und einem ganzen Tag auf dem Tower von Mogadischu fühlte er sich innerlich allerdings noch weit zerknitterter.
Libal griff nach dem Mikrophon. »Mr. Martyr Mahmud, hören Sie mich?«
Nach einer kurzen Pause meldete sich die *Landshut*. »Ich bin nicht Mr. Martyr Mahmud«, antwortete der Terrorist, »ich bin Captain Martyr Mahmud.«
»Entschuldigen Sie, Sir. Captain Martyr Mahmud, hier spricht der Geschäftsträger der deutschen Botschaft in Somalia. Sind Sie bereit, mit mir zu sprechen?«
»Aus Respekt vor der somalischen Regierung, dem somalischen Volk und vor dem Herrn Präsidenten Siad Barre erkläre ich mich einverstanden, mit einem Repräsentanten des imperialistischen westdeutschen Regimes zu sprechen. Also, Repräsentant, reden Sie.«
»Vielen Dank, Captain Martyr Mahmud«, sagte Libal. »Ich habe eine wichtige Nachricht für Sie. Ich werde sie

sehr langsam vorlesen, um sicherzustellen, dass Sie alles richtig verstehen.«
»Um was geht es denn?« Mahmud klang auf einmal wieder abweisend und feindselig. »Ich habe schon gesagt, dass ich nicht verhandle. Mich interessiert nur, ob unsere Kameraden freigelassen worden sind.«
Libal wechselte einen raschen Blick mit Salewski. Der nickte ihm nochmals ermutigend zu. »Captain Martyr Mahmud«, sagte Libal, »wir haben Ihren Forderungen zugestimmt. Die Gefangenen können jetzt freigelassen werden. Wir müssten sie als Nächstes auf dem Flughafen in Frankfurt zusammenführen, um sie dann in das von ihnen gewählte Land auszufliegen.«
Für einige Augenblicke schien es dem Terroristen die Sprache zu verschlagen. »Also endlich. Endlich«, sagte er dann. »Haben Sie doch noch verstanden? Aber jetzt ist es fast schon zu spät.«
»Ich wiederhole, wir sind bereit, Ihre Forderungen zu erfüllen«, sagte Libal. »Aber von Deutschland bis hierher ist es eine weite Strecke.«
»Wie weit?«, wollte Mahmud wissen. »Wie viele Kilometer sind es von Frankfurt bis Mogadischu, Mr. faschistischer Repräsentant?«
»Einen Moment, bitte«, sagte Libal, »da muss ich mich erkundigen.« Kurz darauf meldete er sich wieder: »Es sind 7000 Kilometer, Captain Martyr Mahmud.«
»Okay«, antwortete der Terrorist. »Wir müssen uns beraten. Sie hören wieder von mir.«
Er schaltete das Mikrophon aus. Doch im Tower war gerade noch zu vernehmen, wie die Terroristen im Cockpit der *Landshut* in Triumphgeheul ausbrachen.

Die Geiseln in der *Landshut* sahen Mahmud fassungslos an.

»Endlich hat eure Regierung kapiert«, sagte er und lachte. »Liebe Passagiere, vielleicht habt ihr ein paar Termine bei der Bank oder beim Friseur verpasst – aber ihr werdet leben!«

Die drei anderen Terroristen gingen bereits von Reihe zu Reihe, um den Passagieren die Fesseln zu lösen. Die Geiseln schrien jetzt alle durcheinander – vor Glück, vor Erleichterung, auch vor Schmerzen, weil das in ihren Händen gestaute Blut wieder zu kreisen begann.

»Komm mit mir, Charly Papa.«

Vietor folgte Mahmud ins Cockpit. Dort wollte der Terrorist von ihm wissen, wie lange ein Flugzeug mit den ausgetauschten Häftlingen von Frankfurt nach Mogadischu brauchen würde.

Der Kopilot massierte vorsichtig seine Handgelenke. Seine Finger fühlten sich taub an, aber in den Fingerspitzen begann es zu prickeln. Er nahm das Bordbuch, schlug die Afrikakarte auf, maß mit einem Kugelschreiber grob die Entfernung nach. »Frankfurt liegt bei 50 Grad«, sagte er, »Mogadischu ungefähr bei 0 Grad. 50 mal 60 Meilen macht also 3000 Meilen – rund 7000 Kilometer. Eine Boeing 707 braucht dafür ungefähr acht Stunden – bei ungünstigem Wind etwas länger.«

Mahmud nickte mehrfach. Als er zum Funkmikrophon griff, wirkte er wieder ernst und wachsam. »Hören Sie, Mr. faschistischer Repräsentant, hier spricht Captain Martyr Mahmud.«

»Ich höre Sie, Captain Martyr Mahmud.«

»Wann werden unsere Kameraden aus den deutschen und

türkischen Foltergefängnissen hier sein? Wir warten nicht bis morgen früh.«
Die Antwort ließ einige Augenblicke auf sich warten. »Morgen früh wäre eine sehr gute Verhandlungsbasis«, sagte Libal dann.
»Ausgeschlossen.« Mahmud geriet wieder in Erregung. »Das ist mir zu lange! Der Flug dauert sieben Stunden. Ich gebe ihnen drei dazu – aber in zehn Stunden müssen die Gefangenen hier sein.«
»Das ist ein vernünftiger Vorschlag«, antwortete Libal prompt. »Das schaffen wir.«
Die plötzliche Bereitwilligkeit seiner Gegner schürte Mahmuds Misstrauen. »Glauben Sie nicht, dass Sie hier ein zweites Entebbe anrichten könnten. Wir sind nach wie vor darauf vorbereitet, die Maschine zu sprengen.«
»Keine Sorge, Captain Martyr Mahmud«, sagte Libal, »in zehn Stunden sind die Gefangenen hier.«
Mahmud kehrte in die Economy zurück, um den Geiseln wiederum selbst die frohe Botschaft zu überbringen. »Liebe Passagiere, die westdeutsche Regierung hat eingewilligt, unsere gefangenen Kameraden hierher auszufliegen. Die Maschine mit den Gefangenen wird heute Nacht um halb zwei in Mogadischu eintreffen. Und dann kommt ihr frei.«
Gabi Dillmann hätte alle umarmen mögen. »Wir sind frei, wir werden weiterleben!«, rief sie immer wieder aus.
Die Passagiere standen auf, viele schüttelten einander die Hände oder fielen sich in die Arme. »Wir bleiben am Leben«, war ein ums andere Mal zu hören. »Wir werden nicht umgebracht. Wir kommen frei.«
Viele Passagiere weinten.

Plötzlich brüllte Mahmud: »Stopp!«
Alle erstarrten. Hatten die Terroristen sich nur auf ihre Kosten amüsiert? Würden sie im nächsten Moment verkünden, dass sie doch alle sterben müssten?
»No smoking.« Mahmud trat zu einem älteren Passagier und nahm ihm die Zigarette weg, die er eben hatte anzünden wollen. Der Terrorist deutete auf den Plastiksprengstoff. »Ein Funke, und wir fliegen in die Luft. Wummmmss!«

Gegen 19 Uhr 30 Ortszeit, nicht lange nach Einbruch der Dunkelheit, landete die Boeing 707 mit den GSG-9-Spezialisten an Bord in Mogadischu. Der Pilot musste ein hohes Risiko eingehen – sie hatten noch mehrere 100 Liter Kerosin im Tank und gingen überdies mit Rückenwind runter. Außerdem musste er mit ausgeschalteten Lichtern landen, damit die Terroristen nicht doch noch Verdacht schöpften.
Die Maschine rollte mit hoher Geschwindigkeit in den militärischen Teil des Flughafens. Dort wartete bereits Ulrich Wegener. Während seine Männer begannen, die mitgebrachte Ausrüstung auszuladen, besprach sich der GSG-9-Oberst mit seinem Stellvertreter Klaus Blättle, der mit der Truppe aus Deutschland gekommen war.
»Jetzt wird es ernst«, sagte Wegener. »Packt euer Zeug so schnell wie möglich aus. Ich sehe mir das Gelände noch mal an, dann legen wir die Einzelheiten für den Einsatz fest.«
Zwei Stunden brauchten die Spezialisten, um Waffen, Leitern und die sonstige Ausrüstung auszuladen. In dieser Zeit erkundete Wegener das Terrain im Umkreis der *Landshut*. Durch eine Sanddüne vor den Blicken der Terroristen

geschützt, gelang es ihm, sich bis auf wenige Meter an die Maschine anzuschleichen.
Bei der anschließenden Besprechung war zunächst auch Staatsminister Wischnewski zugegen. »Die Aktion wird erfolgreich sein«, versicherte ihm Wegener. »Aber verlangen Sie von mir bitte keine Einzelheiten, Herr Minister.«
Doch Wischnewski wollte sowieso möglichst keine Details hören. »Das ist Expertensache«, sagte er nur. »Informieren Sie mich kurz dem Angriff. Viel Glück.« Er schüttelte Wegener die Hand.
Auch den somalischen Polizeichef weihte der GSG-9-Chef nur in groben Zügen in ihre Planung ein. »Ich möchte Sie bitten, mir als Berater zur Seite zu stehen«, sagte er zu General Abdullahi. »Wenn Sie einverstanden sind, wird die Befreiung der Geiseln eine gemeinsame deutsch-somalische Aktion sein – wobei die deutsche Seite den operativen Teil des Unternehmens übernimmt.«
Der Somali willigte augenblicklich ein. So hatte er sein Gesicht gewahrt, würde jedoch beim Sturm der *Landshut* weder das Leben seiner Leute noch seinen eigenen Kopf riskieren.

36

Während in Mogadischu die Vorbereitungen auf vollen Touren liefen, tagte im Bonner Kanzleramt unablässig der Große Politische Beratungskreis. Die Stimmung war angespannt, jedoch auch verhalten zuversichtlich. Endlich

konnte man einen entscheidenden Schlag gegen die Terroristen führen. Und Wegener und seine Leute gehörten zu den weltbesten Spezialisten für diese Mission. Ansonsten konnte man jetzt nur noch warten.
Gegen 19 Uhr 30 mitteleuropäischer Zeit kam in der Runde noch einmal große Unruhe auf. Die französische Nachrichtenagentur »Agence France Presse« verbreitete über Fernschreiber eine hochbrisante Meldung ihrer Redaktion in Tel Aviv.

> »Schleyer/Landshut: Situation in Mogadischu gespannt, meldet das Israelische Fernsehen.
> Tel Aviv, 17.10. – Die Lage in Mogadischu ist sehr gespannt. Man hat dort das Gefühl, dass sich im Verlauf der Nacht eine Änderung der Situation ergeben könnte. Dies teilt Montagabend die Funkauswertung des Israelischen Fernsehens mit.
> Der Sender bestätigt außerdem, dass sich auf dem Flughafen der somalischen Hauptstadt ein westdeutsches Antiterrorismus-Kommando befindet, das am frühen Montagabend eingetroffen sein soll.«

Diese Meldung wurde kurz darauf von mehreren europäischen Rundfunkstationen ausgestrahlt – darunter BBC und Radio France.
Wenn die Terroristen die Nachricht im Radio hörten, war alles aus. Helmut Schmidt wies seinen Staatssekretär Schüler an, unverzüglich an alle Agenturen die dringende Bitte der Bundesregierung zu übermitteln, Meldungen über eine mögliche Befreiungsaktion einzustellen.
Glücklicherweise ließen sich die Radio- und Fernsehsen-

der überzeugen: Bis zum Abschluss der Aktion erschienen keinerlei weitere Nachrichten über das geplante Kommandounternehmen.

Kurz vor Mitternacht mitteleuropäischer Zeit hatte Ulrich Wegener seine Männer auf dem Rollfeld im militärischen Teil des Flughafens um sich versammelt. Alle trugen nun ihre Kampfanzüge, darüber kugelsichere Westen.
»Männer«, sagte der Kommandant. »Unser Auftrag lautet: GSG 9 stürmt die Maschine. An erster Stelle steht die Rettung der Geiseln. Dazu müssen wir den Gegner kampfunfähig machen. Wie das geschieht, überlasse ich jedem Einzelnen. Aber eins passiert mir nicht, Männer: Ehe einer von euch stirbt, stirbt einer von denen.«
Die Spezialisten formierten sich zu fünf Stoßtrupps von jeweils sechs Männern.
»Baum«, sagte Wegener zu seinem Adjutanten, der einen der Stoßtrupps leiten sollte, »warum tragen Sie keine von den neuen Westen?«
Der junge Leutnant winkte ab. »Die vom Ministerium haben uns doch nur 30 bewilligt.«
Der GSG-9-Chef trat näher zu ihm. »Wie geht es eigentlich Ihrem Sohn, Baum?«
Erstaunt schaute ihn der Leutnant an. »Gut, wieso? Der ist seit kurzem im Kindergarten.«
Wegener zog ohne ein weiteres Wort seine Schutzweste aus und reichte sie seinem Untergebenen. Der wollte sie nicht gleich nehmen, doch Wegener drückte sie ihm in die Hand und rief dann energisch aus: »Uhrenvergleich. Es ist jetzt exakt 23 Uhr 51.«

Während die GSG-9-Männer allerletzte Vorbereitungen für den Sturm auf die *Landshut* trafen, herrschte im Abfertigungsgebäude des Airports hektische Betriebsamkeit. Sanitätsleute und Feuerwehrmänner waren angerückt und bauten in der Empfangshalle eine improvisierte Notfallzentrale auf. Sauerstoffflaschen wurden hereingetragen, Krankenbahren und Blutkonserven, Wolldecken und Verpflegung für 90 Personen.
Staatsminister Wischnewski bahnte sich einen Weg durch das Chaos. »Ist das Krankenhaus vorgewarnt?«
»Ja, ist gemacht.« Der Assistent hatte Mühe, mit Wischnewski Schritt zu halten.
»Wie viele Ärzte haben wir hier?«
»Fünf italienische«, meldete der Assistent, »und zwei deutsche von der Lufthansa.«
»Feuerwehr, Krankenwagen?« Der Minister blieb stehen und sah sich stirnrunzelnd in dem Durcheinander der Halle um.
»Sind alle alarmiert und in Bereitschaft.«
»Sagen Sie General Abdullahi, seine Soldaten sollen das Gebäude absperren. Wenn es heiß wird, will ich hier keine Presseleute rumtoben sehen.«
Der Assistent lief davon, um die Weisung des Ministers auszuführen. Ebenso eilig kehrte Wischnewski in den Besprechungsraum unter dem Tower zurück. Bevor es losging, musste er noch mit Bonn telefonieren.

Als Ulrich Wegener in den Besprechungsraum trat, winkte ihn Wischnewski gleich zu sich. Der Assistent des Ministers sprach einige Worte in den Telefonhörer und legte ihn dann neben dem Apparat auf den Tisch.

Der GSG-9-Chef trat vor Wischnewski und grüßte militärisch. »Herr Minister, ich melde Ihnen hiermit: GSG 9 bereit zum Einsatz.«
Wischnewski nickte knapp. Er nahm den Hörer auf. »Hallo, hören Sie mich? Es ist so weit, holen Sie den Kanzler.« Er reichte Wegener den Hörer. »Der Kanzler will Sie sprechen.«
Der Oberst nahm Haltung an, ehe er den Hörer übernahm.
»Wegener, sind Sie am Apparat?«
»Jawohl, Herr Bundeskanzler. Und ich verspreche Ihnen: Meine Männer und ich werden alles geben. Aber ich kann Ihnen nicht garantieren, dass es funktioniert.«
»Wegener, ich übernehme die volle Verantwortung«, sagte Helmut Schmidt. »Ich gebe Ihnen jetzt den Befehl, den Einsatz durchzuführen.«
»Jawohl, Herr Bundeskanzler.«
Für einen Moment herrschte Schweigen. »Wegener?«, sagte Schmidt dann noch.
»Ja, Herr Bundeskanzler?«
»Für Deutschland, Wegener.«
»Für Deutschland, Herr Bundeskanzler!« Der GSG-9-Chef knallte die Hacken zusammen, dann legte er den Hörer auf.

37

In den Dünen um die gekaperte Maschine waren die Scharfschützen der GSG 9 in Position gegangen. Ihre Gesichter waren mit Ruß geschwärzt. Durch die Zielfernrohre ihrer Gewehre nahmen sie die Fenster der Passagierkabine und des Cockpits ins Visier. Die Funker robbten durch den Sand und rollten Kabel für die Funkgeräte aus. Weitere GSG-9-Männer richteten ihre Nachtsichtgeräte auf die *Landshut*.

Währenddessen näherten sich Wegener und die sechs Stoßtrupps von der Heckseite der Maschine. Als sie bis auf 30 Meter herangekommen waren, kauerten sie sich hin. Der GSG-9-Chef robbte einige Meter weiter zu einer Düne auf der linken Seite des Flugzeugs. Dort befand sich die Stellung der Scharfschützen und Aufklärer.

Er ließ sich ein Nachtsichtgerät reichen. Im Cockpitfenster waren deutlich zwei Terroristen zu sehen. »Die sollen das Feuer anmachen«, sagte er leise in das Mikrophon, das an seinem Helm angebracht war. Dann robbte er zu seinem Sturmtrupp zurück.

Kurz darauf flammte das kleine Holzfeuer auf, das die somalischen Soldaten wie vereinbart angezündet hatten – etwa 130 Meter vom Cockpit der Maschine entfernt. Es sollte die Aufmerksamkeit der Terroristen an der Vorderseite des Fliegers binden, während sich die Befreier von der Heckseite her näher heranschlichen.

Zur gleichen Zeit eilte Wischnewski vom Besprechungsraum der deutschen Delegation hinauf in den Tower, um die verabredete Weisung zu geben. »Euer Einsatz, Jungs.«

Am Kontrollpult saßen Polizeichef Abdullahi, Salewski und Libal. »Okay«, sagte der Psychologe. »Dann wollen wir mal über Einzelheiten des Austauschs verhandeln. So was muss schließlich auch praktisch organisiert werden, gell?«
Libal nickte, holte tief Luft und griff zum Mikrophon.

Im Cockpit der *Landshut* saßen Mahmud und die »Dicke« auf den Sitzen der beiden Piloten. Auch die beiden anderen Terroristen waren nach vorn gekommen, um sich das kleine Feuer auf dem Rollfeld anzusehen.
»Kalt da draußen«, sagte Mahmud. Schläfrig beobachteten sie, wie sich die Silhouetten somalischer Soldaten im zuckenden Feuerschein bewegten.
Der Tower meldete sich. »Captain Martyr Mahmud, hier spricht Michael Libal, der Repräsentant der Bundesrepublik Deutschland. Hören Sie mich?«
»Sprechen Sie, Mr. Repräsentant.«
Während sich die Stoßtrupps der GSG 9 lautlos unter den Rumpf der Maschine schoben, erläuterte Libal: »Ich möchte Sie fragen, Captain Martyr Mahmud, ob Sie konkrete Vorschläge für den Austausch der Geiseln haben. Lassen Sie uns über die Einzelheiten sprechen – wie soll das praktisch vonstatten gehen?«
Ohne das leiseste Geräusch begaben sich die Antiterror-Spezialisten auf ihre Positionen. Lautlos legten sie die Leitern an, kletterten hinauf, schwangen sich auf die Tragflächen.
Durch sein Nachtsichtgerät beobachtete einer der Aufklärer in den Sanddünen, wie eine männliche Geisel in der Economy von ihrem Sitz aufstand. Der Mann räkelte sich

und ging durch den Gang nach vorn – zur Toilette oder einfach, um sich die Beine zu vertreten. Was auch immer seine Motive waren – er musste da vorne schnellstens wieder verschwinden.

Als er kurz in der offenen vorderen Tür erschien, erkannte der Aufklärer die Lufthansa-Uniform – es war offenbar der Kopilot. Er gab die Meldung an die Einsatzleitung weiter.

In der Maschine steckte Jürgen Vietor währenddessen seinen Kopf ins Cockpit, wo die Terroristen beisammensaßen. Mahmud verhandelte mit dem Tower. Worum es ging, bekam Vietor nicht mit – die »Kleine« schob ihn zur Seite und wies ihn mit einer Kopfbewegung an, aus dem Cockpit zu verschwinden. Sie selbst ging zur vorderen Toilette, während Vietor sich folgsam zurückzog und in die offene Luke stellte.

»Der Kopilot muss da vorne weg, sonst ist er tot«, sagte der Aufklärer in sein Helmmikrophon.

Wegener, der die Meldung empfangen hatte, machte seinen Männern ein Zeichen: Abwarten! Leise fluchte er vor sich hin. Seine Leute waren allesamt auf ihren Positionen an den Türen. Wenn jetzt einer der Terroristen zufällig aus einem Fenster sah, waren sie aufgeflogen.

Auf dem Tower schaute Staatsminister Wischnewski auf seine Armbanduhr. Dann begann er lautlos zu beten.

Über Funk bat Geschäftsträger Libal die Terroristen, ihm weitere Einzelheiten zum Austausch der Geiseln zu nennen.

»Einen Augenblick, Mr. imperialistischer Repräsentant«, sagte Mahmud. Auf Arabisch wies er die »Dicke« und den

»Jungen« an, die Verhandlungen weiterzuführen. Dann verließ auch er das Cockpit.

Bei der vorderen Tür blieb er kurz neben Vietor stehen. »Morgen bist du wieder zu Hause bei deiner Frau, Charly Papa«, sagte er. »Da ruhst du dich besser noch ein bisschen aus.«

Vietor verstand den Wink. Mahmud war offenbar am Ende seiner Kräfte und wollte in der First Class allein sein. »Ja, Captain Martyr Mahmud«, sagte er, »das ist eine gute Idee. Vielen Dank.« Er kehrte zu seinem Platz zurück, während sich der Palästinenser in der ersten Klasse in seinen Sitz fallen ließ und die Augen schloss.

Die Aufklärer und Scharfschützen hatten durch ihre Spezialgeräte alles beobachtet. Über Funk meldete einer von ihnen: »Der Kopilot ist raus.«

»Wenn das deutsche Flugzeug mit unseren Kameraden eintrifft«, las die »Dicke« auf Englisch von einem Blatt ab, »werden Sie uns rechtzeitig vorher informieren.«

»Okay, verstanden«, sagte Libal.

»Unsere Genossen sollen dann allein hierherkommen, begleitet nur von somalischen Regierungsvertretern.«

»Verstanden.«

Zur gleichen Zeit schaute Wegener, der im Heckschatten der *Landshut* kauerte, auf seine Uhr. Es war genau null Uhr fünf. Der Weg war frei. »Die Operation Feuerzauber kann beginnen«, sagte er in sein Helmmikrophon.

Die Männer auf den Leitern und Tragflächen schlossen die Augen. Vor den Cockpitfenstern explodierten Blendgranaten mit ohrenbetäubendem Krachen. Einen Lidschlag später brachen die Stoßtrupps die sechs Flugzeugtüren auf und stürmten in die Maschine.

Ahnungslos hatten die Geiseln in der Economy vor sich hingedöst. Beim Knallen der detonierenden Granaten schreckten sie auf. Doch selbst als die Männer mit den geschwärzten Gesichtern, in Kampfanzügen, die Waffen im Anschlag, in die Kabine stürmten, dämmerte nur den wenigsten, was hier vorging.

»Köpfe runter! Runter die Köpfe«, schrien die Kämpfer unablässig. Da erst begriffen die Geiseln mit einem Schlag und duckten sich so tief wie irgend möglich hinter die Sitzlehnen.

Fünf der sechs Stoßtrupps hatten problemlos ihre Türen geöffnet und waren in die Maschine gestürmt. Nur die Luke vorne rechts ging nicht richtig auf – dahinter war so viel Abfall aufgehäuft, dass der GSG-9-Mann dort sie nur ein wenig aufdrücken konnte. Er schob sich mit dem Oberkörper hindurch, dann schwang die Tür zurück und klemmte ihn ein.

Von den Granaten geblendet, taumelten währenddessen der »schöne Junge« und die »Dicke« aus dem Cockpit. Der »Junge« richtete seine Tokarew auf den eingeklemmten GSG-9-Mann und gab einen Schuss ab. Der Antiterrorkämpfer schoss im selben Moment zurück. Auch der Sturmtrupp, der durch die Tür gegenüber eingedrungen war, eröffnete das Feuer auf den »Jungen« und die »Dicke«. Von mehreren Kugeln getroffen, brachen beide Terroristen im vorderen Eingangsbereich zusammen.

Währenddessen arbeiteten sich die Sturmtrupps, die durch die hinteren Türen gekommen waren, Reihe für Reihe nach vorne. »Wo sind die Schweine?«, schrien sie. »Wo haben sich die versteckt?«

Die fünf Männer, die vorn durch die linke Tür gestürmt

waren, sprangen über die beiden getöteten Terroristen hinweg und drangen gleichfalls in den Passagierbereich vor. Angeführt wurden sie von Leutnant Baum, der eben an der vorderen Toilette vorbeikam, als durch die geschlossene Tür auf ihn geschossen wurde. Eine Kugel traf ihn, er riss sein Gewehr hoch und feuerte eine Garbe auf die Toilettentür ab. Zwei seiner Männer folgten seinem Beispiel – eine halbe Sekunde später war die Tür mit Kugeln durchsiebt.

Mit der zweiten Angriffswelle drang währenddessen Oberst Wegener durch die vordere linke Tür in die *Landshut* vor. In der First Class traf er auf einen Mann, der erst bewegungslos dasaß, dann aufsprang und seine Pistole auf ihn richtete – Mahmud. Mit der Handgranate in der linken Hand zielte der Terrorist gleichzeitig auf den Plastiksprengstoff an der Kabinenwand.

Wegener drückte um einen Sekundenbruchteil eher ab. Sein Schuss traf Mahmud mitten in die Stirn. Mehrere GSG-9-Männer feuerten nun gleichfalls ihre Waffen auf den Terroristen ab. Tödlich getroffen brach Mahmud zusammen. Die Handgranate fiel ihm aus der Hand, rollte unter einen Sitz und explodierte.

Für einen kurzen Moment herrschte Totenstille. »Los, raus jetzt hier!«, kommandierte Wegener.

Die GSG-9-Männer halfen den Geiseln, die Maschine durch die regulären Türen und die Notausgänge zu verlassen. Unten vor den Luken standen weitere Männer von Wegeners Einheit, um die Kinder aufzufangen und den Frauen und älteren Leuten zu helfen.

Als Gabi Dillmann vorsichtig von der Tragfläche rutschte, fing Wegener sie auf. Die Stewardess war am linken Bein verletzt – durch einen Handgranatensplitter oder einen Querschläger, sie wusste es selbst nicht. Kurz nachdem die GSG-9-Männer eingedrungen waren, hatte sie einen Schlag am Bein gespürt und gleich gedacht: Das Bein ist ab. Aber Hauptsache, du lebst.

Mittlerweile wusste sie, dass das Bein dran und nur leicht verletzt war. Es tat nicht mal besonders weh. Trotzdem heulte sie Rotz und Wasser, während der Oberst sie zu einer Sandkuhle neben der Maschine trug.

»Jetzt ist ja alles gut, Mädchen«, sagte er, »jetzt kann nichts mehr passieren.«

Deshalb weinte sie ja auch: vor Glück, weil es vorbei war und sie noch lebte.

Im Sand saßen und lagen bereits ungefähr 30 Geiseln, die von den GSG-9-Männern hierher geführt oder getragen worden waren. Auch die Besitzerin des kleinen Terriers war dabei, und obwohl sie unverletzt schien, kauerte sie am Boden und wirkte völlig verzweifelt. »Mein Robby, mein Robby«, schrie sie, »wo ist er nur, der arme Kleine?«

Gabi ließ sich in den Sand fallen. Sie wollte die andere Frau trösten, aber sie war zu erschöpft, um irgendetwas zu sagen. Die Tränen liefen ihr aus den Augen. Nur verschwommen sah sie, wie eine kleine schwarze Fellkugel am Rand der Sandkuhle auftauchte. »Robby!«, schrie die Frau wieder, aber diesmal in einer ganz anderen Tonlage. Im nächsten Moment schloss sie das Hündchen in ihre Arme.

Wegener dirigierte die letzten Geiseln aus dem Gefahrenbereich. Dann trat er zu einem der Funkgeräte in den Dünen. »Springtime, springtime«, gab er das vereinbarte Codewort durch, »die Aktion ist beendet.«

Er wandte sich um und bemerkte Leutnant Baum, der einige Schritte entfernt stand. Sein Adjutant nestelte an der Nylonweste, die Wegener ihm vor dem Einsatz überlassen hatte. Die Schutzweste wies in Höhe der Nieren ein Einschussloch auf. Baum fischte die Kugel heraus und hielt sie in die Luft. Da trafen sich die Blicke der beiden Männer. Für einen Moment stockte Wegener der Atem. »So, sammeln und aufsatteln«, sagte er dann betont forsch. »Hier bleibt kein Stück zurück. Baum, Sie sind mir persönlich dafür verantwortlich.«
Baum nahm Haltung an. »Jawohl, Herr Oberst!«

Vom Besprechungsraum unter dem Tower aus rief Wischnewski in Bonn an, um dem Kanzler Meldung zu erstatten. Die Verbindung war so schlecht, dass Helmut Schmidt nicht gleich verstand, was für eine Botschaft »Ben Wisch« zu überbringen hatte.
»Sprich langsam und laut, bitte, Hans-Jürgen!«
»Die Arbeit ist erledigt«, sagte Wischnewski.
»Habe ich richtig gehört: Die Arbeit ist erledigt?«
»Ja, Helmut. Drei tote Terroristen. Ein GSG-9-Mann verwundet, drei Geiseln leicht verletzt.«
»Keine Toten?«, fragte der Kanzler.
»Bei unseren Leuten nicht – weder bei den Geiseln noch bei den Einsatzkräften.«
»Keine Toten.« Der Kanzler legte ohne ein weiteres Wort den Hörer auf.
Als Lilo Schmarsow ins Kanzlerbüro kam, glaubte sie im ersten Moment, dass eine Katastrophe geschehen sei. Nicht im Traum hätte die altgediente Sekretärin gedacht, dass sie ihren Chef einmal so sehen würde – mit Tränen in den

Augen. »Herr Schmidt«, sagte sie vorsichtig, »was ist passiert?«
Der Kanzler zog sein Taschentuch hervor. »Keine Opfer, keine Opfer – alle Geiseln sind befreit.«

Epilog

Noch im Empfangsgebäude des Airports von Mogadischu, wo Gabi Dillmann mit notdürftig verbundenem Bein auf einer Decke saß, machte Rüdiger von Lutzau ihr einen Heiratsantrag. Allerdings dauerte es mehrere Minuten, bis der junge Kopilot einen verständlichen Satz herausbrachte. Er umarmte seine Verlobte und heulte wie ein kleiner Junge, so dass Gabi ihn trösten musste.

»Wo kommst du überhaupt her?«, fragte sie.

Stockend und schniefend brachte er heraus, dass er die ganze Zeit hinter ihr hergeflogen sei. Und dann endlich: »Willst du mich heiraten?«

Gabi schaffte es sogar schon wieder, ein wenig zu lächeln. »Na klar«, sagte sie.

Um sie herum standen und saßen die befreiten Geiseln in Gruppen beisammen. Jutta, Diana und die anderen Schönheitsköniginnen kauerten in einer Ecke. Birgit Röhll und ihr Sohn Stefan standen bei Lyvia Vamos, der älteren Dame, deren KZ-Tätowierung die Terroristen glücklicherweise nicht entdeckt hatten. Helfer verteilten wärmende Decken und Getränke.

Staatsminister Wischnewski ging von einer Gruppe zur anderen, lobte die Geiseln für ihre Tapferkeit und versicherte ein ums andere Mal, dass sie nun alles überstanden hätten. Allmählich machte sich bei den Geretteten ein Gefühl tiefer Erleichterung breit: Der schlimmste Alptraum ihres Lebens war vorbei.

Nur der reiche Mann, der seiner Frau den letzten Rest Wasser weggetrunken hatte, stand abseits und sah starr vor

sich auf den Boden. »Was ist denn mit dem los?«, wollte Wischnewski wissen.
»Seine Frau hat ihm gerade gesagt«, erklärte eine ältere Passagierin, »dass sie sich von ihm scheiden lassen wird.«
Wischnewski winkte ab. »Ach, das gibt sich.«
Seine Gesprächspartnerin schüttelte den Kopf und wollte ihm gerade erzählen, was zwischen den beiden im Flieger vorgefallen war. Doch dann vergaßen sie beide den reichen Mann in seinem Winkel: Soeben wurde die »Dicke« auf einer Bahre durch die Halle getragen.
Durch die Salven, die Baum und die anderen GSG-9-Männer auf die Toilettentür abgefeuert hatten, war sie schwer verletzt worden. Aber als Einzige des Terror-Quartetts war sie noch am Leben.
Kurz vor dem Ausgang hob sie mit offenbar allerletzter Kraft den linken Arm und spreizte Zeige- und Mittelfinger zum Victory-Zeichen. »Tötet mich!«, schrie sie auf Englisch. »Bitte bringt mich um!« Und fügte dann noch einige Worte auf Arabisch hinzu, deren Bedeutung sich Wischnewski sogleich von einem Übersetzer erklären ließ: »Es lebe das freie Palästina!«

Um 2 Uhr 10 in der Nacht zum 18. Oktober gab Staatssekretär Klaus Bölling vor Presse, Funk und Fernsehen eine offizielle Erklärung ab: »Die Geiseln von Mogadischu sind frei. In dieser Stunde appellieren wir und mit uns alle Bürger noch einmal an die Entführer von Hanns Martin Schleyer: Geben Sie Schleyer frei und begreifen Sie, dass der Weg des Terrors der Weg in die Selbstzerstörung ist.«
Die Erklärung wurde sogleich in alle Welt verbreitet.

Als die Vollzugsbeamten in Stuttgart-Stammheim gegen 7 Uhr 40 ihren morgendlichen Rundgang durch den Hochsicherheitstrakt machten, stellten sie fest, dass die prominenten RAF-Häftlinge allesamt tot waren oder im Sterben lagen. Jan-Carl Raspe wurde mit einer schwerkalibrigen Pistole in der Hand und zertrümmerten Schädel aufgefunden. Er war noch am Leben, als die Wärter ihn fanden – im Gegensatz zu Andreas Baader (Kopfschuss) und Gudrun Ensslin (erhängt), deren Körper bereits kalt waren. Trotz mehrerer Messerstiche in die Herzgegend war auch Irmgard Möller noch am Leben, als die Beamten ihre Zelle aufschlossen. Anders als Raspe überlebte sie die »Todesnacht von Stammheim«.
Offenbar hatte sich die erste Generation der RAF für den Fall, dass ihre Befreiung scheitern sollte, auf einen gemeinsamen Selbstmord vorbereitet – und viel Geschick darauf verwandt, ihren Freitod wie heimtückische Morde aussehen zu lassen.

Um 14 Uhr mitteleuropäischer Zeit traf die Lufthansa-Maschine mit den befreiten Geiseln auf dem Flughafen in Frankfurt am Main ein – sechs volle Tage nach dem Start der *Landshut* auf Mallorca.
Um 15 Uhr 20 landete die Sondermaschine mit der deutschen Regierungsdelegation und der GSG-9-Truppe in Köln-Wahn. Bei der Begrüßung der Rückkehrer dankte Innenminister Maihofer dem Kollegen Wischnewski und sodann insbesondere den Antiterror-Kämpfern. »Sie haben Ihr Leben gewagt, um anderer Leben zu retten. Ich glaube, mit diesem Satz kann man alles zusammenfassen, was Sie getan haben.«

Mit dieser Maschine wurde auch der Leichnam des ermordeten Kapitäns Jürgen Schumann nach Deutschland überführt.

Am Tag darauf, dem 19. September, rief um 16 Uhr 20 im Stuttgarter Büro der Deutschen Presseagentur eine junge Frau an. Sie meldete sich mit »Hier RAF« und erklärte: »Wir haben nach 43 Tagen Hanns Martin Schleyers klägliche und korrupte Existenz beendet. Herr Schmidt, der in einem Machtkalkül von Anfang an mit Schleyers Tod spekulierte, kann ihn in der Rue Charles Péguy in Mühlhausen in einem grünen Audi 100 mit Bad Homburger Kennzeichen abholen. Wir werden Schmidt und den ihn unterstützenden Imperialisten das vergossene Blut nie vergessen. Der Kampf hat erst begonnen.«

Neun Tage danach, am 28. Oktober 1977, machte Helmut Schmidt in einer Rede in London die Bedrohung des Westens durch die sowjetischen SS-20-Raketen öffentlich. Die Rede gilt heute als Geburtsstunde des Nato-Doppelbeschlusses. Dieser sah vor, dem Warschauer Pakt Atomwaffen-Abrüstungsverhandlungen anzubieten und zugleich die Aufstellung einer neuen Generation von Mittelstreckenraketen und Marschflugkörpern für den Fall anzudrohen, dass die Verhandlungen erfolglos bleiben sollten. Letztlich führte diese Strategie zur Abrüstung aller atomaren Mittelstreckenraketen in Europa – aber auch zu Massendemonstrationen insbesondere in Westdeutschland und 1982 zum Zerbrechen der Regierungskoalition unter Helmut Schmidt.

Genau sechs Monate nach Schmidts folgenreicher Londoner Rede, am 28. März 1977, starb Dr. Wadi Haddad in einem Ostberliner Krankenhaus – angeblich an Blutkrebs. Sein Leichnam wurde nach Bagdad überführt. Im April 2003, nach dem US-Einmarsch im Irak, suchte eine Sonderheit der CIA nach dem Grab von »Abu Hani« – ohne Erfolg.

Bildnachweis

1	AP Photo/AP/Harry Koundakjian
2	AP Photo/AP/Harry Koundakjian
3	action press/ACTION PRESS
4	imago/sven simon
5–14	ARD Degeto/teamWorx/Stephan Rabold